생명과 평화의 길

김지하 산문집
생명과 평화의 길

초판 발행_2005년 1월 3일
3쇄 발행_2005년 3월 11일

지은이_김지하
펴낸이_채호기
펴낸곳_(주)문학과지성사
등록번호_제10-918호(1993. 12. 16)

서울 마포구 서교동 395-2(121-840)
편집_338)7224~5 FAX 323)4180
영업_338)7222~3 FAX 338)7221
홈페이지_www.moonji.com

ⓒ (주)문학과지성사, 2005. Printed in Seoul, Korea

ISBN 89-320-1561-9

* 지은이와 협의하여 인지는 생략합니다.
* 이 책의 판권은 지은이와 (주)문학과지성사에 있습니다.
  양측의 서면 동의 없는 무단 전재 및 복제를 금합니다.
* 잘못된 책은 바꾸어드립니다.

생명과 평화의 길

김지하 산문집

문학과지성사
2005

■ 머리말

선후천 두 날 위에 떠오른 한 소망

생명과 평화의 길

전 세계, 동아시아, 그리고 한반도의 남과 북 앞에 새 문명의 길을 열어야 한다.

그 길은 생명과 평화의 길이다.

그리고 그것은 한반도와 동아시아, 전 세계 인류 앞에 이제부터 다가오는 새 삶에 있어 하나의 원형이고 샘이니 다른 표현으로는 '궁궁 또는 태극'이다. '궁궁(弓弓)'이 살아 생동하는 생명, 새 시대의 새 원형이라면 '태극(太極)'은 지난 시대 이래 내내 소망되어왔고 또 거듭거듭 요청될 것이 분명한 평화의 원형이다.

그것은 또한 남과 북의 현재와 미래의 삶에 대해 하나의 커다란 준거 기준이 될 것이다. 달리 말하면 남과 북 공동의 새 비전이 될 것이라는 말이다.

한반도는 오고 있는 새 시대에 동아시아 및 유라시아와 태평양의 새로운 중핵 조정역을 감당할 허브, 융합점, 중재점, 용광로요 해방구이니 우선 운명적으로 대륙과 해양 문명 사이의 랜드브리지, 즉 부두(埠頭)라는 점을 지적해둬야 할 것 같다.

과학까지는 몰라도 문학 예술과 역사와 철학에 있어 지금 인류와 지구 그리고 주변 우주를 강박하고 있는 절실한 요구인 '생명과 평화의 새 문명의 씨앗'이 발아하는 바로 그 지점이 될 것 같다.

'같다'가 아니라 '이다'일 가능성이 매우 크다.

천시(天時)와 지리(地利)가 이미 주어졌기 때문이다. 요체는 우리의 주체적 실천 능력〔人和〕이다.

나는 내내 이 길을 걸어왔다. 앞으로도 3, 4년은 더 이 길을 걸을 것이다.

그러나 이 길에 관한 한, 나의 '말'과 '삶'은 그 원형 archetype, 그 기준 paradigm, 그 초보적 담론 discourse에 한정된다. 나는 인문학자도 과학자도 아니기 때문이다. 다음 단계에 대해서는 후배들을 믿는다. 그리고 그 후배들이 터줄 수 있을 물꼬를 따라 후천개벽의 대사업을 주동적으로 성취할 것이 틀림없는 10대, 20대, 30대 초반의 남녀, 전 국민의 78, 79퍼센트에 달하는 젊은 붉은 악마, 촛불 세대의 창조적 비약을 믿는다. 이 믿음이 현실로 변할 것을 나는 굳게 믿는다. 그동안의 나의 예감과 권유들을 함께 묶어 '생명과 평화의 길'이라는 제목으로 후배들과 젊은이들 앞에 선물한다. 문자 그대로 예감일 뿐이고 권유일 뿐이다. 그것이 실현되는 사건을 정역(正易)은 일러 왈, '간태합덕(艮兌合德),' 즉 정동(正東)의 한국과 정서(正西)의 미국의 창조적 협력 관계로, 그 실현을 옆에서 돕는 역할을 일러 왈 '진손보필(震巽補弼),' 즉 우레인 일본과 바람인 중국의 좌우 보필 협조 관계로 상징하고 있다.

언제나 예감은 '믿거나 말거나'다.

그러나 역사의 전진적 전개가 대중에 의한 것임에 비해 중대한 역사의 매듭은 반드시 계몽에 의해서가 아니라 바로 신화에 의해서 비약한다는 것을 잊지는 말자. 남은 시간이 많지 않다. 서둘러야 할 것이다.

혼돈적 질서의 시(詩)

시라고 했지만 시는 아니다.

이것은 산문집이다. 그러니 시는 그저 테마 정도의 의미. '혼돈적 질서'라는 이름의 기이한 테마이겠다.

혼돈적 질서의 시.

우선 눈앞에 떠오르는 그림 한 점이 있다. 초현실주의자 '이브 탕기 Yves Tanguy'의 풍경화이다. 붉고 푸른 배색이 황혼의 서막 같은 정신 풍경, 유럽 집단 정신의 피곤감을 표현하고 있다.

또한 내 머리맡에는 시방 '연등(燃燈)'이란 제목의 시화가 한 점 걸려 있다. 동양 정신의 피곤감이다. 등불은 피곤감이다.

그러나 등불은 또한 고운(孤雲) 최치원(崔致遠)의 저 쓸쓸한 구절, '등불 앞에 앉으니 만리 저쪽 고향으로 마음이 가는구나(燈前萬里心)'의 서글프고 외로운 객지의 한 밤, 그 작은 등불이다.

나는 이제 피곤한 동아시아 집단 정신의 혼돈 속에서 그 나름의 질서를 찾고 있는 것이다. 등불 말이다. 그것은 컴컴하고도 작은 불꽃이다.

'연등'이라 했다.

그리움으로 당신의 빛 밝혀
반야(般若)의 심지를 돋운다.

그리움. 혼돈적 질서다. 그러매 그것은 곧 반야다. 이 시 두 구절은 동어반복에 불과하다.

반야야말로 혼돈에 빠지면서도 혼돈을 빠져나오는 혼돈 나름의 독특하고도 보편적인 질서의 지혜로움이다. 시(詩)다.

나는 앞으로 더 이상의 강연이나 산문 원고를 끄적이지 않을 것 같다. 시, 즉 테마를 찾았기 때문이다. 그래서 지난날 쓰거나 말해온 것들, 혼돈적 질서를 찾아가는 내 정신의 여행기를 나의 후배와 젊은 이들을 위해 여기 한꺼번에 모두 묶는다.

앞으로는 무엇을 할 것인가?

동화(童話), 묵화(墨畵), 그리고 아마도 세계 여행일 것이다. 그것이 나의 시일 것이고, 시는 계속해서 배나 비행기나 차 속에서 메모되고 또한 허름하고 쉬운 형식으로 계속 발표될 것이다.

지금 이 머리글에서 말하고 싶은 한마디 중요한 것은 '혼돈적 질서,' 알파벳으로는 '카오스모스chaosmos'가 우리 민족 전통 사상과 미학의 본령이요 동학 정역계(東學正易系) 사상사의 계시 내용이니 원형(原型), 즉 '아키타입'이요, 다가오는 지구 문명의 기준(基準), 즉 '패러다임'이라는 점이다.

내 삶 안에 이것이 들어왔다.

쾌재 대신 한숨이다.

죽음 뒤라 해도 갈 길이 너무 멀기 때문이다.

아마도 4년 뒤엔 산간의 작은 흙집에 돌아가 죽음을 기다릴 것이다.

나의 반야는 그러나 깨달음이 아니라 그리움인 것, 그것을 지금 깨닫는다.

캄캄한 내 여생 앞에 걸릴 작은 등불, 누구를 향한 것도 아닌 그리움, 그 그리움이 있기에 되건 안 되건 시는 계속 쓸 것 같다.

그러나 생각이 여기에 이르러 내가 꼭 남겨야 할, 그리고 글로 써서 밝혀야 할 한 가지 절실한 사연이 있다.

사실은 오래도록 나를 따르던 한 후배가 자기와 또 자기 후배들의 앞으로의 공부, 수련, 실행을 위해 내 공부의 연원도통(淵源道統)을 명백히 해달라고 부탁했다. 어찌 보면 조금 우스운 노릇이다. 그러나 다시금 생각해보니 그것 역시 나의 일이다. 내 공부와 수련의 연원도통을 이 기회에 명백히 밝히는 것이 옳은 일이다. 아무리 시답지 않아도 공부는 공부 아닌가! 왜 그것이 필요할까? 계속해서 그것을 공부하고 수련하고 연찬해야 하며 또 실행에 옮겨야 할 내 가까운 후배들, 또는 멀리서 공부로 나를 따르는 젊은이들에게 내가 침묵한 뒤에도 그리고 나 떠나간 뒤에도 역시 바른 공부, 옳은 수련, 정당한 실행을 하는 데에 그 사실이 절실하기 때문이다. 그래서 다음과 같이 밝혀 말한다.

나의 연원도통은 물론 내 안에 살아 계신 한울님이다. 그러나 내게 실제적으로 가르침을 준 연원도통은 경주의 최수운(崔水雲), 최해월(崔海月) 선생이다. 그러나 옛 선도 풍류(仙道風流)의 부활이니, 두 최선생만은 아니다. 옛 주역의 새로운 개벽인 정역(正易)의 김일부(金一夫) 선생 역시 나의 연원도통이요, 미륵 불교의 용화회상(龍華會相)에 연계된 천지굿·천지공사의 모악산(母岳山), 강증산(姜甑山) 선생 역시 그렇다.

그러나 여기 또 다른 비밀이 있다.

사라져버린 남학(南學) 김광화(金光華) 선생의 발자취와 그 무서운 샘물이다. 남학을 나는 어렸을 때부터 남도의 저 끝에서 숱한 전설과 두려움으로 가득 찬 상상으로만 알았고 그 활동과 흐름을 짐작만 했다.

그렇다면 여기에서 큰 문제 두 개가 나타난다. 그 옛날 북방계 샤머니즘의 '삼태극의 춤'의 흐름과 중앙아시아 파미르 고원에 있었다는 마고성의 여율론(마고성 신화에서는 8呂 4律이니, 여율적 우주관이었다)의 전통, 그리고 그 종합이었을 『천부경(天符經)』과 『삼일신고(三一神誥)』의 연원이며, 나아가 1850년경 충청도 연산 땅 인내강변 띠울에 숨어 살면서 최수운의 선도 부활(仙道復活)과 김일부의 새로운 역학(易學) 창조, 그리고 김광화의 혁신 불교를 가르친 큰 스승 연담(蓮潭) 이운규(李雲圭) 선생의 우뚝한 자취를 특히 나의 참다운 연원이며 도통이라고 밝혀 말하지 않을 수 없다.

특히 선생의 화두 '그늘이 우주를 바꾼다(影動天心月)'라는 한마디는 오늘 나와 나의 후배들이 목숨을 걸고 연찬 탐색하며 실행하려고 노력하는 '생명학, 우주생명학'의 참 기원이다. 혜강(惠崗) 최한기(崔漢綺), 동무(東武) 이제마(李濟馬), 해방 뒤의 김범부(金凡夫)와 6·25 뒤의 한동석(韓東錫)은 모두 다 한 참고서(參考書)일 것이다.

부디 '경전(經典)' 등의 텍스트와 역사를 이중 교호적으로 병행 공부하며 수련, 실행하기 바란다.

아아!

'사랑이여 탄생의 미묘한 때를 알려다오.'

내 시 줄탁(啐啄) 속의 한 구절이다. 줄탁이란 생명의 때가 무르익어 달걀 속의 병아리가 알을 깨고 나오고자 쪼아대는 한 부분을 어미 닭이 정확히 부리로 쪼아주어 안팎이 동시에 열리는 새 생명 탄생의 오묘한 때를 이르는 말이다. 그러하매 줄탁은 생명의 오묘함이다. 그때를 소망한다.

여기저기 다니면서 강연했던 내용들을 한 권의 책으로 묶어보니 겹치기도 하고 성그럽기도 하다. 다만 겹치면서 안으로 수렴하고 밖으로 무궁무궁 확장하는 확충법 amplification을 염두에 두고 읽어주길 바란다. 돌이켜보면 내 삶과 생각 역시 그랬던 듯하다. 『남녘땅 뱃노래』 이후 20여 년 만에 비슷한 주제의 책을 세상에 내보낸다. 이 또한 확충이다.

이제 와 무슨 할 말이 더 남아 있으랴!

이제 나의 등불을 내 사랑하는 후배들에게 전하노니 부디 정성으로 받들어주기 바란다. 총총.

단기 4337년(2004년)
양력 12월 중순 일산에서
김지하 모심

차례

머리말 | 선후천 두 날 위에 떠오른 한 소망 5

제1부 그리움 또는 소망
아이 살림에 관한 다섯 가지 생각 17
음개벽(陰開闢)에 관하여 66
동학과 여성 1 82
동학과 여성 2 108
촛불과 자기 조직화 133
붉은 악마의 세 가지 테마에 관하여 151

제2부 다시 길 위에서
생명과 평화의 길에 관하여 167
지역 생명 운동과 동아시아 연대 206
동아시아에서 미래를 향한 메시지: 시민·여성·생명·평화·호혜 219

훈수 몇 마디—21세기 중국 조선족의 녹색 민족 문화 경제 기반 구축 전략
등에 관한 도움말 몇 마디 227
생명 운동, 대혼돈의 현대 문명과 공생의 길 244

제3부 예감과 추억
미래 사회의 새로운 문화 코드를 찾아서 253
새 문화에 관한 예견·사실·권유 257
새로운 문화 코드에 관한 열대여섯 가지 생각들 265
모심·고리·살림 302
삼보일배(三步一拜)를 생각한다 321
추억과 예감—고 제정구 의원을 추모하며 330

맺는 말 | 생명과 평화 운동의 문화 원형 '한'에 관하여 350

제1부 그리움 또는 소망

아이 살림에 관한 다섯 가지 생각
— 한국 생태유아교육학회 초청 강연

글미리에

날더러 아이 살림, 유아 생명 문화 운동에 관해 말하란다. 당연한 일이지만 못 한다고 거절했다. 그런데 끊임없이 끊임없이 요청해오는 것이다. 요컨대 아이가 아니라 아이를 기르거나 가르치는 사람들에게 생명 사상 쪽의 아이에 대한 생각을 말해달라는 것이다. 그것 역시 할 수 없다고 했다.

생각해보라.

도대체 내가 아이에 대해서 말할 자격이 있는가?

맏아들이 태어날 때 나는 정보부 지하실에 있었고 그후 그 아이가 일곱 살이 되도록 내내 감옥에 있었다.

민주화 운동?

그것이 사람에게 가장 중요한 일곱 살(미운 일곱 살은 한 고비인 듯하다. 그러매 일곱 살까지가 제일 중요한 것 같다)까지 애비의 결핍에 대한 핑계가 되는가?

문제는 그 다음이다.

오랜 독방 생활로 인한 정신착란과 그것으로부터 벗어나고자 감방에서 강행한 백일 참선으로 상단전은 열려버리고 출옥한 뒤 과음과 신체의 고통으로 하단전이 흩어져 '주화입마,' 즉 정신분열과 환상을 체험한다. 정신과 치료를 받고 약을 먹는 긴긴 세월 내내 입을 닫아버린 나와 두 아이는 서로 '소 닭 보듯 닭 소 보듯' 했으니 기르긴 뭘 기르며 가르치긴 언제 가르쳤겠는가?

두 아이가 모두 공부에 취미를 잃고 고등학교만 나온 뒤 대학 진학도 포기했다. 이런 내가 아이 살림에 대해 무슨 말인들 입을 뗄 수가 있겠는가?

거절한 것은 사양의 인사가 아니었던 것이다. 그런데도 줄기차게 부탁을 해와서 어느 날 문득 생각한 게 있다.

반성문이다.

그리고 그 반성문의 형식을 만약 그때 아이가 일곱 살이 되도록 내가 감옥에 있지 않았고 또 만약 출옥 후에 병으로 절벽이 돼버리지 않았다면 이렇게도 해보고 저렇게도 가르쳐볼 수 있지 않았겠는가? 등등.

이런 생각들을 말해보면 어떻겠는가? 그러나 의문은 되돌아왔다.

그래본들 거기에 무슨 진정성이 있다는 건가? 진정성이 없다면 특히 아이 살림에 관한 한마디인들 그 누가 받아들이겠는가?

부산의 괄시 못 할 후배들로부터까지 부탁이 들어왔다. 왜 이러는가? 확인한 것은 '한국 생태유아교육학회'가 지금 절실히 필요로 하는 것이 바로 생태 유아 교육에 관한 프로그램 이전에 그 교육 방향을 결정할 생명 사상 쪽의 원리나 원칙이라는 점이다. 내가 관여하는 '생명과 평화의 길'이 2003년부터 2005년까지 계속 워크숍과 포럼 등을 통해 생명학, 우주생명학을 탐색하고 그에 연속된 대중적 문화예술 운동을 기획하는 데 끊임없는 부탁의 근본 원인이 있다는 점을 알게 되었다.

문득 뇌리에 떠오른 것이 있다. 장 자크 루소의 자서전이다.

쓰기로 했다.

다만 이러저러한 나의 지난 세월을 루소처럼 솔직히 털어놓은 뒤에라야 비로소 입을 뗄 수 있다는 전세 밑에서나.

그리고 또 하나.

생태학이든 뭐든 외국 특히 유럽이나 아메리카 쪽 이론은 특수한 경우 외에는 되도록 말하지 않는다. 모르기 때문이다. 우리 민족의 생각, 그것도 주로 동학이나 고대·상고대 선도 사상 쪽의 생각이나 실천 사례들뿐이다. 결핍이 느껴질 것이다. 그것은 강의를 듣는 여러분 자신이나 또 다른 강사로부터 보충할 수밖에 없다.

말하기로, 또 그것을 원고로 쓰기로 작정했을 때 참으로 다행스럽게도 대학도 못 간 맏아들이 큰 대학교의 사이버 대학 강사로 활동하면서 디지털 콘텐츠 전문가답게 인터넷 소설까지 쓰게 되었고, 군대를 제대하고 북유럽 선상(船上) 유람단에 섞여 갔던 작은아들은 아름다운 피요르드 해안 앞에서 기쁜 나머지 전화를 통해 예정돼 있는 영국의 미술 학원에 가서 열심히 공부한 뒤 울적한 집안을 일으켜 세워 밝게 만들겠다는 전혀 상상 밖의 결심을 알려왔다.

한울이 도우신 것이다.

감사하고 감사하면서 '아이 살림'이라 제목 붙인 이 글이 참다운 감사의 표현이 될 수 있기를 바라면서 뼈대만 앙상한 원칙들 몇 가지를 대충 추려본다.

아이는 누구인가?

1) 1860년 4월 5일 오전 11시.

경상도 경주 언저리 가정면 현곡리 구미산 아래 좁은 용담 골짜기의 작은 초당 용담정에서 수운 최제우 선생에게 내린 한울님의 계시 내용이 다름아닌 동학이다.

동학은 모든 사람이 제 안에 한울님을 모셨다고 가르친다. 나아가 모든 동식물과 모든 무생물까지도 다 한울님을 모셨다고 가르친다.

사람이 제 안에 한울님을 모셨으니 사람 자신이 곧 한울님이다.

아이는 사람이다. 당연히 한울님이다.

세상에서 제일 귀하고 가장 거룩한 존재가 한울님이요 으뜸으로 신령한 우주 진화와 창조의 주체가 한울님이다.

아이는 바로 그 한울님인 것이다.

2) 동학의 2대 교주인 해월 최시형 선생은 한울님이란 말과 함께

천지 부모란 말도 쓴다.

부인이 아이를 포태한 것은 그가 한울님을 제 안에 모신 것이요, 천지 부모를 모신 것이다. 사람이 한울님이니 천지 부모요, 부인이 천지 부모이니 그가 아이를 모신 것은 곧 천지 부모가 천지 부모를 모신 것이다.

아이를 모신 부인이 천지로부터 곡식을 얻어먹듯이 아이는 어머니로부터 탯줄을 통해 영양을 얻어먹고 태어나서는 젖을 얻어먹으며 나중에 커서는 또한 천지로부터 곡식을 얻어먹는다. 그러니 어머니와 아이가 모두 천지 안에 모셔져 있고 아이는 어머니와 아버지 안에 모셔져 있으며 아이 또한 내일엔 아이를 모실 것이니 그 또한 천지 부모라는 것이다.

천지 부모와 친지 부모를 모시고 모셔지는 이지를 동학에서는 천시 부모의 가르침이라고 부른다. 아이는 천지 부모다.

3) 아이는 누구인가? 아이는 사람이니 한민족은 인간의 삶을 홍익인간(弘益人間)이라 하고 그 인간의 세계에 대한 관계를 이화세계(理化世界)라고 하였다.

홍익인간은 널리 인간을 이롭게 한다는 뜻인데 이때의 '넓을 홍(弘)'은 다만 사회적 넓이만이 아니고 천자문에서 '천지홍황(天地弘黃)' 할 때의 그 '넓을 홍'이니 사회와 함께 '우주적 넓이'인 것이다. '인간을 이롭게 함(益人間)'은 그야말로 공익(公益)이니 바로 공심(公心)이며 공공성(公共性)이다. 그러나 그 넓이가 사회적이면서 우주적이니 그 공심은 천하공심(天下公心)을 당연히 포함하는 천지공심(天地公心)이요 '사회적 공공성'을 당연히 포함하는 '우주 사회적 공공성'이다.

공공성은 현대 서양 시민 사회의 기본 철학이다. 다만 그 공공성이 사회적 공공성에 머무는 곳에서 서양식 시민 사회 운동의 미시적 담론의 한계가 있으니 지구 생태계와 우주 생명 또는 우주 비생명까지를 다 포함하는 우주 사회적 공공성을 철학의 기초로 할 때 생태 생명 문제와 우주 문제, 지구 생태계 오염과 함께 기상 이변의 문제를 항상적 아젠다로 대응하는 참다운 시민 사회 운동의 '미시적-거시적 담론'이 형성되고, 우리나라에 2만 개가 넘는 시민 단체가 시민 공익과 함께 생태 생명 문제에 항상적으로 관심을 갖게 될 터이다. 이미 생명 문제는 환경 단체들만의 전문 영역을 훨씬 넘어서지 않았는가!

또한 '홍익'은 광활한 활동으로서 그 활동의 주체도 인간이고 그 활동의 타자도 우선은 인간이다. 홍익이라는 깊고 넓고 우월한 활동을 통해 주체와 타자가 상호 인정되며 주체가 타자로, 타자가 주체로 될 수 있다. 우주적 규모의 공익 활동은 그 스스로 주관적 객관성을 본성으로 한다. 그리고 바로 이같이 우주 사회적 공익 활동을 통해 인간 주체는 드넓은 선이 되고, 인간 타자도 그만한 공경의 대상으로서 드넓은 신적 존재가 된다. 유럽에서 사라진 신과 주체와 미시-거시적, 개체-집체적 공익 활동으로서의 휴머니즘이 살아남을 보게 된다. 그러나 이때의 휴머니즘은 이미 신과 주체성의 활동으로서 '네오-휴머니즘'이게 되므로 신과 인간이 결합하는 '신인간(新人間)'이 된다.

'홍익인간'은 '신인간(新人間)'이며 '신인간(神人間)'인 것이다.

아이는 태어남은 물론, 태중에서 그리고 예상과 예감의 영역인 사랑 속에서 이미 '홍익인간'이요 '신인간'이다.

4) 홍익인간만이 이화세계(理化世界) 할 수 있다. 세계를 '이화'한다는 것은 무엇일까? 고대의 얘기에 불과한가? 현대에 있어서 '세계의 이화'란 도대체 무엇인가? 현대 세계는 무엇인가? 유럽과 아메리카의 대언론들은 기회 있을 때마다 현대 세계를 단 한마디 '대혼돈(大混沌)Big Chaos'으로 규정한다. 이 혼돈을 처방 치유할 수 있는 것은 탁월한 통합적 과학뿐인데 그 과학을 촉발할 수 있는 것은 혼돈에 빠지면서도 혼돈에서 빠져나오는 혼돈의 문화, 혼돈에 적극 대응하여 도리어 혼돈을 치유하는 혼돈의 질서라는 담론, 기준, 원형뿐이라는 것이다. 그런데 그 담론, 기준, 원형이 유럽과 아메리카에는 있는 듯하지만 실인즉 없다는 것이다. 있는 듯하지만 그것들은 혼돈의 '해명' 차원이나 혼돈의 '봉합' 차원일 뿐이라는 것이다. 그 결과가 유럽과 아메리카 지식인 과학자들의 '이스트 터닝 east turning(東風)'이다.

그러나 문제는 중국으로 획일화된 동풍이라는 점이다. 이것은 결코 바람직하지 않다. 중국의 수천 년에 걸친 관료 지식인들의 교묘한 사상적 '봉인 아래 중국의 혼돈 계열, 생성 계열의 사상들은 산 채로 죽임'당했다. 유럽과는 형태가 다르나 새로운 담론, 기준, 원형이 있는 듯하지만 없는 것이다.

'그렇다 · 아니다(其然不然 · yes-no)'이다. 도리어 그 담론, 기준, 원형이 '없는 듯하지만 있는 곳(不然其然 · no-yes)'은 바로 중국과

'비슷하지만 전혀 다른(其然不然 · yes-no)' 한국이다.

바로 고대사에서 이미 문제의 '혼돈의 질서'가 명확히 신화 단계에서부터 나타나기 때문이다.

'이화세계'의 '이화'의 주체는 한민족 상고대 근원 신화에서 누구인가?

환웅(桓雄)이다.

『삼국유사』의 기록에 의하면 다음과 같다.

"환웅은 일찍이 이미 천하에 대한 큰 뜻을 품었다(數意天下)" 왈 코스모스이니 우주적 질서요 정치 의식이요 영웅적 기개다. '코기토(이성)'나 '아우라(초월성)'다. 또한 '환'은 '한'으로 '우주' '빛' '신령' '크다' '낱개' '임금' '동방'을 뜻한다.

환웅은 동시에 "인간 세상을 탐내고 요구했다(貪求人世)" 왈 카오스이니 세계 혼돈이요 욕망이요 일상인의 정서다. '리비도(욕망)'다.

그러매 환웅의 신화 내용 자체가 '혼돈의 질서'요 '카오스코스모스' '카오스모스'다.

웅녀(熊女)는 어떠한가?

웅녀는 곰 토템의 맥(貊)족이니 신체적이고 욕망 중심적인 삶을 살아가는 '곰' 즉 '구덩이'나 '그늘'의 상징을 가졌다. 카오스요 리비도요 분열적이며 신체학적이다. 그런데 그 웅녀가 굴속에서 백 일 동안 견디며 마늘과 쑥으로 사람이 된 뒤(수련정진) 항상 환웅에게 빌기를 사람이 되게 해달라고 원했다(常祈桓雄 願化爲人).

이때의 인간은 환웅이 환인의 천부인(天符印, 『천부경』의 근거다)을 지니고 동쪽에 온 뒤의 인간, 즉 영적이고 정신적인 수련의 삶을 사는 존재다. 코스모스요 로고스이며 아우라(초월성)요 코기토(이성)이며 통합적이요 영적이다.

환웅과 웅녀의 결혼 자체가 웅녀의 기도(祈禱·하늘에로의 상승 지향)와 환웅의 가화(假化·영이 육화 또는 하강함)의 만남이자 북방 유목 이동 문명의 천손족(天孫族)과 남방 농경 정착 문명의 지손족(地孫族)의 교호결합이니 그 자체가 이미 '카오스모스' '혼돈의 질서'이며 '신과 인간' 또는 '영과 동물적 신체' 사이의 결혼 같은 것이다.

신화의 전반부에 환인(桓因)이 환웅이 갈 곳이 어디인가를 찾고자 세계를 내려다보니 "삼위 태백 사이(三危太白之間)가 '홍익인간'을 할 만하니"라고 되어 있다.

홍익인간을 할 만하다면 이화세계 역시 할 만하다 할 것이다. 그렇다면 신화 후반부에서 환웅과 웅녀의 결합이라는 북방 대륙계 유목 이동의 영적인 천손족과 남방 해양계 농업 정착의 신체적인 지손족 사이의 이중적 교호 관계 위에 다양한 생산 양식을 가진 여러 부족들의 연맹체로 복합 문명을 구성한 것이 우선 이화세계이니 고조선이라는 혼돈의 질서다. 그리고 여기에서 홍익인간인 단군(檀君)이 나타난다면 단군으로 상징되는 조선 민족의 삼신오사(三神五事)를 둘러싼 360개 사회 조직의 세계가 어쩌면 구체적으로 이화세계일 터인데 바로 그 이화가 단순한 로고스나 이성이나 코스모스가 아닌 것을 웅변적으로 보여주는 것이 '우신(雨神)' '운신(雲神)' '풍백(風伯)'의 존재다.

인류사의 시원에 나타난 자연은 지금도 역시 그러하지만 애당초부터 인간이 이해하기조차 힘든 혼돈 그 자체였다. 바로 그 혼돈인 비,

구름, 바람(카오스·혼돈)을 도맡은(코스모스·질서) 책임자가 있고 우주와 사회의 혼돈을 다스릴 혼돈 나름의 질서인 천부(天符)를 지녔으니 그 이후 81자의 『천부경(天符經)』으로 정착되어 나타난 내용이 그러하듯이 그 자체가 이미 '혼돈적 질서'의 '원형'이었다.

바로 이러한 '카오스모스'가 '이화'의 의미이니 세계가 카오스라면 이화가 곧 카오스의 코스모스요, '화(化)'가 카오스적 코스모스의 전개라면 '이(理)'는 그 원리로서의 '카오스모스'일 것이다.

이치가 이렇다면 '홍익인간 이화세계'라는 민족 신화 그 자체가 이미 신령한 인간 주체, 즉 신에 의한 '창조적 자기 조직화'요 이때 이미 인간이라는 '개체성(환웅·웅녀 등의 인간적 정체성)을 잃지 않는 분권적(양가적〔兩價的〕이중적 교호 관계) 융합(환웅의 북방 대륙계 유목 이동과 영적 전통과 웅녀의 남방 해양계 농경 정착과 육적 전통과의 결합을 중심으로 어로·채취·수렵 등등의 복합 문명과 연맹체 국가의 성립)'이라는 '내부 공생(內部共生)'의 실현인 것이다.

결론은 이렇다.

아이는 바로 여기에서 태어난 단군이다. 어찌할 터인가?

아이가 '대혼돈'에 빠진 세계에서 '홍익인간' '신인간'으로서 '혼돈적 질서'라는 한민족 나름의 카오스모스 우주생명학을 가지고 그 세계를 '이화'할 주체라고 한다면 어찌할 터인가?

5) 고조선 사회는 천부 사회(天符社會)다. 즉 『천부경』이라는 담론과 이미 '홍익·이화'라는 '인간 세계의 혼돈적 질서'라는 기준(패러다임) 그리고 세계의 천부(天符)라는 원형에 의해 홍익과 이화를

창조하고 자기 조직화하려 했던 사회임이 분명하다. 중요한 것은 이러한 가능성을 신화나 역사에서 알아채는 것이지 고조선 후반의 국가 체제나 부분적인 노예제 사회의 시작이라는 범박한 역사의 인식이 아니다. 원형을 뜻하는 천부의 경전, 『천부경』의 핵심은 무엇인가?

여러 사상이 있지만 중요한 것은 인간 규정이다.

"사람 안에서 하늘과 땅이 하나로 통일된다(人中天地一)"란 말이 중요한 것은 바로 '하늘과 땅의 통일(카오스모스·혼돈적 질서)'이 사람 속에서 이루어진다는 뜻 때문이고 동학에서 아이가 천지 부모라고 한 그 가르침의 근원이 상고 때 천부, 즉 혼돈적 질서의 원형 사상 안에 이미 나타나고 있는 것 때문이다.

다시 말한다.

아이는 '카오스 문화'다. 그리고 창조적 진화의 주체인 화(化), 즉 한울님이다.

6) 고조선 시대의 두 개의 큰 근원적 사상 체계가 『천부경』과 『삼일신고(三一神誥)』다. 『삼일신고』에는 다음과 같은 구절이 있다. "신은 뇌 속에 내려와 있다(神降在以腦)."

이것이 무슨 소리인가?

해와 달과 별과 심지어 이상한 돌이나 나무를 보고도 절하고 숭배하여 제사 지내던 3천 년, 4천 년, 5천 년 전에 그 위대한 우주의 주제인 한울님, 신이 바로 인간의 뇌 속에 내려와 있다니!

『삼일신고』는 강단 사학자들의 거듭된 주장처럼 가짜 경전(僞經)인가? 그럴는지도 모른다. 또 그렇다 하더라도 사정은 크게 변하지 않는다.

왜냐하면 19세기 말 20세기 초의 가장 전투적이고 영적인 민족주의 집단이었던 대종교(大倧敎)가 『삼일신고』를 소의경전(所依經典, 신앙의 주 대상)으로 삼은 것이 1910년 한일합방 이후이니 비록 그 무렵에 무명인에 의해 씌어진 가짜 경전이라 하더라도 최근 뇌과학의 비약적 발전에 의해 비로소 밝혀진 뇌세포와 뇌생리학 지식 등이 결국 잠자는 뇌세포의 90퍼센트 안에 신의 거처가 있고, 또는 천체 우주 공간의 블랙홀의 존재나 초신성(超新星)의 폭발까지도 홀로그램 방법을 통해 관찰한 결과 뇌세포 속에서 그것이 동시에 복사되는 등 우주 운동이 뇌 속에 일어나고 있다는 사실을 직관한 위대한 천재의 노작이라고 하지 않을 수 없는 것이다.

범인은 잠자는 뇌세포 중의 6퍼센트 정도, 천재가 10퍼센트 정도를 활용할 수 있을 뿐이라면 크게 깨달은 종교적 영성은 그 90퍼센트 중의 10퍼센트나 15퍼센트 정도가 깨어난 결과가 아닐까?

그렇다면 아이는 누구인가?

바로 뇌를 가진 존재다.

뇌 안에서 90퍼센트의 세포가 잠자고 있다. 그 안에 신의 거처가 있을 것이다. 예언자나 정신병자의 경우 허공의 외치는 소리나 환청이 처음엔 귀 바깥의 공중에서 울리지만 그 내용이 주밀해지고 촘촘해질 때는 머리 속에서 들리는 것은 무엇을 뜻하는 것일까?

이 아이의 뇌를 우리는 어찌 생각해야 하는 것일까? 어찌 인식할 것인가를 고민해야 한다. 인간 안에, 아이의 뇌 안에 신이 살고 있다. 이 아이는 그럼 누구인가?

7) 동학의 '모심〔侍〕'이란 말의 자세한 뜻은 안으로 신령이 있고 밖으로 생명의 자기 조직화가 일어나며 한세상 사람이 모두 각자각자 서로 떨어져 살 수 없는 전체성을 나름나름대로 깨달아 다양하게 실현한다는 세 가지다.

다윈 이후 가장 첨단적인 자기 조직화의 진화론의 3대 명제는 나아가 창조적 진화론의 조건이기도 하다.

우선 아이의 내면에 신령의 단계로까지 진화한 의식, 정신, 영성, 무의식, 심층 무의식이 있고 외면에 물질이나 생명의 복잡화, 자기 조직화가 있다는 문제는 무엇을 함축하는가?

내면 영성과 외면 생명이 상호 영향을 주고받으며 진화하는 존재가 사람이니 아이 역시 이 신령과 이 생명을 세 안팎에 모신 존재다. 영성-생명적 존재가 아이다.

그리고 생명은 집단이 개체보다 먼저 발생하고 집단이 개체보다 더 중요한 것이 아니라 그와 반대로 개체가 집단보다 먼저 발생하며 더 중요한데 개체마다 다 태어날 때부터 제 안에 제 나름의 우주적 전체를 지니고 있어 그 숨은 차원의 전체를 자기 나름으로 자기 조직화하여 제각각 타자와의 분권적(상호 평등한) 융합(퓨전 · 공생 관계)을 이룬다는 것이 현대 진화론이고 생물학이며 동학의 모심의 진화론이다.

아이 안에서 개체성과 분권적 지향 그리고 타자와의 공생과 융합의 실상, 저마다의 독특한 실상을 발견해야 하는데 이 발견과 함께 우리는 아이에게 근원적인 경외감, 공경의 감정을 느껴야 하며 단순한 제 새끼가 아닌 거룩한 생명이고 우주를 안에 품은 독특한 개성임을 인정하게 될 것이다.

아이에 대한 윤리는 있을까?

1) 동학에 의하면 본디 여성 특히 부인은 후천개벽, 즉 인류 문명사 전체의 대전환기인 현대에 있어서는 타고난 도인(道人)이다. 후천개벽은 신과 인간의 합일에 의한 신인간의 출현으로부터 시작되는 것이니 그 신을 인간 안에 모심이 첫째 윤리이기 때문이요, 모심 중의 최고의 모심, 생물학적인 모심이 곧 포태(胞胎), 임신이기 때문이다.

포태는 곧 우주를 자기 조직화하는 주체인 신, 즉 한 인간의 생명과 영성을 모심이다.

따라서 포태와 태교에는 엄격한 윤리가 있다. 동학의 해월 최시형 선생은 동학 전체의 명운을 부인 도통에 걸었고 부인 도통의 명운을 포태와 태교와 살림에 두었다.

부인들의 행동 수칙과 수련 원리들인 '내칙(內則)' '내수도문(內修道文)'이 해월 당시 동학의 최고 강령이 될 정도였다.

태교의 원리는 여성이면 누구나 생득적으로 알고 있는 것들이다.

무거운 것 들지 말고
함부로 뛰지 말고
이상한 생선이나 고기 먹지 말고
흉한 생각 하지 말고

남 미워하지 말고

모로 눕지 말고

흉한 음악 듣지 말고 등등이다.

2) 아이에 대한 원리 강령은 인간에 대한 십대 강령, 해월의 '십무천(十毋天)'이 가장 훌륭한 것 같다. 사람이 한울이고 아이가 한울이니 한울에 대한 십대 강령은 아이에 대한 십대 강령이 된다.

한울을 속이지 말라(毋欺天)

한울을 업수이 여기지 말라(毋慢天)

한울을 다치지 말라(毋傷天)

한울을 어지럽히지 말라(毋亂天)

한울을 죽이지 말라(毋夭天)

한울을 더럽히지 말라(毋汚天)

한울을 굶기지 말라(毋餒天)

한울을 부수지 말라(毋壞天)

한울을 싫어하지 말라(毋厭天)

한울을 굴복시키지 말라(毋屈天)

아이를 어떻게 기를 것인가?

1) 아이에 대한 윤리에서 가장 먼저 명심하고 지켜야 될 사항이 바

로 다음이다.

해월의 가르침이다.

아이를 치지 말라!
아이를 치는 것은 한울님을 치는 것이니 한울님은 그 기운 상하는 것을 싫어한다.

우리 세대만 해도 매맞기를 밥먹듯 했다.
요즘에도 아이를 치는 부모가 있고 체벌(體罰)을 불가피하다고 여기는 교사도 있다. 그 무엇보다 이것만은 먼저 근절해야 한다. 매맞고 자란 아이는 자기 자신을 존중하지 않는다. 자기 자신을 존중할 줄 모르는 사람은 남을 존중할 줄 모른다. 남을 존중할 줄 모르는 사람은 동식물과 물, 공기, 흙, 햇빛을 존중할 줄 모른다. 결국은 오염과 파괴뿐이다. 왜 그럴까?
아이는 매를 맞을 때 제 안에 살아 있는 한울님, 신을 죽이기 때문이다. 자기의 발랄한 생명력과 깊은 무의식을 훼손시키기 때문이다. 무서운 일 아닌가!

2) 이미 말한 바 있거니와 포태(胞胎)는 천지 부모를 모시는 일이다. 임신 자체가 이미 우주 생명과 신령을 공손히 모시는 행위이니 생태 육아 교육이니 유아 생명 문화 운동이니 거창하게 말하기보다 포태 한 가지를 통해서 '모심'과 '살림'을 몸으로 체득하는 젊은 주부들이 이 문화 운동의 전면에 나서야 한다.

3) 태교(胎敎) 역시 생명 문화 운동의 가장 미묘한 계기이니 이미 태중에서 아이 살림을 시작하는 것이다.

부인 자신의 몸과 마음가짐 자체가 '모심'이니 그 진정하고 경건한 '모심'이 참다운 '살림,' 아이 살림이며 우주 생명의 '살림' 아니겠는가!

4) 어머니의 젖, 모유(母乳)는 사랑의 음식이니 천지가 우리에게 주는 곡식과 같은 것이다. 모유 먹이기부터 실질적인 아이 살림이 시작되어야 하는 것 아닐까? 온갖 전염병과 성인병의 예방과 면역, 온갖 정신적 취약성과 불안, 인내력 부족, 집중력 부족, 따뜻한 마음의 상실 등에 대한 대안이 모유에 있다고 하니 나 같은 사람으로서는 할 말이 없다.

5) 어렸을 때부터 '삭힘'의 훈련, '이른바 참고 견디며 욕을 빛으로 바꾸어 보는 정신력'인 '시김새'의 단련이 필요하다. '시김새'는 '삭힘'의 명사다. 음식 역시 삭힌 음식, 김치, 된장, 식혜 등을 어릴 때부터 일상 식품화하고 패스트푸드나 인스턴트 식품은 가급적 줄여야 한다는 의사나 식품 전문가들의 의견이다. 우리 민족의 전통 발효 식품이 일본은 물론이고 동아시아 아메리카, 유럽에서까지도 그 가치를 인정받고 있다. 꼭 '웰빙'이 아니라도 이제쯤은 아이 살림의 정신 측면과 함께 발육이나 건강, 식품 문제에 정신을 쏟아야 한다.

10대 청소년들 속에까지 일반화되고 있는 '암' 유행을 어찌 생각하는가?

6) 생태학에 '생물 지역론'이 있듯이 풍수지리학에는 '형국론(形局論)'이란 것이 있다. 지역지역마다 지기(地氣)의 자기 구심 작용(求心作用)이 있어서 한 지역의 생물들, 지질, 암석, 지하수, 광물과 공기까지도 상호 공생 사슬들이 군집(群集)과 전이(轉移) 현상 등을 몇 층으로 겹치면서 진행된다는 것이니 같은 지형의 서로 닮은꼴은 교통이 번잡하지 않았던 옛날에는 사람들에게까지도 형국이 있어서 근처에 사는 사람들은 말씨나 성격은 물론이고 얼굴까지도 서로 닮았었다고 한다.

수렴(收斂) 현상이다. 농산물의 경우엔 '신토불이(身土不二)'가 그 원리다. 먼 수송 과정 탓에 어쩔 수 없이 방부제 처리하게 되는 것들보다 가까운 땅에서 제철에 난 농산물을 수시로 공급 유통하여 먹는 것이 건강에 가장 좋다. 아이들의 경우엔 면역력과 항체(抗體) 생성력이 약해서 더욱 이 원칙들을 검토하는 게 좋을 것이다.

7) 우리는 외세 의존적 대세로 인해 민족 전통인 동학의 위대함과 선진성을 전혀 모르고 살아왔다.

YMCA나 사회주의보다 훨씬 전에 천도교 농민회가 무수히 일어나 무수무수한 소작 쟁의를 일으키고 YMCA나 사회주의보다 훨씬 먼저 부인회가 조직되어 여성 운동이 일어나고 그 어떤 개화 단체나 지식인보다 훨씬 먼저 천도교의 소파(小坡) 방정환(方正煥)이 어린이 운동을 일으키고 어린이회를 조직하며 어린이날을 제정 선포토록 하였고 아동 잡지 『어린이』를 창간하였다.

오늘의 한국 생태유아교육학회 역시 생명 시대의 아이 살림을 천도교 어린이 운동처럼 그렇게 선진적으로 밀어가주길 바란다.

이즈음에서 한 사람 생각나는 인물이 있다.

8) 천도교 청우당(靑友黨)의 당두(黨頭)였던 김기전(金起田) 선생이다. 그분은 현대 동학의 성자(聖者)로 불린다. 천도교 농민회의 배후 조직자요 부인회의 배후 조직자다. 신문화 운동의 주동력이었던 잡지 『개벽』의 배후 조직자요 천도교 정당인 청우당의 배후 조직자다. 나중엔 청우당의 당두까지 되지만 그는 언제나 배후의 말없는 조직자였다. 저 유명한 민족 좌파 중심의 연합전선이었던 신간회(新幹會)의 배후 주동력이있던 김기선은 천노교 지도부까지도 친일로 돌아섰던 태평양전쟁 후반 민족 해방 유격 전쟁을 준비하기 위해 자금 모집, 요인 포섭, 근거지 마련과 무기 수입들을 주 내용으로 한 비밀 조직 '오심당(吾心黨)'의 조직자로서 이후 이 조직이 노출되었을 때 반병신이 다 되도록 고문을 받으면서도 단 한 사람의 동지의 이름, 단 한푼의 자료 내역도 발설하지 않고 내내 빙그레한 미소 하나로 일관했으며, 해방 후 단독 정부 수립 반대 운동을 위해 월북했다가 동지의 밀고로 체포되어 옥사한 분이다.

왜 그의 이야기를 길게 하는 것일까?

그이는 부인은 물론이고 동네 사람들도 물론이며 심지어 자기 아이들에게까지도 경어를 또박또박 사용하고 학교에 가는 아이들을 문밖까지 배웅하며 "안녕히 학교 다녀오십시오" 했다고 한다.

왜 그랬을까?

누군가 그 까닭을 물었을 때 김기전의 대답은 한마디.

"아이들은 한울님입니다. 한울님에게 절하는 것이 당연하지 않습니까?"

그는 소파 방정환의 뒤에서 소리 없이 온갖 일을 다 감당한 어린이 운동의 배후 인물이었던 것이다.

조선 시대의 해월 최시형 선생과 같은 성인(聖人)에 이어 일제 통치와 해방 이후에도 이 같은 성자(聖者)가 있었으니 '아이 살림'을 계기로 이분들을 계승할 훌륭한 분, 웅숭깊은 모범이 생명 운동의 흐름 속에서 다시 나타나지 못할 까닭도 없기에 구태여 여기서 강조해 얘기하였다.

아이에게 무엇을 가르칠 것인가?

너무나 뻔한 얘기지만 아이를 가르치는 데에 훌륭한 동화(童話)보다 더 좋은 것은 없을 것이다. 특히 아이들에게 인간의 본성 영역인 생명과 영성에 대한 가르침에서 동화보다 더 유용한 예술은 그리 흔치 않을 듯싶다. 신화와 계몽, 상상력과 역사를 문학 양식을 통해 종합시키는 훌륭한 장르로 생각한다.

그러나 동화평론가 원종찬의 말처럼 "주요 동화 작품 대다수가 말이 동화지 실제로는 소설에 가깝고 생활을 사실적으로 반영하는 리얼리즘이 정신과 기법 모두를 규율하는 창작 원리로 작용해온 결과 그

림책, 동화, 판타지가 설 땅은 매우 비좁아 보인다. 이런 까닭에 오늘의 아동 문학은 스스로 관성이나 타성에 머물고 있지 않은지 되돌아보며 양식과 스타일의 확장을 도모하는 일이 매우 긴요하리라 생각한다."

바로 이 같은 동화의 문제점은 어디에서 기인하는 것일까?

"우리 창작 동화의 문제점은 크게 보아 소설적으로 만들어낸 갈등 상황을 동화적으로 해결하는 데에서 비롯되고 있다."

현실의 창작 동화를 이렇게 비판한 원종찬의 입에서 하늘이 놀라고 땅을 뒤흔들 다음과 같은 엄청난 발언이 쏟아져 나와 나를 커다란 놀라움과 그윽한 깨달음으로 밀어붙였다.

"그런데 오랜 압제와 수난의 역사를 헤쳐 나오면서도 우리는 '붉은 악마' 세대를 배출했고 '붉은 악마' 현상을 대하는 우리 사회의 믿음과 갈채는 세대를 초월한 것이었다. 억눌림과 뒤틀림 저편에 가라앉아 있던 희망의 씨앗을 거기서 볼 수 있었기 때문이리라. '붉은 악마' 세대는 혈연, 지연, 학연 따위 전근대적인 권위와 차별에 대한 도전, 파격을 두려워하지 않는 창의적인 발상을 자랑한다. 이미 우리 안에는 새로운 시대 정신이 들어와 살고 있지 않은가! 그래서 아동 문학에는 이를테면 '태극기로 치마를 두르는 발상'이 어디 있는지 자꾸 두리번거리게 된다."

그렇다.

동화를 비롯한 아동 문학, 아동 교육에서 차지하는 '붉은 악마'의 의미는 이렇게 높고 크다. 아동 문학 전문 이론가의 말이니 경청하지 않을 수 없다.

그렇다면 이제 어찌할 것인가!

우리는 지금 무엇을 아이에게 가르칠 것인가에 관해 생각하고 있다.

역시 동학으로 돌아간다.

누가 무엇을 아이에게 어떻게 가르칠 것인가에 관해서다.

최수운 선생의 다음과 같은 말씀이 있다.

"네 안에 모셨으니 가까운 것을 버리고 먼 데서 가져오려고 하지 말라!"

무엇을 말인가?

가르침을 말한다.

동학에서는 이것을 개념화하여 '자재연원(自在淵源)'이라 부른다. '샘물의 근원이 내 안에 있다'란 뜻이다. '샘물의 근원, 즉 연원'이란 스승을 말한다. 그래서 옛날 공부하는 이들을 '누구누구 연원'이라 밝히며 자기에게 가르침을 준 분이 누구라는 것을 분명히 했다. 또 '누구누구 도통(道統)'이란 말도 한다. 이 역시 누구에게 도(道)를 받았다는 말이다.

진리 공부에서는 '연원도통'이 반드시 필요하고 중요한 것이니 '자재연원'은 '내 안에 내 스승이 있다'란 말이 된다.

간단히 말하면 '아이 안에 그 아이의 스승이 있고 가르침의 샘물이 있다'는 뜻이다. 90퍼센트의 잠자는 뇌세포 속에 한울님, 신의 거처가 있다든가 사람 안에 천지 부모가 살아 있다든가 하는 말들이 다 똑같은 말이다.

공부란 무엇인가!

제 안에 있는 가르침을 배우는 것이 공부다.

이상한가?

한번 깊이 생각해보면 이상할 것 아무것도 없다.

너무도 유명한 승려 시인 '만해(萬海)'의 시에는 다음과 같은 구절이 있다.

"가슴에 만 권의 책이 쌓여 있다(胸中萬券書)."

그래서 동학은 제사를 '벽에 대고 하는 제사(向壁設位)'에서 '나를 향한 제사(向我設位)'로 대변혁한다.

1897년 동학 혁명 실패 후 경기도 설성의 앵산동(鶯山洞)에서의 일이다.

동서고금과 천지 만물과 조상의 신령과 한울님이 벽에서 왔다갔다 할 까닭이 없으니 마땅히 살아 있는 신령인 인간, 즉 제사 지내는 바로 나(喪土) 안에 그 모두가 살아 있는 것 아니냐는 말이다.

또 내가 일해서 얻은 밥 한 그릇을 그 일을 한 주체인 내 안의 한울님에게 되돌려드리는 것이 참다운 제사의 뜻이라는 말이다. 그래서 동학에서는 "내가 내 마음에 대고 절을 한다(自心自拜)"고 말한다.

그렇다.

아이 가르침의 원리는 이것이다.

붉은 악마 세대의 가르침도 이것이다.

알다시피 붉은 악마는 우리나라 신세대 남녀 700만 명, 10대, 20대, 30대 초반의 청소년과 젊은 주부들, 그리고 젊은 주부들 무동을 타고 또 손을 잡고 나온 유아들, 아이들이 다름아닌 주체다.

월드컵 한 달간 하늘이 놀라고 땅이 뒤흔들린 그 역동과 균형, 혼돈과 질서의 대파도 속에서 자기들이 한 일과 자기들이 쏟아놓은 외침과 그 일, 그 외침 밑에 숨어 있는 진리를 스스로 기억해내고 스스로 생각해내고 스스로 공부해내며 스스로 그것을 새 시대의 문화로 역사로 철학으로 승화시켜야 한다.

이것이 다름아닌 '자재연원'이고 '자심자배'이며 이것이 최상등의 교육학이다.

고로 '아이들에게 무엇을 가르칠 것인가?'라는 질문에 대해 '제 생각을 제가 알도록 가르쳐라!' '제 안의 가르침을 제가 알도록 하라!' 밖에는 그 어떤 훌륭한 대답도 없다.

왜냐하면 아이들은 엄마 등에 업혀서 무동을 타고 손을 잡고, 또 형들과 함께 붉은 악마의 대파도에 참가해서 외쳤기 때문이다. 아이들 안에서 10대, 20대, 30대 초반의 청소년과 젊은 주부들 700만이 외쳤고 생각했고 끊임없이 끊임없이 그 외침, 그 생각에 자기 동의해 왔기 때문이다. 그것은 아이들 자신의 외침이요 생각이요 자기 동의, 자기 교육이었던 것이다.

나는 4·19 혁명 세대다.

그러나 나뿐 아니라 내 세대 친구들 거의 모두가 그 당시엔 우리가 한 일을 잘 깨닫지 못했다. 그러나 5·16 정변이 나고부터 지난 4월에 우리가 한 일이 무엇인가를 생각하고 토론하고 분석하기 시작했다. 우리는 그 4월 민주 혁명, 민족 통일, 사회 개혁을 부르짖었고 또 실천했던 것이다. 소위 저 길고 긴 반파쇼 민주화 투쟁과 통일 운동, 한일 굴욕 회담이나 한미 행정 협정 철폐 운동이나 노동자 농민들의 권익을 비롯한 온갖 민중 생존 운동 그리고 판소리, 탈춤, 풍물, 시나위, 민화, 속화, 민요 등에 대한 채집을 비롯, 마당극, 마당굿 등 그 현대화 작업에로까지 이어지는 길고 긴 민족 예술 문화 운동이 바로 그 깨달음에서 시작된 것이다. 그뒤 그것은 더 나아가 환경, 생태, 유기농, 생명 운동, 평화 운동, 여성 운동, 문명 운동까지 연속된다.

그 놀라운 한 달 동안 붉은 악마는 무엇을 외쳤고 무엇을 표현했는가?

아이들에게 그것을 가르쳐야 한다.

그것은 이미 새로운 세계 보편적 지혜를 안에 간직한 민족사적 원형(아키타입), 기준(패러다임), 그리고 담론(디스커스)의 시작이기 때문이다.

원종찬은 아동 문학 전문가답게 바로 그것이 앞으로 아동 문학, 아동 문화, 아동 교육의 새로운 '알심'이라고 강조한 것이다.

그것은 무엇일까?

크게 보아 세 가지다.

'엇박' '치우' '태극기'다.

이것을 아이들에게 가르쳐야 한다.

붉은 악마는 그 엄청난 역동 속에서도 단 한 건의 대형 사고도 단 한 건의 훌리건 따위의 폭력도 단 한 건의 인종적 편견의 노출도 없었으며 그 어마어마한 혼돈에도 불구하고 쓰레기까지 치우는 고도의 질서를 함께 창조하였다. 민족 의식으로 들끓으면서도 외국 선수들에게 더없이 화해로운 관용과 우정을 잊지 않았으니 독일전에서 한국팀이 패배했을 때 코가 쑥 빠진 한국 선수들에겐 "괜찮아! 괜찮아!"를 연호하고 의기양양한 독일 선수들에게 "도이칠란드! 도이칠란드!"를 연호하였다.

　유럽과 아메리카에 대해 단 한 오리의 그늘진 콤플렉스의 표출도 없이 의젓하고 당당했으며 아시아 문명권 선수들에게는 반갑게 동일 문명 소속 의식을 표현했으니 대구의 터키전에서 한국이 지고 터키가 이겼을 때 응원단 속에서는 즉각 카드 섹션이 펼쳐졌으니 왈,

　'아시아의 자존심 Pride of Asia.'

　월드컵 이후 터키 국민은 앙카라발 기사를 통해 위대한 한국인에게 감사와 아시아인으로서의 동지애를 표시하기 위해 향후 2년간 터키를 여행하는 한국인에게 터키의 어느 곳에서나 무료 숙식을 제공하기로 결의했다.

　돌아간다.

　붉은 악마의 제안에서부터 터져나온 가르침인 세 가지 명제! '엇박' '치우' '태극기'는 과연 무엇인가?

　이른바 '문(文)' '사(史)' '철(哲)'이니 문학, 문화는 '엇박,' 역사적 원형은 '치우,' 새 시대의 철학은 '태극기'다. 아이 가르침은 문·사·철의 원형을, 과학은 그뒤 학교 교육의 종합 과정에서 이루어야 한다.

　1) 엇박

　세계사, 특히 세계 문화사는 지금 무엇에 결핍을 느끼고 무엇을 갈망하고 있는가?

　세계는 지금 '대혼돈'에 빠져 허덕이면서 그 '대혼돈'에 대해 처방할 탁월한 과학을 기다리는데 그 과학을 촉발할 수 있는 '혼돈의 질

서'라는 오래고 새로운 문화를 갈망하고 있다. 새 시대의 세계인은 카오스에 빠지면서도 그 카오스에서 성큼 빠져나오는 '카오스코스모스' '카오스모스 문화'를 체득한 사람이어야 한다.

바로 그 '혼돈의 질서' '카오스모스'가 다름아닌 '엇박'이다.

'엇'이란 우리말로 '서로 반대되면서도 더불어 이리저리 얽히는 것'을 말한다.

'엇박'이란 '혼돈박'이다.

붉은 악마가 한 달 동안 내내 외쳐댄 연호와 박자가 무엇이었던가? '대~한민국'과 '따다다 따따' 아닌가?

본디는 4분박인 '대한민국'을 '대'를 길게 끌어 '한'까지 3분박으로 변화시키고 그뒤에 '민국'의 2분박을 짧게 붙여서 전체를 '3분박 플러스 2분박'의 '엇박' '혼돈박,' 즉 '5분박'을 만들어버린 것이다.

원래 우리 전통 음악에서 3분박은 혼돈, 역동, 소란, 이동을, 2분박(또는 그 배수인 4분박)은 질서, 균형, 고요, 정착을 표현하는 박자다. 서로 반대되는 이 두 박자를 '서로 반대되면서도 더불어 이리저리 얽히는' '엇박' '혼돈 박'을 만들었으니 이것이 다름아닌 '혼돈의 질서' '혼돈적 질서'다. 다른 말로 한다면 '역동적 균형'이나 '시끄러운 고요' '이동하는 정착'이 되겠다. 역설이고 형용모순이지만 현대 세계는 바로 이 같은 역설과 이중성, 또는 이진법을 요구하는 시대다. '세계화하면서 지역화'하고 '보편화하면서 개인화'해야 산다.

우리 전통의 '호호굿'은 바로 '엇박'을 중심으로 이루어지는 굿으로 가장 현대적 형태의 굿판일 것이다.

더욱이 '대~한민국'이 '불림〔招魂〕'이라면 '따다다 따따'는 '장단

(長短)'이어서 불림은 신령한 카오스를, 장단은 엄격한 음악 질서로서의 코스모스를 표현하니 이 두 개의 이중적, 이진법적인 연호 자체가 이미 '카오스모스'요 '카오스모스 문화'이다.

이것이 왜 보편성을 띠는가?

『성경』엔 이미 "너희는 비둘기처럼 순결하고 뱀처럼 슬기로워라"라는 모순어법이 있고 불경엔 "색(色)이 공(空)이요 공이 색이다"라는 역설이 있으며 『주역』에는 "한번 음(陰)이 되고 한번 양(陽)이 되니 이것을 도(道)라고 한다"라고 하며 음양을 함께 태극으로 표현하는 상생 - 상극의 상호 보완성이 드러나 있다.

동학에서는 무엇이라 하는가?

동학의 진화론의 문법은 '아니다 · 그렇다(不然其然 · no-yes)'이니 다름아닌 생명 문법(그레고리 베이츤)이요 영성 문법, 즉 참선법(양극 사이의 끝없는 교차, 또는 그 교차를 넘어서는 깨달음) 그리고 뇌과학 기본 문법(더블 메시지)이자 뇌의 모방인 컴퓨터의 이진법이고 물리학의 숨은 질서와 드러난 질서 사이의 차원 변화 원리(데이비드 봄)이다.

이것을 가르쳐야 한다.

아니, 제 안에서 나왔고 제 스스로 말했던 '엇박'을 기억하고 스스로 이해하도록 해야 한다. 이것이 아동 문학, 아동 예술과 아동 문화의 생명학이다. 이른바 아동 교육 내용의 뼈대인 '문 · 사 · 철'의 맨 첫번째 '문(文)'이다.

2) 치우(蚩尤)

이제부터 시작되는 21세기 신문명의 구조와 내용과 방향은 무엇인가?

자크 아탈리 Jacques Attali나 질 들뢰즈 같은 유럽의 첨단적 철학자들은 그것을 단 한마디로 요약한다.

'유목 사회'다.

더 정확히는 도시 유목 이동 문명이다.

철학자들뿐만 아니라 신자유주의적 세계화주의자들 역시 마찬가지로 유목 문명론뿐이다. 하기야 지금 우리나라의 경우에도 유목 문명에서 자유로운 자가 누가 있겠는가?

핸드폰, 노트북, 비행기, 기선, 도로, 주유소, 호텔, 모텔, 항구에서 벗어날 자가 누가 있겠는가? 이제 언제 어디서나 누구하고도 말화(發話) 수화(受話)할 수 있는 유목 디지털, '유비쿼터스 시대'로 나아간다.

필요하며 필연이다.

그러나 여기에 반대하는 사람들도 만만치 않다. 반세계화주의자들, 생태주의자들, 제3세계형 민족주의자들과 농민들이 그들이다. 1999년 시애틀의 '반 WTO 시위' 이후 반세계화의 물결은 심각하다.

이 점을 생각해보라.

4년 전 보도에 북극 해체의 뉴스가 있었다. 북극은 '지리북 geographic pole'과 '자기북 magnetic pole'의 얽힘으로 형성되는데 이 두 개의 북극이 상호 이탈하기 시작하여 북극의 해체가 진행 중이라는 보도다.

이 결과는 남반구 해수면의 엄청난 상승이다. 10여 년 전 과학자의 예측을 훨씬 넘어서는 상승이다. 가까운 시일 안에 전지구의 저지대는 거의 다 침수될 것으로 보인다. 저지대는 곡창이다. 그렇지 않아도 지구 생태계의 전면 오염과 화학 영농으로 곡식과 채소 종자들이 끊임없이 멸종되고 있다. 세계 인구의 증가는 기하급수적이다. 앞으로 도래할 막심한 식량난과 생태계 오염의 자정(自淨) 불능 상태에 어떻게 대응할 것인가?

더욱이 날이 갈수록 지구 주변의 우주 변동과 기상 이변은 기괴한 양상을 띠기 시작한다. 수차례의 기상학 모델 실험 결과 향후 백 년 동안의 혹독한 폭염(暴炎)이 지구를 강타하리라 한다.

문제가 되는 것은 다음이다.

멸종, 오염, 파괴 과정의 지구 생태계, 북극 해체에 의한 해수면 상승과 만년설, 빙산 등의 해빙, 그린란드의 해빙 시작과 함께 더욱 높아지는 지구 기온의 상승, 그리고 장기적 폭염이 기괴한 바이러스들을 출현시켜 유럽 페스트 시대 이후 최고 최대의 '대병겁(大病劫)'이 도래하리라는 비극적 예언과 전망이 유행한다는 점이다.

여기에 무엇으로 대응, 처방할 것인가?

그런데도 도시 유목 이동 문명 일변도인가?

도시 유목 이동의 디지털 문명은 필요하며 필연이다. 그러나 여기에 생명 농업 등을 비롯한 농촌 농업 정착의 에코 문명이 이중적으로 교호결합되어야 한다.

민족과 민족, 문명과 문명 사이에 유목이냐 농경이냐, 세대와 세대, 개인과 개인 사이에 디지털이냐 에코냐의 결정론을 가지고 서로 대립하고 상호 비판하는 모습만 보도되고 있을 뿐, 유목과 농경, 디지털과 에코, 이동과 정착, 도시와 농촌 사이의 이중 교호결합을 중심으로 한 각 개인, 각 지역, 각 민족, 각 문명 사이의 다양한 삶의 양식들의 복합적 문명에 대한 제안이나 전망이나 예언은 눈을 씻고 봐도 보이지 않는다. 인류의 지혜와 통합력이 사실 이 정도인가 의심하게 된다.

그런데 붉은 악마가 바로 그 붉은 악마인 치우(蚩尤)의 붉은 깃발을 로고로 밀고 나왔다. 그 한 달 동안 붉은 악마 '치우'가 우리 삶 전체를 사로잡았다.

치우가 누구인가?

아직 강단 사학이 인정하지 않고 있는 신화이지만 신화이기에 더욱 좋은 점까지 있다. 역사는 때로 그 중요한 전환점에서는 계몽보다 신화에 의해 한 차원을 비약하기도 한다. 계몽과 과학이 지구의 '대혼돈'에 처방 치유를 전혀 하지 못하는 상황에서 어쩌면 그 계몽과 과학의 새로운 차원을 신화와 상상력이 촉발할 수도 있기 때문이다.

치우가 누구인가?

우리 민족과 중국, 그리고 일부 동아시아 민족들의 신화망에 의하면 치우는 약 4천 5백 년 전 당시 광범위한 부족 연맹체 국가였던 고조선 직전 단계인 배달국(倍達國) 14대 천황(또는 추장) '자오지(慈烏支)'의 다른 이름이다.

그는 중국 화하족(華夏族 · 漢族)의 추장 황제(黃帝)와 74회의 피의 전쟁을 치렀고 그 최후 전쟁인 탁록(涿鹿) 대전에서는 피가 백 리에 흘렀다(『장자(莊子)』)고 한다.

황제와 치우는 왜 싸웠는가?

여기에 우리의 신화 읽기와 역사적 상상력과 전설의 비유 체계에 대한 풍부한, 그리고 현대 생명학적인 해석학이 움직여야 한다.

더욱이 이 역사를 아이들에게 이야기 형식으로 들려주어야 한다고 설정할 때 동일하게 움직여야 할 능력이나 방법이 곧 신화 읽기, 역사적 상상력, 전설의 비유 체계에 대한 살아 생동하는 현대적 해석 능력이기 때문이다. 그렇다. 앞으로 우리가 신세대를 주역으로 삼아 창조해야 될 새로운 영적인 신체 학문과, 에코-디지털 문화의 이동 정착적-도시 농촌적 유목 농경 문명의 상상력과 전설과 예언을 아이들에게 이야기해줘야만 하는 것이다. 이것은 전혀 유토피아가 아니다. '역사적 원형'이라 하는 것이니 도리어 르네상스에 속한다.

중국의 황제와 조선의 치우는 왜 싸웠는가?

4천 5백여 년 전에도 지금과 같은 지구 온난화가 있었다고 한다. 동남아에서만 가능하던 벼농사가 남방인들의 북상(北上)과 함께 반도와 대륙에 상륙하였다 한다. 중국의 황제(黃帝)는 그때 과거의 유목 이동 문명을 청산 숙청하고 농업 정착 일변도의 새 문명을 세우고자 한다. 여기에 대응하여 치우는 과거부터의 북방 대륙계 유목 이동 문명을 그대로 살리면서 새로이 시작된 남방 해양계 농경 정착 문명을 이중적으로 교호결합하며 그것을 중심으로 여러 동아시아 연맹 부족들의 다양한 삶의 방식을 연대하는 복합적 문명을 세우고자 한다.

74회의 피의 전쟁은 문명 전쟁이었던 것이다.

어찌 생각하는가?

유럽의 철학과 아메리카 중심의 세계화주의자들이 주장하는 디지털적 도시 유목과 전 세계의 반세계화, 민족주의, 생태주의자들이 주장하는 에코적 농촌 농경 사이의 결합을 중심으로 인류의 다양한 복합문명의 새집을 짓는 방향에 대해서 동아시아의 역사 원형을 통해 집단적 예언을 한 것이 곧 붉은 악마라고 생각할 수는 없는가?

무리라고 생각하는가?

그래서 애당초 나는 인류사의 중요한 전환점(대혼돈이 지배하는 현대가 바로 그때다!)에는 계몽과 과학보다 신화(또는 상상력)가 도리어 역사의 차원 변화와 비약을 가져오게 한다고 전제한 것이다.

보라!

중국인들의 동북공정, 고구려사 강탈을 어찌 생각하는가?

그들은 월드컵 때 이미 그 깊은 본성과 숨은 의도를 드러냈다. 한국 국민과 신세대, 붉은 악마 및 한국팀을 언론을 통해 내내 훼손하였고 베이징 대학교에서는 한국 유학생들을 극히 반문명적, 야만적 방법으로 왕따하였다.

왜 그랬을까?

자기네 팀이 초반전에 패퇴해서인가? 그것만이 아니다.

중요한 것은 치우의 로고 '붉은 악마' 때문이다.

치우는 분명 중국 민족에게는 수천 년을 내리 변함없는 공포의 대상이었던 시뻘건 도깨비 모양의 전쟁과 싸움의 신이었다.

오죽하면 『장자』에까지 중국 황제와의 싸움에 피가 백 리에 흘렀다고 기록되었겠는가?

그런데 그들은 이미 10여 년도 훨씬 전에 치우의 신화를 강탈해갔다. 우리가 모르고 있을 뿐이다. 인민 문화 회의를 거쳐 결정된 중국

민족 역사의 3대 조상으로 황제(黃帝, 당연하다), 신농(神農, 부당하다. 신농은 오히려 동이계의 조상이다), 그리고 치우(蚩尤, 동북공정의 시작이다)를 뽑고 베이징 교외의 건물 '삼조당(三祖堂, 세 조상의 집)'에 모셔 앉혔다. 월드컵 때 붉은 악마(바로 중국에 유행하는 치우의 붉은 도깨비 모양)에 대한 불편한 심기의 노출은 치우 때문이었고 심층적으로 또다시 오기 시작하는 21세기 새 문명 전환기에 도시 유목 이동 문명에만 집착하는 자신들의 가치관에 대비해 붉은 악마의 한민족이 디지털 유목 이동과 함께 에코 농경 정착을 이중적 교호결합하려는 조짐과 예감, 즉 붉은 악마 700만의 집단적 예언 행위가 또하나의 높고 드넓은 차원을 감촉시키는 데에서 오는 중화주의의 열패감 때문이었다.

역사는 반복되는가?

반복된다. 그러나 차이를 동반하며 반복된다.

이른바 '재진화(再進化)re-evolution'다

역사는 순환하면서 확장한다.

이른바 '확충(擴充)amplification'이다.

역사는 나로부터 시작해서 나로 돌아오고 지금 여기에서 시작해서 지금 여기로 돌아오고 물질이나 생명 속의 마음·신에 의해 그 외피의 물질이나 생명을 자기 조직화함으로써 끊임없이 자신의 '생명 형식 life form'을 만들어낸다.

이른바 '자기 조직화(自己組織化)self-organization'이다.

다른 말로는 '내부 공생(內部共生)endosymbiosis'이다. 물질, 생명, 인간의 영성 속의 주체인 신(神)이 자기 조직화하는 '창조적 진화'다.

바로 이 새 활동을 제 안에 담은 '생명 형식'이 유목·농경의 내면적 영성과 외면적 생명의 문명, 곧 '에코-디지털 문명'이니, 21세기 '동아시아-태평양의 새로운 문명'이다.

붉은 악마는 이 문명의 집단적 예언이다. 이른바 '문·사·철' 중의 '사(史)' '역사'다.

3) 태극기

지금은 생사를 알 길 없는 한민족 최고의 공산주의 이론가로서 알마타에 머물던 '박일(朴一)' 선생이 언젠가 타이완에서의 강연에서 다음과 같이 말했다고 한다.

"인류사에는 아직도 변증법을 극복할 철학이 나타나지 않았다. 다만 한 가지 가능성은 예감할 수 있는데 그것은 역(易) 철학이다."

이미 헤겔과 라이프니츠가 『역경(易經)Iching』을 보았고 자기의 철학과 자기의 상수학(象數學)에 번안했다는 전설이 나돌고 있으며 현금 유럽과 아메리카의 여러 과학자, 철학자들이 '역 공부'를 하고 있다고 한다.

인류의 미래 철학, 인류와 지구의 미래 과학은 역(易)이니 역에 기초하고 그것을 발전시키는 생명학, 우주생명학일 것이다.

인류가 지금 갈망하는 가장 큰 두 가지는 생명과 평화다. 생명과 평화는 새 문명의 두 기둥이다. 생명과 평화의 길 가기는 두 가지 논리, 방법론, 삶의 태도를 극복하는 것이다.

그 하나는 자본주의적 '배제의 논리'이요 다른 하나는 사회주의적

'변증법'이다. 하나는 '너는 내가 아니고 나는 네가 아니며 이것은 저것이 아니고 저것은 이것이 아니다'라는 상호 배제의 논리, 방법론, 삶의 태도인 것이고 다른 하나는 '너와 나는 항구적으로 대립 투쟁하고 잠정적으로는 화해 통일하는데 항구적인 투쟁에 의해 네가 나를, 혹은 내가 너를 이길 때에 비로소 나와 너는 통일된다. 이것과 저것에서도 똑같다'라는 논리, 방법론, 삶의 태도다.

이것을 넘어서야만 생명과 평화의 길이 열리기 시작한다.

그러매 우리는 일상의 논리에서, 실천과 공부 두 방법론에서, 일반적 삶의 태도에서 끝과 처음이 하나같이 둥근 고리를 이루도록 줄기차게 생명과 평화의 길을 관철해야 한다.

일상적 삶에서 이것을 관철하지 않으면 아무리 말로는 생명과 평화를 주장하더라도 매일 매 순간의 삶과 세계관에 특히 결정적 순간에는 '죽임과 전쟁'의 논리, 방법론, 삶의 태도를 노골적으로 드러내고야 만다.

'생명과 평화의 길'은 바로 이것이다.

"이것은 저것이 아니고 저것은 이것이 아니지만 이것은 저것이고 저것은 이것이다."

"이것과 저것 사이의 판단은 아니다 · 그렇다 또는 그렇다 · 아니다로 이중화한다."

"생성 중에 있는 사물 · 생명 · 양성은 모두 두 차원으로 이루어진다. 숨은 차원과 드러난 차원이다. 숨은 차원은 드러난 차원 밑에서 드러난 차원을 개입 · 추동 · 변화 · 비판 · 수정 · 보완하다가 드러난 차원이 드디어 해체기에 들어갈 때 그 스스로 새로운 드러난 차원으로 드러나기 시작한다. 이때 드러난 차원에서의 이것과 저것의 관계, 드러난 차원과 숨은 차원의 관계에서도 그리고 새로이 드러난 차원에서도 끊임없이 생성하고 전하는 판단과 논리, 방법론은 역시 '아니다· 그렇다'이다."

"나와 너는 서로 다르고 반대되지만 동시에 너와 나는 언제나 상호 보완적이다. 음과 양, 상생과 상극은 서로 반대지만 상호 보완적이니 제3의 합명제는 현실 차원의 연장선 위에서가 아니라 숨은 차원이 드러난 차원으로 드러나는 개시(開示)요 현현(顯現)인 것이다. 이것이 차원 변화인데 이것이 곧 전환, 쇄신, 각성, 혁명과 같은 현상이다. 이때 생명은 피나는 노력을 통해 새 차원에 적응하는데 이 상황에 적용되는 논리, 방법론, 삶의 태도가 또한 '아니다· 그렇다'이다."

"이 모든 경우에 중요한 것은 드러난 현차원에서 아니나· 그렇다의 이중성이 교호 작용하는데 이 밑에 숨어 있는 차원이 문득 개시(開示)해올 때를 이제까지의 철학사· 종교사· 미학사· 과학사에서는 제3의 합명제, 초월성과 계시(啓示), 전경(前景) 뒤에 숨어 있던 후경(後景)의 개시(開示), 그리고 차원 변화의 개념 등이다. 선도(仙道)의 거짓이 참으로 바뀌는 반망환진(返妄還眞), 선(禪)불교의 색공(色空)과 각(覺) 또는 칠식· 팔식과 일심(一心), 그리스도교에서 문득 계시처럼 드러나는 '케노시스 kenosis,' 또는 주역의 음양과 그 중도인 태극 등이며 노장학(老莊學)에서는 '고릿속의 무궁〔環中無窮〕'이라고 부르는 우주 중심의 빈칸, 또는 동학의 각지불이(各知不移)나 만사지(万事知) 또는 비흥(比興)을 흥비(興比)로 각비(覺非)함으로써 '나(人間)의 무궁과 울(世界)의 무궁,' 즉 '태극 또는 궁궁' '혼돈의 질서' 등이 그것이다."

어렵다.

그러나 이 모든 것을 집약하는 것이 태극기라고 보면 그리 어려워 할 것도 없다.

태극기는 '박일' 선생의 말씀처럼 인류 철학사 최고 최대인 변증법을 극복하는 역(易) 철학의 기본 원리 태극 음양과 64괘 전체를 압축하는 새 시대 새 세대의 철학 체계이기 때문이다.

철학 이야기 이전에 전제하고 싶은 것이 두 가지 있다. 국기에 대한 엄숙 일변도의 강제적 존경심의 역사에 종을 쳐버리고 국기를 우주적 보편 내용을 지닌 새 시대의 민족 철학의 상징으로 인정하여 젊은이들이 스스로 사랑하기 시작했다는 것이다. 이것이 첫째다.

둘째는 잘못 관념론으로 흐르기 쉬운 이기 철학, 역학을 영적인 신체 철학적 상징과 감각적 디자인으로 육신화, 현실화, 개별화했다는 점이다.

이것은 사실 동아시아 철학 사상 최고 희대의 사건이라고 나는 믿는다.

붉은 악마는 이미 7백만, 2천만 넘어 모두 붉은 셔츠를 입었는데도 그 패션은 단 하나도 같은 것이 없이 천양만색이었듯이 태극기 패션 또한 천태만상이었다.

이마에 태극기를 바디페인팅하는가 하면 엉덩이, 젖가슴, 허리, 팔, 어깨, 목덜미, 뺨, 이마, 배꼽, 가슴팍, 무릎과 허벅지에도 바디페인팅하였고 수많은 종류의 스티커를 만들어 붙였으며 블라우스, 스커트로 해 입고, 망토로 둘러썼으며 손에 든 작은 깃발에서 수십 명이 함께 든 대형 깃발에까지 다양다종했으니 불교의 이른바 달이 천 개의 강물 위에 비춤(月印千江)이요, 동학의 이른바 '밝고 밝은 이 운수를 각자각자 제 나름나름으로 밝혀라(明明氣運各各明)' 또는 '각자각자가 서로 옮겨 살 수 없는 전체성을 제 나름나름 깨달아 다양하게 실현한다(各知不移者)'의 차원이요 의미 세계다. 다름아닌 '중심 없는 중심' '해체 속의 촉매' '무질서 속의 계열화' '개체성을 잃지 않는 분권적 융합' 따위 경지이니 한마디로 '혼돈적 질서(동학의 混元之一氣)'다. 나는 이것이 종국적으로는 '태극 또는 궁궁(혼돈적 질서)'의 재창조 및 현대적 부활이라고 본다.

태극기가 무엇인가?

태극 사상의 현실적 도상이다.

그러나 태극 사상은 역(易)·철학이다.

그러매 태극 사상은 종국적이지 않은가!

'그렇다. 그러나 아니다(其然不然·yes-no).'

이미 2천 8백 년 전 주(周)나라 문왕(文王)이 주역(周易)의 기초인 문왕 팔괘(文王八卦)를 긋기 이전에 벌써 동이(東夷, 한민족의 조상) 문화의 산물인 복희(伏羲)의 복희 팔괘와 복희역이 나타나 중국으로 흘러 들어갔다. 다만 중국에서 주역이 2천 8백 년 동안 철학, 과학, 신비수학으로 크게 번성하고 풍요로워진 것뿐이다. 우리가 활용해야 할 것은 그 원리가 아니라 그 풍요한 부연이다.

붉은 악마가 밀고 나온 태극기는 중국의 그 태극 사상이요 역철학인가?

대답은 '아니다·그렇다' 또는 '그렇다·아니다'이다.

음양론의 시작이 중국의 갑골점(甲骨占) 이전에 동이족의 우족점(牛足占), 즉 소 발굽에 불을 질러 발굽이 합쳐지면 길(吉)하고 갈라지면 흉(凶)한 것을 점치면서부터이고 동이 문명권에서 복희 팔괘와 복희역이 나와 중국으로 들어갔으니 '아니다 · 그렇다'이고, 또 주역의 내용이 지금에도 유효하고 이를 데 없이 풍요해서 앞으로 우리 나름의 '정역'(正易, 1879년에서 1885년 사이에 충청도 연산, 지금의 논산에서 공표한 한국역 · 현대역 · 세계역 · 여성역 · 민중역) 중심으로 해체 · 재구성하거나 또는 주역과 정역이라는 선천 우주생명학과 후천 우주생명학 사이의 상호 교체기 · 전환기에 절실한 관계의 역 · 간역(間易) 또는 그에 따르는 새로운 팔괘의 출현에 의한 새 '태극'과 동학 시천주 주문에 따른 새로운 단전 수련법에 의해 그려지는 '궁궁' 사이의 이중 교호 작업으로 새로운 '태극궁궁'의 원형 문화 운동을 그 해석학적 촉매로 사용하여 대규모 해체 · 재구성 · 재해석해야 새 시대 새 세대의 '혼돈적 질서'라는 문화 혁명, 대개벽 운동에 비로소 쓸모가 있게 될 것이니 또한 '그렇다 · 아니다'이다.

중국 태극과 한국 태극은 '서로 같으면서도 서로 다르다.'

생명 · 생성 · 변화 · 과정 · 혼돈의 사상이 중심인 점에서 같고 생명 · 평화 · 조화를 지향하는 점에서 똑같으면서도 '애당초부터 우주의 한 혼돈한 기운이요 천지인(天地人)인 셋을 품으면서 하나로 작동하며 이미 제 안에 둘인 음양동정(陰陽動靜)을 품고 있는 동북방계 삼태극의 춤'의 흐름을 따라 '천지인 3축'과 '음양 2축'의 이중 교호결합에 의한 혼돈적 질서로서의 '한,' 즉 '태극 또는 궁궁'의 사상이라는 점에서 둘은 서로 매우 다르다. 왜냐하면 중국 기철학과 마찬

가지로 주역은 삼극 사상을 앞에 전제함에도 불구하고 말로만 그치고 실제로는 음양 이기(二氣)론과 그 합(合)인 일태극에서 그치기 때문이다.

관료 지식인들의 주류 통치 철학의 한계요 코스모스와 로고스, 질서와 남성 중심의 우주론(코스몰로지)의 한계다. 중국 태극과 한국 태극은 그 태생부터 차이가 있으니 중국 태극이 송(宋)나라 때 주렴계(周濂溪)의 「태극도설(太極圖說)」이라는 그림으로 나타난 것에 비해 그보다 수세기 앞서서 한국 태극은 신라 감은사(感恩寺) 터 두 탑 사이의 두 댓돌에 이미 새겨져 있었다.

중국 태극과 한국 태극은 그 형상부터가 '같으면서도 서로 크게 다르다.'

중국 태극은 흑과 백이 서로 좌우에 나뉘어 곧게 서 있고 흑 안에 백점이, 백 안에 흑점이 있다. 주역 64괘 전체를 압축하는 네 괘상은 동서남북 사방의 정방(正方)에 태극을 향하여 서 있다.

한국 태극은 중앙에 흑백이 아닌 청홍(靑紅)이 위아래로 나뉘어 누워 있고 점은 없으며 첫째 건괘(乾卦) 둘째 곤괘(坤卦)와 이괘(離卦) 및 감괘(坎卦) 또는 63괘 수화기제(水火旣濟) 및 64괘 화수미제(火水未濟)의 네 괘상이 동서남북 사방의 사이사이의 간방(間方)에 태극을 향하여 서 있지 않고 누워 있다.

한국 태극은 주역의 후천 괘상(後天卦象)이 아닌 복희역의 선천 괘상(先天卦象)에 연계되어 있으니 옛 하도(河圖)나 이미 그 이전의 삼태극의 고대 역사상에 관련되어 있고 주역 팔괘보다 정역 팔괘나 그 이후의 새로운 간역(間易)과 연계되는 '새로운 팔괘'의 출현에 관계될 것이 분명하다.

『주역 계사전(周易 繫辭傳)』에 이미 간방(艮方·한국)에서 만물이 끝나고 만물이 새로 시작하며 만물이 가고 만물이 오는 대개벽기에 새로운 역이 일어남을 예언하였고 수운 옥중시에 이미 새로운 후천역과 옛 선천역의 이중적 교호 관계의 간역(間易) 출현과 그에 기초한 태극을 예언하고 있으며 '시천주 주문'이 '단전법'과 함께 진행되는 새로운 수련법의 '궁궁' 형상이 이미 출현하였으니 바로 이와 같은 오묘한 우주 변화를 배경으로 태극의 역을 읽어나가야 한다.

태극 음양과 64괘의 역은 앞에서 뒤로, 뒤에서 앞으로, 빠르게 또는 거꾸로, 위에서 아래로, 아래서 위로, 밖에서 안으로 안에서 밖으로 동서남북 사방팔방 시방 및 정방(正方)과 간방(間方)의 위치와 방위 등의 차이에 따라 똑같은 내용의 맥락도 그 해석이 심각하게 변하며 달라지며 뒤집히기까지 하는 것이니 어찌 중국, 그것도 선천 복희역이 아닌 후천 주나라 문왕역만을 오로지 유일한 진리라 우길 것인가?

이같이 '같으면서 다른' 철학 원리가 곧 붉은 악마가 자기 자신의 숨은 차원을 드러내며 자신들이 둘러쓰고 다니던 그 '태극 아닌 태극,' 즉 '태극이면서 궁궁'인 한국 태극을 동아시아 사상의 전통적 보편주의 위에서 새롭고 독특하게 해석, 전개할 때 비로소 드러나기 시작할 것이다.

그러나 아이 가르칠 때에는 우선 태극기의 그 음양과 그 밑에 숨어 있는 천지인의 삼극 사상 그리고 태극의 '한'사상 그리고 천지의 혼돈적 질서를 상징하는 64괘의 압축인 네 괘상에 대한 초보적 가르침만으로도 유력한 아동 철학 교육이 될 것임을 강조하고 싶다.

우리가 어렸을 때, 자주 '꼰'이란 것을 두었다. 또 '윷'도 놀았다. 태극기를 '꼰'이나 '윷'처럼 놀이화할 수도 있을 것이다.

심지어 청룡의 상하 음양 태극이 남북한의 분단 또는 상관 관계(의미심장하다!)라면 사방, 그것도 간방(間方, 의미심장하다!)에 64괘의 압축인 네 괘상이 있는 것이 미·중·한·러의 사망(四網)의 포위와 변화(의미심장하다!)라면 여기에 대해 천지인 3축(軸) 또는 '사람 안에 하늘과 땅이 하나로 통일돼 있다(人中天地一)'와 같은 혼돈적 질서의 음양 이축(軸), 즉 사회주의와 자본주의, 숨은 차원과 드러난 차원, 유목과 농경, 생명과 평화, 에코와 디지털, 동양과 서양, 대륙과 해양 등 이중성 그리고 '아니다·그렇다'의 논리로 사망에 대응해야 하는(의미심장하다!) 논리아 방법론의 훈련을 놀이화하는 깃이 어찌 국기 모독이 될 것인가? 도리어 우리를 둘러싼 국제적 변화와 우리 자신의 이중성의 질환(더블 바인드)에 대해 우리 자신의 열린 보편적 민족주의, 동아시아적 태평양 문명론이라는 처방(더블 메시지)을 내리는 것이니 삶의 학습(차원이 변화할 때 생명은 반드시 피나는 학습으로 새 차원에 창조적, 능동적으로 적응하는 법이다)이 아니겠는가! 여기까지가 붉은 악마 3대 명제 '문·사·철'의 마지막 철학 이야기다.

이 같은 메시지와 처방과 학습 등은 물론 상고대 천부사상사와 19세기 동학 정역계 사상사, 그리고 한국 특유의 기철학이나 원효 사상 등과 스피노자와 베르그송 이후의 여러 생명 및 혼돈학, 생성학 등과의 교호결합의 산물임을 밝혀두면서 '무엇을 가르칠 것인가?'를 마친다.

아이에게 어떤 사람이 될 것이며 어떤 삶을 살라고 할 것인가?

간결하게 함축하겠다.

1) 아이 살림에 있어 가장 먼저는 '모심'을 가르치고 '모시는 사람'이 되도록, '모시는 삶'을 살도록 인도하는 것보다 더 중요한 것은 없을 것이다.

2) 아이에게 '틈'을 두고 공경하면서 친애(스킨십까지 포함하는 파트너십 · 동사〔同事〕 · 친구가 되는 것)하되 근친상간적으로 들러붙어서 간섭해서는 안 될 것이다(이른바 생태학 시대의 사랑은 생태학적 적정 공간을 사이에 둔 모심으로서의 사랑이다. 비 오는 날 전깃줄 위에 늘어앉은 참새들을 보라! 반드시 일정한 거리를 유지하지 않는가! 근친상간적 사랑은 바로 이 틈을 말살하는 것이며 왜곡 · 학대 · 아첨 상간으로밖에 발전하지 않는다).

3) 생명에 대한 공경과 생태학적 지혜인 '에코'와 타인과의 영적이고 신성한 소통과 개체성을 잃지 않는 융합인 '디지털'을 이중적으로 교호결합하도록 충고해야 하며 에코-디지털을 삶의 원칙으로까지 삼도록 도와야 한다.

4) 아이들은 차차 사람과 사귀는 시간보다 물건, 연장, 핸드폰이나

컴퓨터와 사귀는 시간이 더 길어질 것으로 예상된다.

물건이나 연장, 기계에 대한 근원적 공경이 가능해야 도덕적으로 높아진다.

동학 문자로는 '물건 공경〔敬物〕'이고 라틴어로는 '에코 에티카 eco ethica(일본의 이마미치 토모노부〔今道友信〕의 저술명)'이다. 이른바 기계의 반란에 대한 수준 높은 준비요 대응이며 연장에 의한 오염의 예방이다.

컴퓨터는 신경 컴퓨터를 지나 이제 '유비쿼터스' 차원을 지나면 이른바 '신령 컴퓨터'에 근접할 것이고 뇌과학은 전신두뇌설로 확장하며 도리어 아날로그적인 여러 체계들에서 많은 것을 끌어들일 것이다.

여기에 대응하는 것 역시 '에코 에티카'인데 이때는 이미 명상, 즉 알파파(派) 여행의 차원이 컴퓨터 수학과 연속될 것이다. 그 단계에서의 오염과 인간 정신의 타락, 무기력에 대한 '정신적 항체(抗體)'는 깊은 심층 명상밖에 없다. 그러나 명상은 너무 엘리트적이다.

우리는 민중 차원의 영성-생명 운동을 과학의 도움으로 준비해야 한다. 이것은 아이 적부터 '안으로 영성, 밖으로 생명'이라는 테마에로 아이들을 접근시키는 길 이외엔 방법이 별로 없다. 이 과정에서는 발전된 컴퓨터(예컨대 영성 컴퓨터)가 도리어 도움을 줄 것이다. 뇌과학이 생명학에 연결될 터이기 때문이다.

5) 다가오는 시대 새 문명에서의 리더십은 '요기-싸르 Yoggi-Ssar'에게 있을 것이다.

영성적 혁명가이고 인도말로는 '사드비프라(사카르·행복의 길의 신인간 개념)'이니 우리 전통의 '홍익인간'이다. 그리고 그의 활동은 '이화세계'일 것이다.

내면의 명상적 평화와 외면의 생명학적 혁명의 이중적 교호 성취를 삶의 목표로 하는 인간의 길을 보여주고 가르쳐야 할 것이다. 요컨대 '생명과 평화의 길'이다.

6) 생명 운동, 생명 문화 운동, 생태 운동, 환경 운동, 생활 협동 운동, 유기농 운동과 그에 연계된 모든 문화와 교육 운동의 핵심 명제를 우리말로 압축하면 다음 말이 된다.

한살림!

'살림'은 아다시피 동학에서 모심 다음에 오는 명제요, 상식적으로도 누구나 이해하는 생명 운동, 생태 운동, 녹색 운동, 환경 운동, 생협 운동의 기본 개념이다. 그리고 살림은 삶과 죽음의 대립에 토대를 두지 않고 삶과 죽음을 다 포함하는 생명과 그 생명을 인위적으로 억압, 착취, 간섭, 오염, 파괴, 무시, 살해하는 '죽임'에 대한 대응 개념이자 극복 운동이다.

그러나 '살림'의 이와 같이 소극적인 차원을 포함하되 훨씬 높이 비약하는 곳에 '한살림'이 있다.

'한살림'은 '한'의 살림이다. 살림이 죽임의 극복이요, 삶의 회복이라고 하자. 그러면 '한'은 무엇인가?

'한'은 한민족 사상사의 최대 핵심 명제요 가치관이요 우주관이다.

'한'은 한울님, 우주, 신을 뜻한다. 그래서 우리 민족은 한울님의 민족, 우주생명학을 지닌 민족, 신령한 민족이다. 그래서 한민족이다. '한'은 또한 '낱〔個〕'이며 '온〔全〕'이다. '중간(관계)'이다. '한'은 그 한마디로 '혼돈적 질서'요 '카오스모스'다.

왜냐하면 '한'은 개체성을 잃지 않는 '분권적 융합'으로서의 '내부공생 endosymbiosis'이기 때문이다.

바로 이 '한'에 기초한 민족 사상이 다름아닌 '홍익인간, 이화세계' '에코' '태극 또는 궁궁'이며 '혼돈한 근원의 우주 질서'다.

'한'이 몽골어의 '칸(汗)'임을 우리는 잘 안다. 임금이요 우주이니 우주의 중앙, 즉 '빈터〔空處〕'이다.

아이를 '한'이라 부르자.

'한'의 뜻대로 살아가게 하자.

'한'의 길은 우주의 길이니 미좁고 속 좁은 민족만의 길이 아니다. 오늘 세계화, 우주화의 시대에 세계와 우주를 뜻하는 '한'의 민족이 이 지상에 1천 수백 회의 침략과 폭정 아래서 아직은 살아 있고, 끊임없이 '역사 창고〔史庫〕'가 불타고 사료와 유물, 유적을 약탈, 훼손당하면서도 민족의 깊은 무의식 안에 민족사의 명제인 '고대의 만물평온의 혼돈 질서'를 되찾겠다고 '다물(多物)'의 이상을 상처투성이 한(恨)투성이 내상(內傷)으로 간직한 채 아직도 살아 있고, 역사를 강탈당하고 남북으로 분단당한 채 그래도 제 역사, 제 사상을 찾고자 하는 이 민족의 '한.' 그 원형과 기준을 세계사, 지구사의 현재에 대한 처방으로까지 발전시키려 몸부림치는 이 민족의 넋인 '한'을 아이들에게 일러주자.

그리하여 그 길로 가게 하자.

아이들이 제 삶을 '한살림'이라고 부를 때 한국 생태유아교육학회의 생명 운동, 교육 혁명은 시작되며 완성될 것이다.

주의해야 한다.

한살림은 생명 사상에 입각하여 앞으로 폭발할 것이 틀림없는 교육 혁명, 청소년 교육 혁명의 테마요 구호다.

7) 문명은 바뀌고 있고 문명은 바꿔야 한다. 아이들이 새 삶의 양식을 스스로에게 배워 깨닫게 하자. 아이들이 스스로 문명을 바꾸게 하자. 문명은 생각과 생활 방법이다. 그것을 바꾸지 않으면 어른들은 앞으로 몇 년, 십 수년 정도 더 살다가 그렇게 저렇게 가겠지만 아이들은 결코 사람, 삶을 사는 자로서, 영성을 가진 진화의 주체 생명으로서 살아갈 수 없다.

현존 문명과 지구 생명의 변질 과정, 주변 우주의 뒤틀림이 그렇게 예견된다.

아이들이 이제껏 우리가 힘주어 애기한 '태극궁궁' '혼돈적 질서' 그리고 '개체성을 잃지 않는 분권적 융합'과 '내부 공생'으로서의 창조적 진화의 체계 생명학, 우주생명학의 담론 완성의 주인공이 되게 하고, 그 담론의 촉발에 의해 '대혼돈'을 처방 치유하는 탁월한 통합적 과학을 성립시키게 하자.

여러분의 나이가 몇 살인가?

여러분이 몇 살이든지 간에 이와 같은 전망 밑에서의 아이 살림의 참다운 주체는 동화평론가 원종찬의 말과 똑같이 10대, 20대, 30대 초반의 청소년 디지털 세대, 젊은 주부들, 유비쿼터스 세대, 그리고 그들의 담론을 생산할 '에코- 디지털 세대' '태극궁궁 세대'일 것이다.

  이 주체에게 커다란 축복이 있기를!

  이 주체에 의해 웅숭깊은 아이 살림이 달성되기를!

  한국 생태유아교육학회에 무궁하고 힘찬 비약적 발전이 같이하기를!

음개벽(陰開闢)에 관하여

　전주 모악산(母嶽山)은 순창 회문산이 아비산, 양산(陽山)임에 대비해 어미산, 음산(陰山)이다.
　그래서 모악산은 음개벽(陰開闢)의 성지로 인구에 회자되어왔다. 우리는 모악산 자락의 금산사(金山寺)에 얽힌 불교 사상사적인 맥락의 의미와 그곳이 한국 미륵 사상의 본고장임도 또한 잘 알고 있다. 그렇기 때문에 미륵이란 후천불(後天佛), 미래불(未來佛)이 오는 용화세계(龍華世界)의 의미를 음개벽, 후천개벽과 연관지어 생각하게 되는 것이다. 미륵 중심의 불교 사상에 관해서는 다른 시간에 말하겠다.
　오늘은 어미산, 음산, 음개벽, 후천개벽, 미륵, 용화 세계 등을 배경으로 가진 모악산의 민중 사상사, 특히 19세기 말 20세기 초 그 격동과 전환의 시대를 휩쓸었던 동학 정역계 사상사의 한 절정에 관한 추억만을 말하고자 한다.

동일한 후천개벽 사상, 동학 정역계 사상사 중에서도 음개벽은 동학의 동세 개벽(動世開闢)에 대비한 정세 개벽(靖世開闢)이란 뜻을 갖고 있고 남성 중심의 개벽에 대응하여 여성 중심의 개벽이라는 점과 선천 시대의 우주 질서인 코스모스나 상극이 아니라 후천 시대 나름의 질서인 혼돈적 질서 또는 상생, 즉 '카오스모스'적 개벽이라는 특징을 가지고 있다.

　이 이야기는 주로 그 음개벽의 주창자요 실천자였던 강증산(姜甑山, 그의 공생활 기간(公生活期間)은 1901년에서 1909년까지다)을 중심으로 하여 모악의 문화가 지금에도 진행 중인 후천개벽, 즉 전 인류 문화사의 대전환에 있어서 후기 또는 그 절정에 속하는 여성 중심의, 율려 등 치유 처방에 의한 상생(相生)과 정세(靖世), 세상을 가라앉히는 사랑의 개벽 문화, 그래서 결국은 미륵 사상과 연결된다는 점에 초점을 둔다.

　강증산은 이미 20대 초반에 열렬한 동학당이었다. 그러나 그는 당시 동학의 동세(動世) 개벽, 즉 무장 혁명에 반대했으며 갑오 혁명이 실패로 끝나고 수십만 민중이 참살당한 뒤 그 가족 친지들이 극한의 고통을 겪고 있음을 목격하면서 3주야를 식음을 전폐하고 통곡한다. 송장들은 산천에 가득 쌓였고 비통한 원한은 구천에 사무쳤다. 날아다니는 나비조차도 그 날개에 원통한 피가 묻어 있다고 그는 훗날 얘기한 바 있다.

　이 죽임과 원한은 수운이 계시를 통해 얻게 된 세계 이해, 즉 '악한 질병이 세상에 가득 찼다(惡疾滿世)'와 똑같은 것이다.

　증산의 통곡은 이 가득한 원한과 상극과 죽임과 질병에 대한 해원

(解寃)과 상생과 살림과 치유의 처방을 기원하는 천지공심(天地公心)이었을 것이다. 대원사(大願寺)에서의 깨달음 또한 해원과 상생과 살림과 치유 처방의 능력이 자기에게 있으며 또한 그 일이 옥황상제로서의 자기 자신의 마땅한 사업임을 알게 된 것일 터이다. 그러매 곧 '다섯 용의 대포효'라는 용과 뱀으로 상징되는 문명사 이전의 '혼돈한 우주 질서'가 지금 '대혼돈'에 빠진 천지인 삼계(三界)의 원한과 상극과 죽임과 질병에 대한 치유 처방의 약(혹은 율려라는 치료 방법)을 터득할 과정의 상징일 터이다.

증산이 수운을 자기에 앞서 한 예언자, 치료자로 동토(東土)에 보냈다는 말이나 수운의 '지기금지(至氣今至)'의 강령 주문이 바로 세상을 치유하고 통치하는 율려 주문(하느님의 치유 능력)이라고까지 말한 점으로 보아 증산의 원형이나 패러다임의 성격 또는 계열이 역시 동학 정역계의 후천개벽적인 것임을 분명히 알게 된다.

증산의 중요한 자기 명제 중의 하나가 '원시반본(原始返本)'이다. 동학 정역계가 모두 그렇다. 그러나 증산의 경우, 그 반본을 민중종교적 행태, 즉 '고대 종교 archaic religion'의 틀을 취하며 민중종교적 상상력의 촉발을 위해 '미륵'이나 '용화'와 같은 미래 불교적 유토피아 사상을 흔히 활용한다.

그러므로 증산을 오늘날 신세대 중심의 새로운 문화 맥락 안에서 부활시키려고 할 경우 도리어 당시 민중에게는 적합성과 매혹을 가졌던 고태적(古態的) · 미래 불교적 표현을 떼어내고 오히려 신세대가 갈망하는 담대하고 기이할 정도로 파천황인 대우주적 상상력의 그 깊고 넓은 차원을 더욱더 확대 심화해야 한다고 믿는다.

이런 맥락에서 나는 오늘 증산 사상의 중요한 특징 네 가지를 강조하고자 한다.

천지굿, 천지공사(天地公事), 후천상생(後天相生), 의통제세(醫統濟世)가 그것이다. 강증산의 9년간의 공생활을 일관하는 사상의 네 가지 특징이라 생각된다. 남자보다 여자를 중심으로 한 새로운 남녀 균형, 질서보다 혼돈을 중심으로 한 새로운 혼돈적 질서, 상극의 선천 세계를 상생의 후천 세계로 개벽, 혁명하기보다 치료 및 의술(율려 포함)을 중심으로 한 새로운(先東學과 다른 後東學) 세계 구원이다.

이른 시기에 강증산이 제자 김형렬에게 한 여성에 관한 이야기가 있다.

"세상의 숱한 아낙들이 하늘을 향해 염주 굴리는 저 소릴 들어봐라. 선천 수천 년간 남자들을 위한 부엌데기, 노리갯감 노릇을 하느라고 쌓이고 쌓인 원한이 구천에 사무쳤으니 하늘이 이를 받아들였다. 그러나 어찌 아낙들만의 세상이 되겠느냐? 남녀 동등이겠지!"

분명 남성 중심의 수천 년 문명사는 어김없는 실패작이다. 무슨 놈의 문명이 제가 발 딛고 살고 있는 지구를 송두리째 파괴하는 문명이 있단 말인가? 여성들의 역할이 강화되는 남녀 동등의 문명사가 시작되어야 한다. 이것이 우주의 질서요 하늘의 결정이며 강증산의 확신이다. 그러나 강증산은 역시 깨달은 사람이다. 현실적인 남녀 동등이 이루어지려면 우선 그동안 억눌려 있던 여성이 오히려 더 설쳐야 한다는 것이다. 여성 쪽으로 중심이 훨씬 더 기울어진 '기우뚱한 균형'이 우선 실현되어야 한다는 것이다. 그러나 이 경우에도 역시 남성들이 이 개벽적 전환, 우주생명학적 권력 이동을 촉발하고 도와야 한다는 것이다.

정읍 대흥리에서 증산이 차경석의 이모인 과부 고판례를 만났을 때 한 말이다.

"내가 수만 년 동안 너를 만나러 우주와 지구 모든 곳을 헤매었다. 이제야 동토(東土)에 이르러 너를 만났으니 천지 변화는 이미 다 이루었다. 너를 으뜸아낙(首婦)으로 하여 원시로 되돌아가는 용화(龍華)의 길을 펴리라!"

중요한 것은 원시반본이 여성 중심의 고대 회복이란 점이다. 우선 그렇다는 것이다. 그러나 반복이면서도 차이가 있는 반복, 창조적 회복이니 필경은 실질적인 남녀 동권일 것이라는 말이다.

증산은 정읍 대흥리에서 남자 제자 백여 명이 보는 앞에서 그의 사상 중 가장 첫번째로 중요한 '천지굿'을 집행한다.

먼저 고판례를 눕게 하고 자기가 그 배 위에 올라타고 앉아 고판례에게 묻는다.

"삼계 대권을 물려받을 준비가 다 되었는가?"

그리고는 다시 자기가 눕고 고판례로 하여금 자기 배 위에 올라타고 앉아 자기에게 식칼을 겨누며 호령하게 한다.

"삼계 대권을 지금 당장 다 내어놓아라!"

여기에 대해 증산은 두 손을 싹싹 빌면서 대답한다.

"네에, 당장에 다 드리겠습니다."

그러고 나서는 마당에다 성경, 불경, 사서삼경, 채권, 계산서, 공명첩 따위를 모조리 발기발기 찢어서 늘어놓고 고판례로 하여금 새 시대 후천의 율려라고 이름 지어 붙이고 '각설이 걸뱅이 타령'에 맞추어 그것을 짓밟고 다니며 춤추게 했다.

증산은 직후 제자들에게 말하길 "이것이 천지굿이니 오늘 이후 천지인 삼계의 큰 권력이 모두 아낙네, 여성들에게로 넘어갔다. 그대들은 그것을 도우라!"

문제의 핵심은 오늘 문명에서 결핍된 여성성, 모성, 신체학 및 모심과 공경의 원리 등에 있다. 1901년에서 1909년 사이에 그 누구도 이 '천지굿'의 현실적 의미를 깨닫지 못했다. 그러나 오늘에 와서도 이 뜻을 모른다면 그것은 바보든가 정신 이상이다. 도리어 여성 중심의 새 문명 건설을 남성 자신들이 추진해야 한다는 것이 최근의 담론이다.

두번째 중요한 사건이 '천지공사(天地公事)'다.

'공사'란 재판을 말한다. 그러매 천지 우주를 재판한다는 것이니 천지 조화의 질서를 바꾼다는 의미다.

증산은 자주 "천지인 삼계 우주가 모두 혼돈에 빠져 있다. 천지인 삼계를 모두 바꾸어야 한다"고 말했다. 제사나 기도 또는 여러 번의 기적을 통해 증산은 공사를 상징적으로 집행한다. 그러나 이 상징성을 현대에 있어 그대로 일상적 행위로 모방하는 행위는 난센스다. 바로 그 신통적 상징성과 우주적 상상력 차원에 더 깊은 의미가 있고 그 상징성이나 상상력에 의해 오히려 진정한 우주 대조정의 탁월한 현대 과학을 촉발·성립시켜야 하기 때문이다. 누가 아무리 증산의 법통을 계승했다 주장한다 해도 동학 정역계 사상사의 절정으로서의 증산의 상징적 후천개벽의 능력을 가졌다고 볼 수 없기 때문이며 또한 지금은 그런 때가 아니기 때문이다.

혼돈, 대혼돈에 빠진 천지를 어떤 법통, 즉 어떤 원리에 의해 재판하며 어떤 질서를 개편하려 했는가?

중요한 것은 그런 여러 번의 기적을 통해 개벽과 공사의 가능성을 제자들에게 보였으며 제사나 기도 등 우주종교적 상징 행위를 통해 공사의 중요성을 강조하고 기억하도록 유도했다는 점이다. 그러나 막상 핵심은 『현무경(玄武經)』에 있다. 『현무경』은 모두 암호 문자와 암호 도식으로 이루어져 있다. 그것은 모두 천지공사의 법통, 주문(主文), 조문, 판결, 새 세계 건설의 설계와 역할, 원리, 법칙, 주의사항 등이다.

그런데 또한 유의할 것은 그 스스로 천지인 삼계가 모두 대혼돈에 빠졌다고 판단했음에도 그에 대한 그의 상징적 처방인 암호 문자와 암호 도식, 부적 등이 모두 다 우선 혼돈의 질서, 혼돈의 원리, 즉 수운 문자로 하면 '지기(至氣),' 즉 '혼돈한 근원의 우주 질서(混元之一氣)'에 입각해 있다는 점이다.

명문의 제목인 '현무(玄武)'가 이미 동북방 샤머니즘에서는 북극 생명의 상징이요 혼돈적 우주의 신이다.

증산은 결국 혼돈에 대응한 처방으로서 혼돈의 옛 원시로 돌아감으로써 혼돈에 빠지고 그와 동시에 혼돈을 치유하고 혼돈을 빠져나오는 혼돈의 질서로 새 우주의 건축물을 구상했던 것이다.

이것이 그의 천지공사다.

그러나 주의할 것은 그의 시대였던 1901년에서 1909년 사이 동학 격동의 피투성이 땅에서 집행한 고태(古態) 종교적 양식으로 그것을 오늘에 부활시키고자 하는 반복이 의미가 없다는 것과 도리어 그것은 신세대 디지털 소통 체계에서 새로운 결승(結繩)이나 새로운 암호문자 Kryptogramm으로서 세계화하고 우주화하는 과정에서 신세대의 우주적 상상력과 새로운 우주생명학의 촉매로 재창조되고 담대하게 재해석되어야 한다는 것이다.

세번째로 중요시되어야 할 것은 선천상극을 극복하여 후천상생의 도덕을 세워야 한다는 그의 줄기찬 가르침이다.

이제와 상식이 되어버린 상생의 중요성을 더 강조할 필요는 없다. 지나간 수천 년의 동서양 문명사는 상극과 억압과 착취와 전쟁, '음을 누르고 양을 높이는(抑陰尊陽)' 역사였고 '너는 내가 아니고 나는 네가 아니며, 너와 나는 항시적으로 투쟁하고 잠정적으로 통일하지만 결국엔 너나 나 가운데 하나가 승리함으로써 그 아래서 너와 나는 통일된다'는 논리가 지배해왔다. 그럼에도 공식적으로는 하늘과 땅을, 남자와 여자를, 상생과 상극의 음과 양의 이중성을 인정했으니 이제야말로 양극이 도리어 상생을 중심으로 한 '기우뚱한 균형,' 즉 '양을 다스리고 음을 춤추게 하는(調陽律陰)' 사랑과 우정, 자비와 공경이 지배하는 세상, 김일부(金一夫)의 표현대로 율려(律呂)가 아닌 여율(呂律)의 세상이 되어야 한다는 것이다.

이상 세 가지 명제를 되돌아보자.

여성 중심의 남녀 균형, 혼돈 중심의 혼돈의 질서, 상생 중심의 음양태극.

이 세 가지는 서로 모순되는 것 아닌가?

드러난 논리적 질서로서는 모순될 수 있고, 그 판단은 '아니다 · 그렇다'의 모순어법일 수 있다. 그러나 숨은 차원, 보이지 않는 질서로서는 서로 모순된 외양에도 불구하고 보완적이며 교호결합적이니 마치 '허와 실(虛實)' 사이의 기이한 관계와도 같다. 이런 경우 계몽이나 과학보다도 신화나 상상력에 의해 판단해야 한다.

로고스이며 코스모스이며 남성이고 제왕인 제우스에 의해 수천 년 전 이른바 율법과 종교와 국가 권력의 문명 시대의 개막식 때 함께 피살당한 신성 가족의 부활, 가이아·카오스·에로스 신들의 과학에서의 연이은 부활이 상상력에서 갖는 의미를 생각해야 할 때다.

가이아는 촉각과 대지의 여신이며 모성이고 카오스는 혼돈이자 영성이며 에로스는 신체학적인 색정이자 사랑, 우정, 공경의 창조력이니 신화적으로 한가족이며 인류가 지향하는 생명과 평화, 생명과 영성의 새 이화세계, 새 홍익인간의 문명사의 중요한 동량(棟梁)들이다. 『현무경』에 가득 찬 그 신화적 상상력과 현묘한 비유 체계, 암시적 계몽성 등을 통해 우리는 여성성, 혼돈, 상생의 원시적 관통력을 볼 수 있다.

네번째 중요한 증산의 명제이자 사업은 의통제세(醫統濟世)에 의한 정세 개벽(靖世開闢)이다.

증산이 20대 동학당으로서 갑오 무장 혁명을 정면 반대했음을 우리는 알고 있고 그 혁명이 실패한 뒤 시산혈해(屍山血海)의 피 비린 남도 땅에 우뚝 서서 3주야를 식음 전폐하고 통곡에 통곡을 거듭한 사실을 또한 우리는 알고 있다.

그가 모악산 대원사에서 참으로 마음을 모아 서원(誓願)한 것은 동학의 후천개벽은 변함없으되 혁명과 같은 동세(動世)가 아니라 예컨대 율려(또는 여율)나 의통(醫統)에 의한 치유 처방과 같은 정세(靖世), 즉 세상을 살기 좋게 가라앉히면서 구원하는 새로운 후천개벽의 길이었던 것 같다.

그는 모악산 자락 금평못 뒤 구릿골에 지금도 남아 있는 그 방, 김형렬 댁의 한 모퉁이 작은 방에 '광제국(廣濟局)'이란 팻말을 세우고 천지의 질병을 치유하고 우주의 대혼돈을 처방했으며 실제로 병든 농민들과 제자들을 수없이 치료하였다. '광제국'은 '만국약국(万國藥局)'으로 불렸다. 의통, 즉 의술은 새 시대의 개벽술이라고까지 했으며 의술의 최고 단계를 율려라 부르고 후천 세상을 율려가 다스린다고까지 말했다.

여기서 우리는 중요한 한 결구에 도달한다.

증산은 『현무경』에서 수운의 첫 강령 주문인 '지기금지(至氣今至)'를 곧 '율려 주문'이라고 명백히 규정하고 있다는 점이다.

그렇다면 율려라는 최고의 치료제, 선약(仙藥), 생명의 약, 현대적 표현으로 탁월한 통합적 과학으로서의 생명학, 우주생명학의 기준, 즉 패러다임인 '지기(至氣)' '지극한 기운'이란 무엇이었던가?

수운 자신의 해설에 의하면 '혼돈한 근원의 우주 질서(混元之一氣)'가 아니겠는가? 그리고 그 원형은 '태극 또는 궁궁'인 바 나의 직감으로 『현무경』의 숱한 부도(符圖)와 문자들이 '태극적 궁궁'의 새 후천 문명의 내용들과 직결돼 있다고 생각한다. 그렇다면 우리 이야기가 귀결되는 곳은 결국 '혼돈의 질서' '혼돈적 질서' '태극궁궁' 혹은 '카오스모스'라는 이름의 의통, 의술 혹은 율려라는 이름을 가진 실질적인 '여율'이 아니겠는가?

'혼돈의 질서'인 '지기'가 곧 천지인 삼계 혼돈, 천지 혼란이라는 '대혼돈 Big Chaos'에 대한 유일한 처방이라고 주장되는 탁월한 통합적 과학을 촉발하는 기준, 즉 '패러다임'이라는, 우주적 상상력 차원의 패러다임이라는 결구가 되지 않겠는가? 전지구의 생태계 오염과 점점 더 심각해지고 있는 기상 이변을 어떻게 할 것인가?

북극의 해체, '지리북 geographic pole'과 '자기북 magnetic pole'의 상호 이탈로 인한 북극 해체는 지구 남반구 해수면을 과학의 예상보다 훨씬 더 빠른 속도로 상승시켜 지구 저지대의 곡창 등을 침수시키고 결국 기하급수적으로 증가하는 세계 인구에 반비례로 농업 파괴, 식량난을 몰고 올 것으로 예상되고 있다. 생태계 오염은 도리어 급격히 확산 심화되어 지구 자정 능력의 한계를 훨씬 더 앞당긴다. 앞으로 100년 동안의 폭염(暴炎)이 온다고 보도되고 있다. 문제는 이 무더위가 중세 유럽의 대규모 페스트 유행 이후 최고 최대의 '대병겁(大病劫)'을 몰고 올 것이라는 비극적 관측이다. 에이즈에 이어 에볼라, 사스 등등등.

증산은 이미 '대병겁'의 도래를 예언했다. 후천개벽은 바로 이 혼돈과 함께 진행되고 그 결과로 이루어지는 '대혼돈의 새로운 우주 질서'라는 것이다.

이 병겁을 어떻게 치유할 것인가?

이 대병겁에 대응할 의통은 어디에서 발견할 것인가?

물론 제임스 러브록 James Lovelock의 가이아 생명론의 지구의학과 한국 자생 풍수의 결합에 의해 전지구에 대한 내외과적 통합 치유로서 지질, 암석, 산맥, 해양, 대기, 생태계와 심층 표층 기맥과 수맥의 정화 회생을 말할 수도 있고 허준(許浚)의 동의보감계 의학이나 선도단전경락계 사상과 동무(東武) 이제마(李濟馬)의 사상의학의 현대적 다차원화(多次元化), 복잡화(複雜化) 등에 의한 생명학, 주역, 정역에 의한 우주생명학의 창조적 전개로 생태계 및 생명의 질환과 주변 우주의 기상 이변을 치료할 수 있다고도 한다.

그러나 예상도 예측도 할 수 없는 대병겁을 처방할 새로운 의통의 진정한 후천적 기초는 어디에 있는가?

그 의통의 새 체계나 원리에 대한 예감이『현무경』에 암시되어 있는 것은 아닐까?

또 이것은 이제 머지않아 출현할 것으로 예상되는 신세대 중심의 새로운 수련과 원형 운동 '시천주 단전법'의 '궁궁'과 '새로운 팔괘'의 출현에 의한 새로운 '대극' 사이의 결합인 새 시대의 '태극궁궁' 원형 문화 운동과 어떤 연속성을 가질 수 있을까?

증산을 생각함에 있어 핵심은 상상력이다. 생명과 우주에 대한 신화적 또는 과학적 상상력의 빛나는 전개와 번뜩이는 착상, 명상적 깊이로부터 오는 근원적 인식에 의해서만 강증산과 모악산의 음개벽 문화의 세목에 접근이 가능하다.

내가 지적하고 싶은 것은 바로 이러한 문화적 맥락과 재능이 지금의 10대, 20대, 30대 초반 젊은 세대의 새로운 상상력 운동 속에 있는 듯하다는 점이다.

그의 어록과 행장에 일관되는 파격의 의미는 무엇인가?

한마디로 바로 그것이 그의 우주 사상의 기초로서의 혼돈의 질서이다. 그가 행한 여러 차례의 기적 역시 '우주적 혼돈 질서'였으니 아마도 대원사의 그 밤, 오룡이 포효하는 그 밤의 큰 깨우침의 내용이 곧 한마디로 '지기(至氣)' 곧 '카오스모스'가 아니었을까?

마지막 또한 그렇다.

단식과 독주(毒酒)로 스스로 목숨을 끊는 것 역시 하나의 우주 생명(스스로 옥황상제였기 때문이다)에 대한 재판 같은 집행이었으니 우주 질서의 조정이라는 그의 행적의 상징성이 품고 있는 비극적 진정성 앞에 모골이 송연할 뿐이다.

죽음 뒤에는 스스로 현대 문명의 땅인 서천(西天) 서양(西洋)으로 건너가 그 문명의 이기(利器), 혼돈기에 필요한 과학 등 온갖 물질문명(증산은 이 물질문명의 합법성을 부정하지 않았다. 다만 그것을 활용할 수 있는 새로운 우주생명학의 부재를 한탄하였다)을 모두 몰고 와 동양 문화, 후천개벽의 동학 정역계 사상과의 대결합으로 새 차원의 우주 문명을 건설하겠다는 세계사적인 성배(聖杯)의 소명을 서원하였으니 수운, 해월, 일부에 이어 증산은 동학 정역계 후천개벽 사상사의 절정이요 한 송이 커다란 우주의 꽃이다.

죽음에 임해서까지도 그는 뒤에 남을 제자들과 인민들에 대한 끝없이 슬픈 연민과 측은지심을 거두지 않는다.

"나를 보려거든 금산사 미륵을 보라!"

"앞으로의 세상은 용화 세계(龍華世界)가 되리라!"

용화(龍華)의 한국학적 맥락은 고대적 시간, 마치 해월의 '자기를 향한 제사(向我設位)'나 『천부경』의 '셋과 넷이 고리를 이루어 다섯과 일곱이 한으로 통합된다(三四成環五七一)' 속의 끝으로 처음이 되돌아갈 고리(環, 環中)의 시간, 혹은 우로보로스 Uroboros적인 고대의 자기회귀적 원시간(原時間)의 회복이다. 이는 '원시반본(原始返本)'인데 이것이 곧 미래불인 '미륵의 시간'인 것이니 중요한 것은 증산 자신과 똑같이 스스로 옥황상제인 김형렬 등과 같은 무지랭이 촌놈들, 불쌍한 동학당 패잔병들, 농투산이들이며 주막쟁이 김주보의 마누라나 숱한 유랑민들의 바로 '지금 여기의 텅텅 빈 삶의 시간'을 중심으로 '용화의 옛 시간'과 '미륵의 새 시간'이 상정한 소망, 우주의 어미 모악산 아래, 시커먼 시루 위에 세워진 금산사 미륵불의 '금빛 기쁨〔金化〕'에 의해 드높여진 현재 안으로 몰려드는 개벽을 예언한다.

아마도 우리네 같은 허름한 인생들에게 주는 증산의 마지막 큰 가르침은 막상 다음의 말씀인 듯하다.

> 일을 꾸미는 것은 하늘이요,
> 일을 이루는 것은 사람이다.
> (謀事依天 成事依人)

거꾸로다.

지나간 선천 시대엔 '일은 사람이 꾸미고 그것을 이루는 것은 하늘이다(謀事衣人 成事衣天)'라고 했다. 이른바 '인간이 할 수 있는 일을 모두 다 마친 뒤에 하늘의 명령만 기다린다(盡人事 待天命)' 아니었던가!

무엇을 뜻하는가?

우주적 대전환은 이미 다가오고 있고 다만 인간의 공부와 실천, 생명학, 우주생명학 또는 '모심과 살림'만이 남았으니 일부(一夫)에게 내린 연담(蓮潭) 선생의 화두 '그늘이 우주를 바꾼다(影動天心月)'에 그대로 연속되는 말이다.

그렇다면 기상 이변과 생태계 오염, 세계화라는 세계 시장 실패, 테러와 전쟁, 그리고 인간의 내면적 황폐, 대병겁의 도래는 하늘의 결정이고 그것에 대한 우리의 대응, 수운, 해월, 일부, 증산에 이어 오늘 우리의 '생명과 평화의 길'은 인간의 임무인 것이니 과연 '그늘이 우주를 바꾸는' '역수성통원리(易數聖統原理·김일부)'와 '만사지(万事知·최수운)'는 결코 헛소리가 아닐 것이며 그 실천의 상징, 그 개벽의 꽃이 곧 증산대인이요, 모악산 풍수지리의 음개벽이 아닐까?

아마도 신세대는 유비쿼터스적인 문화 운동을 통해『현무경』의 그 기이한 문자와 부호와 그림들을 한자나 한자 이전의 신지전(神誌篆) 또는 가림토 그리고 고대 결승(結繩)이나 역(易)의 괘·효상 그리고 알파벳이나 마야 아즈텍, 이집트 등 인류 고대 암호 문자의 전 체제와 함께 현대 화가들의 '크립토그람'을 연결하여 전세계의 10대, 20대, 30대 초반 신세대 남녀들의 새로운 소통의 길, 그들만의 암호 문자의 상징학을 건설할 것이다.

나는 이것이 분명『현무경』의 우주적 상상력, 암시 체제, 상징학과 연결되리라고 믿는다.『현무경』의 가치는 크다.

단순히 전라북도의 지역적 문화만이 아닐 것이니 여기에 대한 특별한 기획과 연구가 있어야 한다.

디지털은 머지않아 에코와 결합할 것이다. 그리고 그것은 우선 신체학이나 형상학, 도상학 안에서 결합한다. 유비쿼터스는 그 한 조짐에 지나지 않는다. 유비쿼터스는 나아가 디지털에로 낡은 아날로그를 다시 접근시킬 것이 분명하다. 그때가 바로 그때다. 전북 문화계의 심도 있는 검토가 있어야 한다.

마지막으로 두 마디만 접어 말한다.

강증산의 음개벽은 혼돈의 질서에 연결되니 '카오스모스 문화'의 상징적 절정이고 강증산의 모든 어록과 행장은 우주적 상상력의 차원에서 초현대적 해석과 대담한 새 세대적인 재창조 과정에서만 비로소 그 빛을 드러낼 것이다.

동학과 여성 1
— 이화여대 철학과 이상화 교수 초청 강연

동학과 여성으로 제목을 정합시다.

19세기 근대 민족 담론, 민족 사상 가운데에 분명히 여성학에 대한 아주 전혀 새로운 차원, 유럽도 접근 못 하는 차원이, 물론 토막, 토막이지만 분명히 제기되어 있는데도 어째서 여성학 하는 분들은 거기에 전혀 관심을 안 두고 계속해서 유럽 여성학만 거론하는가 하는 데 평소 내가 조금 불만이 있었습니다.

내가 감옥에서 열심히 아주 흥분해 가지고 공부한 내용이 그런 민족적 페미니즘 담론들인데, 지금보다 인구가 훨씬 적을 때, 그러니까 1천만 명 미만일 때인 1860~90년대까지 한 40년 동안 이 민족이 가장 위급했던 시기 몇 백만 명이 궐기해서 30만 내지 50만 명이 도륙당하고 그 가족과 친척들은 연좌제로 쑥밭이 되는 고통 속에서 제기된 여성의 문제, 동양 나름, 한국 나름, 동학 나름의 여성의 문제를 대 이화학교의 여러분이 모르고 넘어간다면 어떡하죠. 그 후손답지 못한 것 아닙니까. 그래서 그 얘기를 할까 합니다.

아시겠지만 최재천 교수가 여성상을 받았습니다. 여성이 인문학적으로나 윤리적으로 대접받아야 된다는 얘기를 훌쩍 넘어서서 생물학적으로 그 조직 자체가, 몸의 조직 자체가 남성보다 훨씬 예민하고 날카롭고 복잡 섬세하며 더 진화되었다. 우수하다. 이것을 증명 주장해서 상을 받았습니다. 난 사실 맨날 감옥이니 병원이니 해서 우리 집 사람 고생만 시켜왔는데도 불구하고 최재천 교수가 이 상을 받은 것에 대해서는 쾌재를 불렀습니다.

우리나라만이 아니고 유럽이건 어디건 간에 지나간 전 문명사 이전에 있었다고도 하고 없었다고도 하는 모계 사회 또는 여성 중심 사회의 전설 이후 이렇게 우월한 여성들이 이른바 문명 시대에 늘어와서 계속 차별 대우만 받았습니다. 지금 생각나는 게 있습니다. 여러 해 전 KBS에서 남북 이산 가족 찾기 운동을 하는데 그 이름들이 주욱 발표됐습니다. 노인들, 여성들 이름이 많이 발표됐는데 그 이름들을 보고 눈물이 많이 났습니다. 왜냐하면 이름이, 이름이 아니에요. 뭐 후방네, 뒷방네, 앞방네, 국푼네, 밥푼네 그리고 샛별, 이건 예쁜 이름이죠. 그러나 나중에 가만히 생각해보니까 샛별이 있을 때 일어난다는 뜻이지 별처럼 아름답다는 뜻은 아니었던 것 같아요. 그게 뭔가요. 다 사회적 구박이죠. 이름도 제대로 못 가지고 살았어요. 일만 죽어라 하고.

그런데 어떤 크리스천 여성학자가 조금 정열이 지나쳐 가지고 나랑 같이 아카데미하우스에서 세미나를 하는데, 우리나라가 전 세계적으로 봐서 여성 학대하는 가부장제가 몹쓸 정도로 가장 심했던 나라라고 얘기해서 제가 반박한 적이 있습니다. 물론 중국은, 난 그렇다고 생각합니다. 중국은 애당초 2,800여 년, 3,000여 년 전부터 가부장제와 장자 세습제 그리고 봉건제 그러니까 제후들에 의한 통치 그리고 제후들의 봉선(封禪)에 의한 천자의 옹립 그리고 천자가 하늘로부터 권력을 내려받아 그것을 제후에게 나눠주는 이런 식의 과정 속에서 유독 여성과 소인들은 괄시를 받았습니다.

그 제도가 우리나라에도 들어와서 우리나라 역시 가부장제, 장자 세습제, 봉건 제도가 있었습니다. 그러나 신라 통일 이후부터 봉건제는 부분적으로만 있을 뿐이었지 우리나라 정치 구조나 행정 제도가 전적으로 봉건제였다고 볼 수 없습니다. 우리도 학생 때는 봉건적 구 도덕을 청산하고 어쩌고 하면서 데모 많이 했습니다만 사실은 봉건제가 아니라 군현제(郡縣制)입니다. 군현제는 중앙 집중적인 관료제이고 중앙이 지방 관리를 다 임명하는, 그래서 중국과는 상당히 다르다는 겁니다.

그러면 여성들의 처지도 달랐을까? 달랐습니다. 내가 여성 편 들어서 이번에 출마할 것도 아닌데 이렇게 얘기하는 건 사실이기 때문에 얘기하는 거고. 문학적인 시적 상상력에 의해서 역사를 보더라도 여성적인 것, 모성적인 것, 여성성이 핵심이 되어 새로운 문명을 창조하지 않으면 남성들이 만든 지난 3, 4천 년의 이 문명사 가지고는 사람 목숨도 제대로 부지할 수 없습니다. 지구 생명 모두 오염, 파괴시키고 인간관계 전부 해체되고 빈부 격차는 날이 갈수록 더 심해지고 기상 이변은 날이 갈수록 해가 갈수록 더해갑니다. 그래서 난 여성

쪽에 손을 듭니다.

　우리 역사와 중국의 가부장제는 유사성이 있긴 하나 반드시 일정한 선을 그어야 됩니다. 6년 전인지, 7년 전인지 텔레비전 방송을 보다가 깜짝 놀랐습니다. 안동, 그 지독한 옛 제도가 심각한 곳이 안동이죠. 안동 하회 근처에서 무슨 필요 때문인지 이장을 하느라고 양반 집안의 큰 묘 하나를 파냈습니다. 관을 들어올렸는데 그 관을 열고 보니까 그 안에 아주 오래된 닥지 종이에 편지가 열 몇 장인가 담겨 있었습니다. 살아 있는 부인이 죽은 남편에게 보낸 편지입니다. 근데 그 편지 안에서 부인이 남편을 뭐라 불렀는고 하니 자네라고 불렀습니다. 자네가 뭐 어쩌고 전부 자네라 되어 있었습니다. 열대여섯 번에 걸쳐서 자네라 부릅니다. 매스컴과 학계가 전부 놀라 흥분하기 시작합니다. 이거 이상하다 지금까지 연구됐던 것하고 전혀 다르다. 그래 가지고 사방을 들쑤셨는데 한 높은 양반 가문을 조사했습니다. 그 집안이 서애 유성룡 집안입니다. 임진왜란 때 큰 공훈을 세운 이순신 장군의 정치적 패트론이었죠. 이 집안 사람들 중 부인네들이 모두 남편보고 자네라고 불렀고 남편이 또 어디 가서 살았냐 하면 처가에 가서 살았습니다. 지금하고 풍속이 달랐는데 남편 집에 사는 것과 부인네 집에 사는 것과는 상당한 의미 차이가 있습니다. 그런데 부인 집에 가서 살았습니다.

　그래서 학자들이 뭘 조사했냐 하면 그 족보에서 봉제사, 제사 지내는 그 집안의 법도, 그 집안의 원칙을 조사했고 그 다음에 분재기, 재산을 나누는 것, 상속 재산을 서로 나누어 갖는 그 집안에 내려오는 전통, 그 기록된 것을 전부 찾았습니다. 그런데 놀랍게도 제사를 지내는 순서나 재산을 나누어 갖는 데 있어서 전혀 여자들이 차별 받고 있지 않았습니다. 그게 한 300년 전이에요. 그러면 300년 전 이미 임진왜란, 병자호란 이 무렵까지도 아까 앞방네, 후방네, 국푼네, 밥푼네 이렇지 않았다는 것은 분명해졌고. 그렇다면 정도전 등에 의해서 또는 정몽주 등에 의해서 고려 말부터 이조 초에 적극적으로 유입되기 시작한 중국적인 관료 제도, 중국적인 가정 풍습, 사회 제도 이런 것들이 우리가 알고 있는 것이나 후대에 알려진 것과 똑같이 이씨 조선 창립과 더불어 시작된 것인지 이미 고려 말에 실제 현실에서 시작된 것인지를 생각하게 됩니다. 그러나 사실은 그렇지 않았다는 겁니다.

그러니까 중앙의 큰 도시에만 이게 받아들여졌지 시골에는 아직 그게 확대 심화되지 않았다는 것을 확실히 알 수 있습니다. 그러면 그 대신 뭐가 지배를 했느냐. 자네가 뭘 뜻하죠? 같이 수평적으로 노는 겁니다. 그러니까 전반적으로는 그렇다고 볼 수 없지만 적어도 양반 가문에서 자네라고 불렀을 정도면 상사람 천민 계급이나 농민 계급들의 경우 서로 훨씬 트고 지냈다는 것을 알 수 있습니다. 그러면 그 대신 무엇이 기본 질서였을까? 고대적인 남녀 질서가 있었다, 이렇게 생각할 수 있습니다. 그리고는 공동체적인 것. 고대적인 것이 어떤 건지 자세히는 밝혀지지 않고 있습니다. 사학자들이 욕을 먹어야 될 일입니다.

하여튼 우리나라는 독특하게도 상당히 최근까지도 고대적인 질서가 진행되었고 중세와 고대로 올라가도 중국과 똑같은 지독한 봉건제, 가부장제, 남자 중심주의 이것이 그리 심각할 정도로는 보편화되지 않았다는 걸 여러분이 좀 기억해줬으면 좋겠습니다. 중요한 것은 임진, 병자 전쟁 이후 그러니까 지금부터 300년 전쯤부터 지방 양반 가에까지 가부장제가 뿌리내리게 된 것 같습니다. 중요한 얘기예요.

굉장히 중요합니다. 여성학 페미니즘이 한국에 들어와서 상당히 발전을 하고 있는데 난 그것도 긍정적인 방향으로 보고 있습니다만, 그러나 여러 후배들한테 왜 동양학, 한국학을 배경으로 하는 여성학을 하지 않는가 물으면 동양 사상은 전부 가부장제뿐인데 그걸 들추자마자 남성제일주의가 튀어나오는데 어떻게 하느냐 그래요. 그게 중국은 틀림없습니다. 사실상 유럽 문화가 들어와서 사회가 개혁되기 이전까지도 중국에선 전족으로 도망 못 가게 발을 조그맣게 되도록 묶었죠. 전족이라고 있었어요. 장예모의 영화, 공리 주연의 영화를 봐도 그런 게 많아요. 중국이 우리나라하고 그런 게 좀 다르다, 이것은 꼭 기억해주십시오.

중국뿐만 아니라 유럽과도 사뭇 달라요. 여성에 대한 사상도 중국과 유럽이 가깝지 우리하고 중국이나 우리하고 유럽, 특히 유럽의 주류 사상하고 우리하고는 잘 안 맞아요. 중국의 주류 사상하고 우리하고도 안 맞아요. 우리의 사상, 한민족의 사상이 중국과 비슷한 점이 있지만 또 다른 점이 더 많이 있습니다. 우리 사상사는 유럽의 비주류하고 오히려 선이 닿아요. 스피노자, 라이프니츠 철학, 요즘 젊은 이들 사이에서는 들뢰즈, 가타리가 유행인데 그들이 뭡니까? 반플라톤주의자죠. 스토아 금욕주의 계통 철학입니다. 니체도 그렇고 미셸 세르 Michel Serres도 그렇고 푸코도 그렇고 그렇기 때문에 질 들뢰즈 같은 사람은 굉장히 우수한 철학자임에도 불구하고 유럽에서 좌파 우파에서 다 왕따를 당해 가지고 화가 나니까 고층 꼭대기에서 떨어져 자살을 해버렸죠. 미국하고 한국에서는 대유행이라죠. 이게 참으로 다행이라고 생각하는 게 뭐냐 하면 우리나라 나름의 생성론, 혼돈론과 들뢰즈, 가타리의 철학이 아주 흡사합니다. 그래서 동서양이 통합된다고 했을 때 한국학이 유럽 비주류 생성론과 가깝고 중국 철학은 오히려 유럽의 주류 철학인 실체론이나 존재론에 더 가깝습니다. 이건 앞으로 중요한 문제입니다.

『화랑세기』라고 김대문의 책이 나왔는데 위경이다 한참 논란이 있었습니다. 몇 년 전에 그건 가짜라고 하면서 반론을 편 사람들이 영신통칠 않습니다. 왜냐하면 『화랑세기』에 미실이라는 아주 유명한 미녀가 나옵니다. 이 미실이 얼굴도 미모에다 아주 매력 있어 20여 명의 화랑들과 자유 연애를 하고 그러는데, 정치적인 수완이 놀라워서 화랑들과 임금을 뒤에서 정치적으로 좌지우지합니다. 그런 미실만이 그렇게 분방했던 게 아니라 그 당시의 여러 왕비들, 상층 계급의 여성들 사이에 고대 사회적인 어떤 자유분방한, 색정적이면서도 초월적이고 동시에 정치적인 그런 기이한 분위기가 있었다는 것. 거기에 대해 노태돈이란 국사학자가 그 따위 자유분방한 성적 타락이 일반화돼 있던 신라가 어떻게 국가 체제를 유지했겠으며 어떻게 삼국 통일까지 했겠는가, 이렇게 물었습니다. 그러므로 이것은 위경, 가짜다 이겁니다. 그 논쟁을 보고 전혀 엉뚱하다고 생각했습니다. 왜냐하면 중세 이후의 유학자적인 눈으로 고대를 바라본 겁니다. 고대에는 고대의 철학, 고대의 세계관이 있었을 거라고 봅니다. 고대의 눈을 생각해야 합니다.

고대, 예를 들면 『삼국유사』에 나오는 여러 가지 신화들을 보면 반드시 그때는 지금과 다른 세계관이라든가 남녀관, 연애에 대해서도 그들 나름의 관점이 있었을 겁니다. 바로 이것이 아까도 얘기했다시피 300년 전 또는 400년 전까지, 고려와 이씨 조선 초기까지도 일반 민간에 내려오는 성 풍속 또는 부부간의 분위기를 결정했을 것이라고 생각합니다. 왜냐하면 고려 속요가 굉장히 많죠. 고려 때 나온 속요, 민요가. 그거 보면 굉장히 자유분방합니다. 어떻게 해서 그리 됐을까요? 그때 상당히 고대적인 우리가 상상 못 하는 어떤 옛 질서가 움직였던 것이다. 이런 얘깁니다.

나는 몇 년 전부터 새로운 르네상스, 동아시아 고대에 대한 전 세계적인 문예 부흥 운동을 주장하고 있습니다만 이제는 내가 외로움을 안 느껴도 될 것 같습니다. 그동안 꽤 외로웠습니다. 혼자서 문예 부흥을 얘기했기 때문에 전부 복고주의지리고 욕을 해서 말이죠. 그러니 지금 중국이 동북공정으로 고구려의 역사를 자기 역사요, 발해사까지도 자기들 거라고 주장합니다. 그렇게 되면 그 위에 부여사도 자기들 거라는 데로 나아가게 돼요. 그렇게 되면 고조선사도 자기들 것이 된다는 겁니다. 역사적으로 그렇게 되어 있어요.

이것 때문에 국내에서 발끈해 가지고 여기에 대결해야 된다 했을 때 나는 때가 왔구나, 왜냐하면 중국과 민족적인 입장에서 대결을 하려면 군사적, 정치적으로 전쟁을 해서 되는 거 아닙니다. 그렇다면 사관, 역사를 보는 눈, 철학, 새 문명에 대한 견해 여기에서 대결해야 될 텐데, 그러려면 동아시아 고대에 대한 르네상스 문예 부흥을 해야 됩니다. 고대의 세계에는 어떤 질서가 있었을까? 고대인의 철학은 무엇인가? 고대인의 예술관은 무엇인가? 고대인의 남녀관은 무엇인가? 부부관, 가정관, 국가관 이런 것들이 전부 나오지 않으면 안 됩니다. 나는 그것과 함께 『화랑세기』의 미실의 자유분방, 자유 연애가, 고대 귀족들, 귀족 여인들의 그 자유분방한 연애 이야기들이, 아까 남편을 자네라고 부른 안동 양반 집 여인의 문제 또 이조 초에도 어우동이니 뭐니 하는 굉장한 사건들이 많았는데 여기에 대한 고대 이후의 독특한 우리의 철학이 그때 밝혀지지 않겠느냐 르네상스 운동을 하면 말이죠.

왜 이 말을 합니까. 미래와 현재를 설명하는 데 있어서도 우리 근대 질서만 가지고는, 근대적인 유럽 사상만 가지고는 우리의 욕구, 우리의 삶, 진정한 역사에 대한 이해, 남에 대한 이웃에 대한 남녀간에 대한 진정한 자세를 갖기가 힘든다는 것이 한국인의 일반적인 통념입니다. 그래서 제대로 된 삶을 살기 위해서는 우리가 새로운 개척을 해야 되는데, 하늘 아래 새것이 없다는 말처럼 새로운 길을 찾으려면 그 근거를 고대로부터 끌고 오지 않으면 안 된다. 우리보다 훨씬 천재 그룹에 속한 마르크스나 니체나 한나 아렌트 같은 철학자들도 근대주의의 벽에 부딪혔을 때 다시 희랍으로, 그리스 고대의 여러 가지 제도나 문화에로 돌아가서 거기서부터 근대 이후, 새로운 탈근대적 출구를 찾기 위해서 여러 가지 애를 썼습니다.

우리는 우리 스스로 벽에 부딪혔을 때 우리의 동아시아 고대를 공부할 생각은 하지 않고 글쎄 너무 나쁘게 얘기하는지 모르겠습니다만 벽에 부딪히면 꼭 미국이나 유럽에 가서 그쪽 이론들 카피해다가 한 10년 써먹고 궁하면 또 가서 카피해오고 그래요. 이제는 미국인들이나 유럽 지식인들도 그 카피 버릇을 뻔히 알아가지고 흉봐요. 내 친구 애긴데 자기가 졸업한 하버드에 한번 갔더니 하버드 정치학 하는 친구들이 너 또 뭘 베끼러 왔냐 그러더라는군요. 벌써 그런 창피한 지경에 이르렀다고요. 그들이 그러더래요. 이번엔 우리가 동아시아 좀 베껴먹자. 밥 먹으면서 술 마시면서 얘기하는데 사주, 풍수, 명리까지 다 나오더라는군요. 명리, 이름 짓는 것. 온갖 것 다 하는 걸 잡학이라 하죠. 잡스럽다고 하죠. 정학, 철학, 정치학 이런 것이 아니고 그냥 잡학이라고 해요. 민간에 유행하는 이런 것까지 다 알고 있더래요. 그렇다면 이 친구 말이 욕을 먹는 건 상관없는데 이제부터 우리가 창조적으로 우리 걸 해가려면 뭘 해야 좋겠냐는 거예요. 저쪽에서 이미 다 파먹어버렸는데 말이에요. 코쟁이들이 다 해먹어버렸어요. 인테리어 풍수 같은 거, 도시 개발, 도시 계획에서 풍수지리도 해먹었어요. 혈처, 좌향론, 형국론, 장풍득수, 물과 바람의 운동이 도시 설계에 가지는 적응성 같은 것은 독일 같은 데서도 다 해요.

우리가 엉망이에요. 우리 자신에 대해서 잘 몰라요. 이 얘기 왜 하느냐. 근대에 있어서 동양의 중국 사상만 갖고는 그리고 유럽에서 물밀 듯이 들어온 외래 사상들 가지고는 사람다운 길을 갈 수 없다고 생각했던 우리 조상들이 동녘 동자 배울 학자 동학(東學)이라고 이름 붙였고 또 바를 정자 바꿀 역자 정역(正易), 여러분 주역은 아시죠. 2,800년 전 중국 주나라가 성립되기 전에 주 문왕의 변화의 과학, 그 이전 은나라가 망하고 주나라가 서면서 무왕이 쿠데타 일으켰던 그 이전에 그 아버지 문왕이 유리(羑里)라는 감옥에 갇혀 있으면서 그 이전부터 내려오는 역학(易學), 한민족 쪽에서 나온 복희역이라는 점복술인데 일종의 수학, 수학이면서 철학이죠. 수학이면서 동시에 신비주의적인 철학이라는 거죠.

　예, 그러니까 뭐 이런 것 가지고서 해결이 안 될 것 같다고 생각해 가지고서 동학이라는 것이 일어납니다. 사실은 모레는 여성과 율려에 대해서 얘기합니다. 율려라 하면 우주 음악입니다. 우주 음악을 율려라고 하는데 그리스에 피타고라스가 수학자이면서 동시에 음악의 기본을 정했죠. 음악의 12음계, 12음계를 정하고 12음계에 따라서 작곡하는 방향을 잡았습니다만. 12음계와 똑같이 동양에도 12율려라는 게 있습니다. 12계절에 상응해 가지고. 근데 율려라는 것이 우주 변화, 세상 변화의 이치와 원리를 압축한 것입니다. 그런데 이것은 이씨 조선이 망하려고 하니까 지식인 사이에 대유행을 했지요. 율려는 위기의 학문입니다. 지금 또 농아시아에 큰 변화가 오니까 다시 머리를 드는 겁니다. 하여튼 19세기에 동양 세계가 붕괴되고 태평천국 반란이 실패로 돌아가고 미국군, 프랑스군, 영국군 연합 함대가 베이징에 상륙해 가지고 이화원이라는 중국의 궁궐을 불지르고 또 아편전쟁이라는 일종의 식민지 쟁탈전을 통해 중국을 굴복시킵니다. 우리나라 서쪽 해안에 거의 일주일에 한 번씩 이상한 배들이 나타나는 거예요. 그리고 물 깊이를 재고 한강, 강화도에서 여러 번 전쟁이 있었죠. 역사에서 배웠죠? 미국이 들어오기도 하고, 프랑스가 오기도 하고 또 영국 배가 저 남쪽 거문도까지 들어오고 그리고 콜레라가 7년을 유행합니다. 수년간 가뭄이 들고 농사를 망쳐 가지고 한 6년 굶는 사람들이 많았습니다. 몇 십만 명의 농민들이 자기 고향을 떠나 어디 딴 곳으로 가서 거지 노릇을 하려고 길에 죽 늘어서 있는 광경을 다산 정약용 선생이 시에서 묘사하고 있죠.

이때에 동학이 소위 후천개벽을 들고 나옵니다. 완전히 우주와 세계의 대변혁이죠. 우주의 대변화, 문명사의 대전환 이걸 내걸고 동학운동이 우리나라에서 시작됩니다. 1860년 경주 사람 수운 최제우 아실 겁니다. 동학 농민 혁명의 정신적 지도자로서 역사에 나옵니다. 이 최수운 선생님에게 내린 하느님의 계시, 여러분이 계시를 인정하는지 안 하는지 모르겠습니다만, 그 계시의 내용에 따라서 동양 것도 아니고 서양 것도 아닌 동양과 서양을 다 흡수하면서 한국 고대에 있었던 사상, 기화(氣化), 생생화화 진화, 낳고 낳고 또 변화하고 변화하는 생명, 이런 것이 동양에서는 아주 오래전부터 우주론이나 철학의 기본 원리가 되어 있었습니다만, 이런 것과 관련된 신의 계시를 받습니다. 예전 것 가지고는 안 되고 새로운 계시 그것이 어떤 충격에 의한 계시냐 하면 서학, 천주학이 들어와서 막 유행했습니다. 정조 때 개혁 이후 순조 때부터 또 후퇴하죠. 정치가 보수 반동으로 후퇴하면서 재개된 게 일종의 매관매직, 즉 벼슬 팔아먹고 가렴주구, 착취하고 돈 빼어먹고 백성들을 못살게 하고 그래서 완전히 망하는 세상으로 알았습니다. 이때에 독서인들, 선비들은 운종가 지금 종로입니다. 이쪽에 서점들이 굉장히 많았다고 하는데 서점마다 찾으러 다녔던 게 율려 책입니다. 율려는 위기의 학문입니다. 내가 율려 운동을 10년 전에 제기했는데 또 어렵다고 해서 욕만 먹다가 요즘은 내가 뒤로 물러났습니다만, 어디 갑니까. 가슴에, 머리에 그대로 있지요. 하여튼 그때 백성은 천주학이나 『정감록(鄭鑑錄)』이고 지식인은 율려였답니다. 율려를 그때는 지식인들 모두 찾아다녔어요.

간단히 얘기하면 율려란 이런 얘깁니다. 세상이 망하려면 음악부터 썩는다. 음악이 썩는 걸 보면 정치가 망하는 것을 예감할 수 있다. 새로운 정치를 하고 세상을 바꾸려면 음악부터 새로 만들어야 한다. 음악을 새로 만들려고 하면 자기 마음을 잘 들여다보고 우주의 변화를 잘 살펴야 된다. 우주의 변화가 가장 직접적으로 나타나는 게 인간의 무의식입니다. 이 마음 변화, 무의식으로 인해서 우주의 변화를 각성한 사람이 성인입니다. 성인이 제기하는 세상 변화에 대한 이치가 꼭 음악으로 나옵니다. 그러니까 요순, 우탕과 같은 왕들한테 다 그 왕 나름의 음악이 있습니다. 그것이 경륜, 바로 정치철학입니다.

그러면 일반 민중들 한자도 모르고 아무것도 모르는 농민 대중들은 율려를 모르는데 어떡할 거냐. 그때 여기 동학 혁명이 나옵니다. 동학이 나온 1860년대가 바로 탈춤, 판소리, 민요, 민화, 속화 또 여항 시인들, 귀족, 양반이 아니고 중인들 그 밑에 상공 계급들, 장사꾼이나 공인들, 장인들 이런 출신의 시인들이 나오는 시절 아닙니까. 이게 정조 이후부터입니다. 국문학에서는 여항 시인(閭巷詩人)이라 합니다. 이런 사람들의 시대의 축약이 바로 율려와 동학의 출현입니다. 이것은 여성들을 바라보는 눈이 변화하기 시작하는 때입니다. 그러니까 여성학이라 해서 공부를 해야죠. 뭐야 나는 아직 읽지 못했습니다. 이름이 하도 괴상해서 읽지 않았는데 이리 가라인가 저리 가라인가. 이름이 이상해 저리 가라 사촌인가. 하여튼 아직 읽지는 못했습니다. 그쪽 공부도 하긴 해야겠죠. 하면서도 동양 쪽에서 여성에 대한 눈이 어떻게 변했느냐 이걸 봐야 합니다.

간단하게 말씀드릴게요. 동학에 각비 사상이라고 있습니다. 이건 알아두십시오. 깨달을 각(覺) 아닐 비(非)자, 아닌 것을 깨달았다.

요즘 문자로 아 그거 아니야라고 깨달은 겁니다. 뭐가 그게 아니야? 중국에 도연명이라는 사람이 있죠. 벼슬을 살다가 도시에서 이렇게 살아선 안 되겠다 해 가지고 깊은 산골로 떠나가서 농사를 짓고 자연을 벗해서 산 유명한 시인입니다. 이 도연명의 시 가운데 '금시이각 작비(今是而覺昨非)'라는 구절이 있습니다. 어제 내가 도시에서 벼슬 산 일이 잘못된 일이고 오늘 내가 시골에 와서 이렇게 자연을 벗삼아 농사짓고 사는 것이 옳은 일이라는 걸 깨달았다 이 말입니다. 어제 잘못한 것을 깨달았다. 이 각비라는 것이 수운 최제우 선생의 『용담유사』라는 한글 가사에 나옵니다. 한글 가사가 8편이나 되는데 『동경대전』이라는 한문 경전은 아주 짧고 『용담유사』의 가사는 아주 깁니다.

왜 한글로 경전을 만들었을까요. 여성들 보라고 그런 겁니다. 언문을 깨쳤거든요. 여성들 상당수가. 여성들 보라고 『용담유사』라는 경전을 만든 겁니다. 그 이전에 지금까지 수집된 것만 해도 거의 2,000수 3,000수 가까운 영남 지방의 양반 부인네들이 쓴 내방 가사가 몇천 수가 전해옵니다. 그 내방 가사 등을 포함한 이조 가사 중에 제일 뛰어난 것이 수운의 『용담유사』입니다. 그래서 가사 문학, 여성 문학을 하려면 이 『용담유사』를 거쳐야 됩니다. 내방 가사 거쳐야 되듯이 이런 것도 좀 공부를 해보십시오. 그런데 각비 있잖아요. 이제까지 우리가 잘못 살아왔다는 깨달음 말이지요. 오늘 우리가 그 얘기를 해봅시다. 여자들이 이제까지 잘못 살아온 거요. 『용담유사』에 그런 게 나옵니다. 나와요.

그런데 여러분 탈춤 알는지 모르겠지만 우리나라 탈춤 있죠. 이 탈춤이 소강 상태에 있다가 다시 활발하게 움직이는 때가 바로 동학의 『용담유사』가 나오는 이때입니다. 탈춤 특히 농촌에서 시작해서 소도시로, 소도시에서 큰 상업 도시로 이렇게 발전해오는 게 탈춤의 역사입니다. 탈춤이 소도시로 진행해오면서 가장 두드러진 게, 이제 우리가 현재에서 보는 눈으로는 가장 중요한 뭐라 할까요. 드라마의 주제가 바로 미얄할미의 죽음입니다. 양반과 하인 말뚝이와 취발이와 노장 스님의 대결, 계급 투쟁, 또는 오입장이와 승려의 성적 문제에서의 대결 이런 것을 우리는 계속해서 학생 운동 이후에 소위 4·19, 6·3 이후에 박정희 군부 파시즘하고 싸우면서 그것이 양반하고 하인하고의 싸움, 부패한 승려 계급과 새로 등장하는 오입장이의 갈등, 이런 갈등과 투쟁만을 중요한 주제로 알고 있었지요. 나 자신이 그랬습니다. 여러분 잘 아는 김민기씨라든가 내 후배들 모두들 함께 문화 운동을 했던 게 대체 방향이 그렇습니다.

그래서 투쟁만을 중요한 주제로 밀고 나왔습니다만 난 그후 감옥 안에서부터 새롭게 생각한 건데, 이 탈춤에 있어서 가장 중요한 것은 그런 농촌 고정적인 계급적인 갈등이 아니고 민중 유랑기, 유목적 도시 인간 발생 과정에서 나타난 미얄이라는 이름을 가진 늙은 여자의 죽음이라는 깨달음입니다. 탈춤의 미학이 무엇을 중심으로 그 자신의 특징을 만드는가. 해서 탈춤의 미학이 어떤 방향으로 발전을 하느냐. 미얄. 미얄할미의 죽음입니다. 미얄 할머니라는 할망구가 나옵니다.

영감을 찾아다니고 영감은 할미를 찾아다니는데 난리 때문에 헤어졌습니다. 난리 때문에 헤어졌는지 전쟁이 나서 헤어졌는지 하여튼 그러다 만납니다. 영감이 용산 삼게 그러니까 마포를 얘기해요. 들머리집 그러니까 술집 작부하고 연애를 해요. 그래 가지고 싸움이 나서 이 할망구하고 싸움이 붙어 가지고 할망구를 영감이 때려죽입니다. 맞고 죽어요. 그때 한 도사와 무당이 나타나서는 무당은 그 혼을 하늘로 보내면서 위로하고 남강노인이라는 그 도사는 새로운 시대의 여명, 새로운 시대가 동터온다고 말하는데 이 할미의 억울한 죽음이 보상되는, 미얄할미의 억울함을 모든 사람들이 알아주는 그런 시대가 동터온다는 얘기가 나옵니다. 어떻게 생각하세요. 이 부분이 예술의, 진정으로 발전하고 있는 민중 예술의 진정한 주제가 안 될까요.

이게 또 하나 동학에서는 지화점(至化点), 영어로 크리티컬 포인트 critical point입니다. 액체가 열을 가하면 어느 지점에 가서는 붕괴하죠. 붕괴하면서 기화가 되죠. 수증기로 변하죠. 이걸 크리티컬 포인드라 그러는데 문명사에서는 오메가 포인트 omega point라 그러죠. 알파와 오메가의 마지막. 그러니까 기독교에서는 묵시록적인 종말이 다가왔을 때 휴거란 얘기도 같이 나오는데 모두 하늘로 뜬다는 얘기 아니에요? 그걸 오메가 포인트라 그래요.

동학에 있어서 이 종말을 인정합니다. 그러나 종말은 끝이 아니고 새로운 시작입니다. 끝나는 게 아니고 그래 이걸 후천개벽이라 그럽니다. 이 후천개벽은 또 한가지로 지화(至化)라고도 부릅니다 지극할 지자 변화할 화. 전환점을 말합니다. 민중사의 이 전환점이 바로 미얄의 죽음입니다. 한 여성이 구박을 받고 남편한테 맞아서 억울하게 죽는 이 일. 이렇게 살아선 안 된다. 새벽이 동터온다는 남강노인의 대사와 함께 새로운 시작이 나타나는 거죠. 이래서 탈춤은 그 주제가 금방 드러나지 않습니다만 대사가 없는 허름한 등장인물들이 그

뒤로 꾸역꾸역 많이 나타납니다. 좌판 장수, 무슨 등짐 장수, 무슨 이상한 사람들이 죽…… 소무, 왜장녀, 재대각시, 들머리집 등등 허름한 민중들이 많이 나타납니다.

이게 뭘까요. 소위 영조 정조 연간에 시작된 금난전권의 해제와 함께, 얘기가 어려워지는데 신해통공이라는 정조의 정책 발표가 있습니다. 그게 뭐냐 하면 그때까지도 육주비전이라는 종로의 정식 시장, 관납업체, 큰 기업들이 중국 비단이라든가 뭐 그런 크게 관을 상대로 해서 장사하는 이 정전(正廛), 그러니까 공기업체들만을 인정하고 사기업 그러니까 벼룩시장이라든가 보따리장사라든가 좌판장수 길거리에 내놓고 파는 그런 난전(亂廛) 그러니까 권리 없이 하는 사적인 장사는 인정하지 않았습니다.

그런데 난전의 규모가 커지면서 전 사회적으로 어떤 변혁이 시도됩니다. 전 사회적으로 변혁이 시도되는 그 시절의 사회와 역사가 탈춤에 그대로 등장하게 됩니다. 탈춤에 그대로 나타납니다. 소위 민중의 등장이고 자본주의 씨앗이 나타나는 시절이죠. 동학에서는 바로 지화점, 후천개벽의 새로운 시대가 열리는 것과 마찬가지입니다. 그것이 탈춤에서는 미얄의 죽음으로 나타나는데 동학에서는 그럼 이런 여자들 또는 억눌려 있던 사람들, 천민들, 민중들이 어떻게 자기 권리를 찾아서 자기 해방을 수행하는가. 그 결과는 후에 동학 갑오농민혁명으로 나타납니다만 그 이전에 수운 선생은 이것을 어떻게 봤을까.

동학과 탈춤을 연결시켜서 후천개벽의 새로운 시대 아니 혁명의 시대를 위한 대변혁을 하는데 이때 페미니즘 문제는 어떻게 다뤄졌던가. 동학 교주는 최수운입니다. 최수운 선생은 여성에 대해서 어떤 태도를 가졌던가.

하여튼 대변혁을 아까도 얘기했지만 최수운 선생이 1860년 4월 5일, 음력입니다. 시간으로는 11시 정각에 하늘에서 계시를 받습니다. 막 춥고 떨리고 온 세상이 찌렁찌렁하면서 계시가 옵니다. 이 계시가 아주 길어서 6개월 이상 근 일 년 가까이 지독하게 계시를 받습니다. 계시는 일종의 정신병입니다. 정신병이라도 종교적 정신병이죠. 처음 깨달았을 때 자기는 깨달았는지 모르지만 옆에서 보기에 마누라가 보기에 어땠을까요. 미쳤지. 저게 뭐야…… 저게 뭐야 저게 뭐냐니까. 이 부인이 죽으려고 용담정 용담 계곡 그 깊은 못에 두 번이나 빠졌어요. 애들은 막 울어대고 두 아들이 있었는데 하여튼 점점 해방되고 정신과 몸이 낫습니다. 그래서 자기가 계시 받았다는 것을 인정하기 시작히고 그리고 그 계시 받은 원형인 부적을 먹으로 치고 그길 다시 불에다 살라 가지고 물에 타서 마시면서부터 몸이 좋아집니다. 하얗게 되고 도사가 되죠. 그러면서 포덕(布德)을 생각합니다. 널리 알려야겠다. 이제 그런 생각을 할 때 제일 첫번에 지은 가사가 「안심가(安心歌)」입니다. 그 첫마디가 자기 부인보고 이걸 읽고 안심하시오 라고. 최초의 신도가 자기 부인입니다. 어떻게 생각하세요. 그때 남성 중심 사회에서 첫째 신도를 어떤 이웃 마을 양반 아무개로 하지 않고 자기 부인부터 선도해나간다는 것 어떻게 생각하세요.

난 가끔 동학하고 모슬렘 그러니까 이슬람을 비교합니다만 비슷한 점이 조금 있긴 있습니다. 그런데 모하메드에게도 부인이 가장 중요한 사람이죠. 「안심가」는 뭐냐. 동학 혁명 때 민중들이 가장 많이 부르고 다녔던 노래로서 특히 부인들이 많이 불렀습니다. 제일 혁명적인 내용입니다. 어젯날의 빈천자 오는 날에는 부귀자요, 어젯날의 부귀자는 오는 날에 빈천자요. 세상은 바뀐다는 말이죠. 이거야 여러분 이런 말을 지금 내가 하니까 무슨 잡담처럼 들리지만 그 당시에 이씨 조선은 무엇보다도 더 강력한 중앙 집중적인 관료제 국가입니다. 이런 얘기 어디서도 못 합니다. 당장 잡혀가. 결국은 최수운이 잡혀가서 처형당하죠. 대구에서 목이 잘립니다. 하여튼 이렇게 가장 혁명적인 내용을 자기 부인한테 가장 먼저 가르쳐주고 자기 부인을 안심시키고 납득시킵니다. 이렇게 될 줄을 어떻게 알 수 있었는가. 이런 부인의 말이 뒤이어 나옵니다. 이거 왜 얘기할까요. 동학 사상의 제일보가 여성학입니다. 그 다음 노비가 둘이 있어요. 여자 노비 둘을 다 신분 해방합니다. 해방해 가지고 하나는 딸을 삼고 하나는 며느리를 삼습니다. 여러분 1860년에 이런 얘기 상상도 못 합니다. 우리가 어렸을 때만 해도 내가 지금 64세입니다만 여러분들만 한 나이였을 때 개인이니 개체의 자유니 그런 말 거의 몰랐습니다. 국가, 민족, 계급, 집안 이런 말뿐. 아마 전 세계적으로 그랬을 겁니다. 이제는 무엇보다 개인이 굉장히 중요하죠. 또 여성 문제도 몇 십 년 전부터 시작된 겁니다.

그러니까 1860년에 이런 이야기가 나온다는 건 꿈에도 생각할 수 없는 얘기입니다. 노비 둘을 해방해 가지고 자기 딸을 삼고 며느리를 삼는다? 이것 있을 수 없어요. 말로는 할 수 있는지 몰라요. 말도, 말로도 하기가 힘듭니다. 이래서 동학이 여성들의 종교로 등장하기 시작합니다. 개인적인 얘기입니다만 나는 천주교도였습니다 옛날에. 그러다가 감옥에서 공부 끝에 동학당이 됐습니다. 그런데 난 천도교는 아닙니다. 나 혼자 동학당이에요. 이 동학은 원래의 동학입니다. 우리 할아버지하고 증조부께서 동학하시다가 갑오혁명 이후에 돌아가셨습니다. 그것이 다시 나한테서 살아나는 건데. 우리 할머니 곰보였어요. 곰보 할매라 내가 그랬는데 평생 일만 하시다가 돌아가셨어요. 그 할머니 글을 알지도 못하고 그랬지만 그 할머니가 가끔 어린 나한테 보여주신 태도 같은 것 속에 동학의 진정한 모습이 있다고 생각합니다.

그게 뭘까요. 아이들 때리지 않는 거예요. 우리 어머니가 할머니 보는 데서 날 때렸다가는 큰일납니다. 그러니까 자연히 난 할머니 편이 되는 거죠. 또 우리 할아버지가 기골이 장대하고 꼭 관운장 같은 양반이었는데, 이놈 하고 호령하면 온 동네가 들썩들썩합니다. 그러면 할머니가 절대 내 앞에선 그러지 말라고 그래요. 할아비지가 아주 잘생겼어요. 그런데 할머닌 진짜 못났다구. 왜 저럴까. 난 이해가 안 갔어. 그 다음에 조금씩조금씩 고등학교 다닐 때 아버지한테 들은 얘기로 알았지요. 우리 할머니가 고부 군산, 어저께 고부 갔다 왔습니다만, 고부가 뭐예요. 동학 혁명이 일어난 곳이죠. 동학 혁명 전쟁이. 고부의 군산이란 마을 출신인데 그 아버지가 동학의 두목이에요. 자기가 죽을 것 같으니까 자기 친구인 우리 증조부한테 자기 딸을 맡겨버려요. 그래가지고 아주 김씨 족보에 들어와버렸어요.

그래서 우리가 김씨인데 우리 할머니 성도 김씨예요. 안 그러면 잡아죽이니까 연좌제(連坐制), 아까 내가 뭐라 그랬지요. 이 연좌제가 없어진 게 박정희 땝니다 형식적으로. 아 6·25 때도 6·25 전쟁 때도 연좌제가 있었습니다. 그래서 좌익을 하거나 그러면 그 식솔들이 혼

나요 그 가족들이. 하여튼 동학도 그랬습니다. 그래서 그 연좌제를
빠져나가려고 우리 할아버지한테 억지로 결혼을 시킨 겁니다. 그러니
까 할아버지한텐 할머니가 그냥 마누라가 아니고 큰 두목의 따님인
셈이었죠. 함부로 할 수 있었겠어요. 그걸 내가 어렸을 때 알았어요.
그러니까 좀 장난하다가 혼이 날 것 같으면 할머니 치마 뒤에 가서
요렇게 숨는 거예요. 난 그걸 동학이라고 생각해요. 할머니가 한마디
하면 할아버지가 꼼짝 못해요. 여보 그러면 안 됩니다. 그러면 관운
장 같은 이 장사 할아버지가 꼼짝 못해요. 그게 도무지 이해가 안 됐
는데 이제 대학 와서 조금씩 동학 경전을 보면서 아 할머니가 진짜
동학이었구나 깨달았죠.

'꺼먹 제사'란 말 들어본 적 있어요? 음식 차려놓고 캄캄 밤중에
말로만 지내는 제사. 초도 안 태워. 그런데 원래 최시형 선생, 해월,
2대 교주죠. 최수운 다음에 최해월 선생인데 최해월 선생 단계에 와
서는 제사를 대낮 12시 정오에 지냅니다. 생명의 기운이 가장 힘찰
때 자기가 자기 자신 속의 조상과 신들에게.

맷밥, 제삿밥을 벽 쪽에 갖다놓고 지내던 걸 제사 지내는 상제(喪
制), 제사 지내는 법이 바뀌어요. 나 앞으로 밥을 갖다놔요. 그 위패,
신위라 그러죠. 저 귀신 밥 갖다바치는 대상 그러니까 귀신의 위치가
저 벽 저쪽에서부터 내 쪽으로 바뀝니다. 저쪽은 뭡니까. 철학에서
피안이라 그러죠. 저쪽, 내일 아니면 천국 낙원, 공산주의 낙원, 자
본주의 자동 기계의 낙원, 자유의 낙원, 전부 미래입니다. 또 과거일
수도 있습니다. 공자 같은 사람은 삼대로 가자. 하은주 삼대(三代)의
대동 사회로 가자. 이것도 과거지만 저쪽이에요. 과거나 미래의 귀신

들에게 바치던 밥그릇을 내 앞으로 가져오는 거야. 그게 동학의 제사입니다. 내가 궁극적으로 귀신이야. 내가 과거고 삼대고 내가 미래고 낙원이야. 그날! 우리 학교 다닐 때 제일 위에 있던 말이 '그날'이에요. 여러분 들어봐야 몰라. 「님을 위한 행진곡」에도 "그날이 올 때까지 흔들리지 말자" 그래! 그날이라는 개념이 있었어 우리한테. 그게 유토피아입니다. 그날 해방되는 날, 남북이 통일되는 날, 파시즘이 거꾸러지는 날, 전 감옥의 문이 열리고 사상범들이 전부 해방되는 날, 그날이요. 바로 그 '그날'을 지금 여기 살아 있는 내 앞에 놓으면 어떻게 되죠. 내 안에 있는 게 돼죠. 오늘이야! 오늘이 바로 그날이야. 동학은 깊이 들어가면 굉장히 이상한 사상입니다. 자재연원(自在淵源)이라 그랬어. 스승이 내 안에 있다고 그래요.

서양도 미친기지지만 동양에서는 모든 사상이 연원도통(淵源道統)을 따집니다. 즉 누구로부터 시작된 것이냐. 예를 들면 성리학도 남명 조식의 성리학이 다르고 퇴계 성리학이 다릅니다. 퇴계한테서 배웠으면 퇴계 연원이라고 합니다. 샘물, 연원은 샘물이라는 뜻이에요. 샘물이 퇴계한테 있다. 주자학 그러면 주자가 샘물이다. 주자가 가르친 사람이다. 기독교는 누구일까요. 예수 연원이죠. 거기는 가톨릭도 있고 개신교도 있죠. 마찬가지죠. 자재연원이라는 건 내 안에 나를 가르치는 스승이 있다 그런 얘기예요. 그게 누구게요. 하느님이죠. 하느님이 어디에 있나.

한 10여 년 전 미국 두뇌과학의 발전을 다룬 책 두세 권인가 보고 나서는 절대 동학을 무시할 수 없게 됐어요. 왜? 잠자는 뇌세포 90퍼센트 안에 신의 거처가 있을지도 모른다는 거예요. 근데 4,000여 년 전에 나온『삼일신고(三一神誥)』라는 아주 조그마한 경전, 대종교, 독립 운동으로 유명한 대종교의 경전입니다. 셋과 하나 삼일이라는 사상이 있죠. 그『삼일신고』가운데 신은 인간의 뇌 속에 내려와 산다는 글이 있습니다. 글쎄 학생 때 웃었다니까요. 신이 뇌 속에 어떻게 내려와 사나. 어떻게 생각해요. 우리가 사용할 수 있는 뇌세포의 수가 6~7퍼센트에 불과하대요. 전 뇌세포를 100으로 잡았을 때 아인슈타인 같은 천재가 7퍼센트 내지 10퍼센트를 활용하는데 그러면 누가 종교적 각성을 했다거나 과학적인 대발견을 한 사람들의 경우에는 뭘까. 짐작컨대 잠자는 90퍼센트의 뇌세포 가운데 갑자기 5퍼센트나 10퍼센트가 확 하고 깨어나는 것 아 그거다!

그런데 이것은, 사실은 무의식의 여행, 알파파(波)의 여행이라고 하죠. 명상을 하면 다 조금씩 와요. 명상을 하면 대각, 큰 깨달음 이전에 소각이라고 그래서 조금만 깨닫는 소각이 있습니다. 시커맸다 하앴다, 시커맸다 하앴다. 아주 환하고 밝았다가 아주 컴컴하고 무섭고 그랬다가 이 왔다갔다하는 것이 이게 참선입니다. 명상이고. 그러다가 두 개 다 없어지는 때가 있어요. 확 하고 거치는 게 있어요. 나는 그것이 일종의 뇌세포가 깨어나는 게 아닌가 그렇게 생각해요.

하여튼 최수운이「안심가」라는 가장 혁명적인 내용의 한글 가사를 부인한테 먼저 지어서 줬어요. 부인이 얘기하는 것도 나오고 두 사람 사이의 대화도 나옵니다. 이것을 갑오농민전쟁 때에 특히 여러분 갑오농민전쟁은 지금처럼 군인들이 나와서 총 쏘는 전쟁이 아닙니다. 한 가족이면 가족, 한마을이 솥 걸머지고 손자 할망구 마누라쟁이 다 같이 가요. 다 같이 전진해요. 그러다가 거기에서 묵고 밥 지어 먹고 싸움꾼들은 싸우고, 그렇게 가족이 함께 다니면서 싸움하고 그랬던 겁니다. 이때 「안심가」를 제일 많이 부르고 그랬어요. 「칼 노래」라는 아주 웅장한 개벽 노래하고 「안심가」를.

다른 거 없죠. 부인 중심의 종교였습니다. 제2대 교주 해월 최시형 선생의 가장 중요한 경전은 둘입니다. 「내칙(內則)」「내수도문(內修道文)」. 여자들의 집안 안쪽에서의 살림 사는 것, 밥하는 것, 애기 기르는 것, 이런 것 예를 들면 우리가 밥은, 밥 한 그릇은 만사지다 그랬지요. 밥 한 그릇에 모든 진리가 다 들어 있다. 쌀 한 톨이 만들어지려면 물, 햇빛, 바람, 메뚜기, 흙 종자, 사람들의 노동 온갖 것이 다 들어가야 돼요. 천지인이 협동해야 쌀 한 톨이 나오는 겁니다. 그 쌀 한 톨 안에 천지 협동이 다 들어 있어요. 그렇게 봐야 됩니다. 그 거중한 밥을 먹는데 이렇게 이빨 빠진 밥그릇에 먹을 수 있나. 이 빠진 밥그릇에 절대 밥 담지 마라. 그 다음에 김치 같은 것 한번 먹으면 다시 내놓지 마라. 달리 국을 끓이든지 하고. 이게 동학이란 종교예요. 살림 사는 종교. 아낙네 종교지요.

해월은 부인은 물론이지만 그 부인 중에서도 가장 천덕꾸러기인 며느리, 그것도 베 짜는 며느리를 그 시아버지더러 '일하는 한울님으로 모셔라'고 가르칩니다. 며느리에겐 이름도 없을 때입니다. 나는 청주 서태순의 집 그 마당에서 한여름날 해월 선생이 '음개벽(陰開闢)'을 예견했음을 깨달은 적이 있어요.

그 당시에 일천만이나 팔백만 정도의 인구에 근 이삼백만이 동학 인구였습니다. 어째서 그렇게 됐을까요. 그 다음에 뭐가 있을까요. 하나만 설명하려고 합니다. 밥그릇을 내 앞으로 놓은 것. 내가 누굴까.

내가 아까 국푼네, 밥푼네, 뭐 뒷방네, 후방네라고 할 때 뒷방네인 내가 바로 하느님이고 조상이고 귀신이고 우리가 도달해야 될 '그날'이 바로 그 낙원이요, 대동세계란 말이야. 낙원이 내 안에 있는 거죠.

부인도통을 해월 선생은 동학의 명운이라고까지 말하고 기본으로 봤는데 그중에도 가장 중요한 게 포태, 어린아이 가지는 것을 도통의 일부로 봤어요. 그래서 부인들한테 내리는 얘기가 아이를 가졌을 때에 태교 있죠. 무거운 거 들지 말고 험한 소리 하지 말고 나쁜 고기 이상한 고기 먹지 말고 이런 것이 뭐냐 여기 조건이 있어요. 아이를 가졌을 때 그 아이가 내 아이가 아니고 새로운 천지, 새로운 우주라는 생각을 하라 이 말이야. 그 우주를 모셨기 때문에 아주 조심하는 거죠. 나보다 그 아이가 중심이 되는 거죠. 여자들은 자연히 그렇게 돼요. 우리가 아까 최재천씨가 얘기한 여자들이 생물학적으로도 남자보다 훨씬 우수하다는 얘기가 여기서 나오는 겁니다. 아이를 갖는다는 것 새로운 우주, 새로운 창조자, 어떤 인물이 될 줄 몰라. 이 우주를 자기가 가졌다는 것 이것은 남자는 못 가진다 이 말이에요. 그러니까 부인들이 잘 그것을 모셔서 그 계기를 이용해 도통하는데 자꾸 마음을 제대로 갖도록 좋은 마음으로 가고 나쁜 생각을 하거나 누구 욕하지 않고 나쁜 음악 듣지 않고 뛰지 않고 이런 것이 다름아닌 바로 도(道)다 이런 얘기입니다.

마지막 얘기로, 여성성은 새로운 문명의 가장 중요한 요인이다 이런 생각이 듭니다. 동학은 들뢰즈 문자로 하면 카오스모스, 카오스 플러스 코스모스, 즉 혼돈의 질서를 목표로 한 종교였습니다. 왜냐하면 수운 최제우에게 내린 그 부적, 원형, 아키타입이 '태극 또는 궁궁'입니다. 궁궁은 카오스입니다. 카오스, 혼돈이고. 태극은 주역에 의해서 중국에서 정형화된 하나의 우주적 질서입니다. 카오스, 코스모스. 그러니까 들뢰즈 문자로 하면 둘을 합친 것이 카오스모스죠. 그러니까 혼돈의 질서입니다. 이것을 동학에서는 '지극한 기운(至氣)' 다시 '혼원지일기(混元之一氣)'라고 부릅니다. 혼돈한 근원에 있었던 일기 태극 질서입니다.

여러분 7백만 명, 7백만 명이 와글와글 그랬던 것이 엊그제죠. 붉은 악마가 뭘 들고 나왔어요. 3분박 플러스 2분박, 3분박은 곧 혼돈입니다. 우리나라 박자에서는 2분박은 질서입니다. 대~한민국. 여러분은 잘 모르셨을지 모르지만 난 그걸 알고 불에 데인 듯이 놀랐는데 이 불림(초혼)이 카오스이고 그뒤의 장단이 코스모스인 짝짝짝 짝짝이에요. 그러니 이 역시 혼돈의 질시죠. 그러니까 유럽 애들이 빌을 들다가 멈췄다는 거 아니에요. 그사이에 골을 넣었다는 건데 막 움직이는 박자로 치니까 이렇게 올렸는데 딱 서니까.

이게 뭐예요. 바로 혼돈의 질서입니다. 태극기 뭡니까. 태극기, 중국 태극기하고 달라요. 중국 태극기는 서 있어요. 그리고 흑백이고. 우리나라 태극기는 누워 있죠. 그리고 청홍이죠. 그리고 옆에 있는 괘상도 중국 네 괘상은 동서남북 정방(正方)에 서 있어요. 한국 태극은 네 괘상이 동서남북 간방(間方)에 누워 있어요. 이것은 같으면서 아주 다릅니다. 이것으로 오늘은 끝냅니다.

동학과 여성 2
— 이화여대 철학과 이상화 교수 초청 강연

질문한 것부터. 질문보다 이메일에 들어온 애기부터 우선 받아야겠습니다. 옛날에 남자들이 축구했다고 해서 오늘날 여자들이 축구하지 말라는 법 없습니다. 그렇죠. 철학은 뭐 옛날엔 남자들이 다 했죠. 이제 여러분들이 철학 하지 말라는 법 없잖아요. 또 그렇게 본다면 역사가 시작되는 그 초기에 관한 연구들을 보면 소도(蘇塗), 솟대 그리고 거룩한 지역, 지금은 거의 다 절로 변해 있습니다만. 솟대, 소도에서 그 솟대를 잘 유지하고 별을 관측하고 그리고 부족과 부족 사이에 정치적 약속을 보장하고 그걸 관장하는 사람이 여자였습니다. 즉 사회의 역사 내지 하늘의 천문을 관측하고 그리고 그 사회를 유지시키는 것이 여자들이었다는 거죠. 그래서 역사라는 그 사(史)자를 붙여서 여자들보고 여사(女史)라 그러는 겁니다. 알겠습니까!
그러면 이전에는 사당패를 남자만 했으니까, 뭐 그게 여자와 무슨 관계냐 그러는데 천만의 말씀. 사당패라는 것이 있었어요. 여자들만이 하는 것. 그것과 구분하기 위해서 남사당이라는 게 생겼던 겁니다. 아시겠습니까! 또 이것은 그 이전에 사당패 또는 탈춤이 왕성했는데 그것이 영조, 정조 이후 순조, 철종, 헌종 연간 18세기 중후기에서 19세기부터는 여자들이 탈춤에 등장합니다. 그러니까 조금 많이 공부를 하고 나서 의문을 내십시오. 공부도 하지 않고 대강 꿰맞춰 가지고 두들겨 잡으면 오류가 발생합니다.

오늘은 빨리 얘기하겠습니다. 끝에 가야 하고 결론이 나야 무슨 얘기가 되지요. 저기다 율려라 썼습니다. 율려(律呂) 밑에는 그걸 뒤집어놓고 나서 여율(呂律)입니다. 율려란 무엇일까. 지난 시간에 조금 얘기했습니다. 우주 전체의 변화, 변화를 표현하는 우주 원리입니다. 12율려라 했는데 우주의 변화를 음악으로 표현할 때에 12가지라 서양에서는 12음계라고 하죠. 피타고라스. 동양에서는 12율려라 합니다. 그래서 각각 이름이 다릅니다. 협종, 황종, 임종 이런 여러 가지 이름이 있습니다. 그런데 그 12계를 표현해서 12율려가 있었고 육률, 육려라 그랬습니다. 율 여섯 가지, 여 여섯 가지입니다. 율은 여러분 아시다시피 음양론, 음양론으로 따진다면 율은 양, 태양, 하늘, 건도, 남성, 군자, 제왕, 남편 이런 것에 속합니다. 밝고 따스한 계절입니다. 여는 조금 추운 계절입니다. 음양에 있어서 음 그리고 주역으로 따진다면 율려에 율이 건도, 하늘이라면 여는 곤도, 땅, 땅의 변화입니다. 여자, 소인, 민중들 그리고 물건들, 동식물과 무생물들 그리고 또 오랑캐들, 우리 민족보고도 오랑캐라고 그랬어요 중국 놈들이. 그래서 난 율려란 것이 중국에서만 나온 거라고 예전에 그렇게 알았습니다. 그런데 5, 6년 전에 『부도지(符都誌)』, 이 『부도지』라는 책을 보고 견해를 바꿨습니다. 율려란 말, 율려라는 것에 대해서는 예전에 중국 민족이나 한국 민족이나 다 같이 썼습니다. 율려라는 것은 우주의 법칙이고 율려는 또한 우주의 법칙을 잘 관찰하고 잘 듣고 잘 표현함으로써 이 지상에 이 역사에 우리의 삶에 적용할 때 음악이 됩니다. 옛날의 음악은 철학입니다. 옛날 음악은 정치의 원리입니다. 그래서 이 율려라는 것이 옛날에는 그만큼 중요하다고 그랬습니다.

19세기에 동양 문명이 붕괴되기 시작하니까 위기를 느낀 사대부 계급들, 독서인들, 선비들이 운종가 지금 종로 근처의 책방들을, 그때에도 책방들이 많았다고 그래요. 모두들 그 책방에 와서 율려 책을 먼저 찾았다고 그럽니다. 율려 신서 뭐 여러 가지 책이 있습니다만. 민간에서는 민중들이 동학을 통해서 새로운 세계를 찾고자 했을 때에 사대부들은, 선비들은 율려에서 어떤 위기를 돌파하는 방향을 찾으려고 했습니다. 왜 그랬을까요? 그러니까 이런 얘깁니다. 우주가 변하니까 정치 질서가 바뀌고 서양이 쳐들어온다고 보는 겁니다. 우주가 바뀌었으면 바뀐 우주의 원리를 알아야 서양을 막기도 하고 우리가 일어나는 것 아니냐 이런 뜻입니다. 서양이 들어오고 동양이 망해가는 것은 우주 천체가 변하기 때문이다. 그러면 우리가 새로운 음악을 찾아야 될 것 아니냐. 새로운 율려를 찾아야 세상을 건진다 이리 됩니다. 율려학회라는 것을 내가 10년 전에 만들었는데 하도 어렵다고들 그러니까 내가 할 수 없이 한발 물러섰습니다. 내가 공부를 더 하겠다고 그러고 지금도 공부 중이니까요. 좀 있다 봅시다.

하여튼 새로운 시대, 새로운 우주에 변화가 올 때는 반드시 율려의 변화가 옵니다. 특히 율려의 무엇이 변화하느냐. 12율려의 중심음이라는 게 있죠. 서양에도 도, 440메가헤르츠가 있죠. 프랑스 세계음악협회가 매년 어느 날 프랑스에서 특히 그래요, 중심음 발표를 해요. 지금 음의 세계는, 세계 음악은 도, 440메가헤르츠를 중심으로 해서 변하고 있어요. 이게 아무것도 아닌 것 같지만 서양의 가장 엄정한 기초는 피타고라스 이후의 음악 체계에 있습니다. 음악도 특히 인간 음악이 아니라 '무지카 문다나 Musica mundana,' 즉 우주 음악이라는 장르가 있죠. 이래서 율려라는 게 중요합니다만, 여성들의 문제와 이 율려가 관계가 없는 것인가. 언뜻 보아 전혀 관계없을 것처럼 보입니다. 하기야 옛날 율려는 그렇습니다. 왜냐하면 율 자체가 남성적인 것이고 지배적이며 여는 여성적인 것인데 부수적인 것이고 율려 그러면 세왕, 군자, 남성, 중국 사람을 중심으로 해서 구성되는 것이라고 보았습니다. 그래서 울려와 주역의 원리를 '음을 누르고 양을 들어올린다(抑陰尊陽)'로 했지요. 그러나 아까 『부도지』도, 오늘 맨 마지막 얘기가 『부도지』가 될 겁니다만, 율려란 얘기가 한민족의 원시 전통 안에서 나타나기 때문에 깜짝 놀란 겁니다. 여성이 관계없다고 생각했는데 그렇지 않습니다. 오히려 더 깊숙이 관련이 있습니다.

그러면 19세기에 전 세계가 변하고 전 세계가 제1차 세계화, 제2차 세계화, 제3차 세계화의 과정을 지나는데, 유럽과 아메리카에 의한 전 세계 지배죠. 세계화와 함께 새로운, 새로운 우주가 시작됐다고 한다면 율려의 변화는 없겠는가, 있습니다. 그런데 그것을 찾으려고 들 애를 썼는데 중국도, 한국도 새로운 율려의 중심음의 변화를 못 찾고 그냥 아직까지도 질질거리고 있습니다. 국악원도 가끔 윽박지르면 어, 고려하겠다 하면서도 중심음을 찾아내지 못하고 있습니다.

그러니까 우리가 사는 것이 온전한 것처럼 보여도 좀 밑으로 파고 들어가면 여러 가지 심각한 문제가 있다는 얘기입니다. 율려학회에서는 논의에 논의를 거쳐서 음악 하는 사람들이 우리와 같이 주역과 음악을 같이 공부하면서 찾아낸 것이 황종, 누를 황(黃)자 쇠북 종(鐘)자 황종이라는 그것이 주역의 첫번째 괘 '건도(乾道)'입니다. 하늘이지요. 주역의 첫 괘, 하늘, 용, 용이 뭐예요? 임금님을 용에 비유했죠. 남성적인 에네르기, 에너지 초점의 제일 상층부에 있다고 보는 것 이걸 누루 황자에 쇠북 종자 해서 황종이라고 그랬습니다. 황종이 우주의, 우주 율려의 중심음이었습니다. 황종이 중심음인데, 중심음이라는 것은 한 사회 제도 전 우주 전지구의 모든 양상, 물질 변동의 모든 흐름에서 기준입니다. 옛날 누를 황(黃)자 황제 때 그러니까 4,500여 년 전에 중국에서 황제가 자기 부하인 영륜(슈倫)에게 명을 내려서 곤륜 산맥에 있는, 대나무 매듭을 잘라오라고 합니다. 대나무 매듭을 기준이다 그래가지고 기장이라는 곡식을 담습니다. 그게 한 되 말고 그 밑에 뭐가 한 홉인가 그래요. 그걸 기준으로 해서 곡식을 전부 이렇게저렇게 그 양을 표준 삼습니다. 그리고 그 매듭을 율관 그러니까 관악기의 기준으로 삼았습니다. 아시겠죠? 그러니까 음악의 기준이면서 곡식의 기준이고 또 장사, 물건을 사고 파는 데에 기준이 되는 것이 바로 율려다, 이렇게 된 겁니다. 율려에 대한 해석에 따라서 사람들이 처신을 높게 하고 낮게 하고 가기도 하고 오기도 하고 경쟁을 벌이기도 하고 이렇게 했던 겁니다.

그런데 우리나라에서 특히 현대에 와서는 율려의 중심음이 황종이 아니라 협종이라 이렇게 말합니다. 사이 협(夾) 쇠북 종(鐘)이라고 합니다. 협종은 뭐냐, 음입니다. 아까 황종이 양인데 비해서 음입니다. 그리고 사이죠. 피아노 건반으로 하면 황종이 흰 건반이라 할 경우 협종은 검은 건반이에요. 사이에 끼어 있고 음이 낮습니다. 아주 가라앉은 소리입니다. 땅, 땅을 표시합니다. 여성성입니다. 카오스고요. 음에서는 여성성의 상징으로 봅니다.

그런데 황종에서 협종으로 바뀌었다고 합니다. 옛날 우리나라에 율려의 중심음을 황종이 아니라 협종이라고 합니다. 국악을 하시는 노인들께 들어보니까, 자기들이 어렸을 때 선생님한테 대금을 배우고 아쟁을 배우고 할 때에 그 노인 선생님들이 말씀하시기를 신라 때부터 우리나라는 중국 사신이 우리나라에 오거나 하는 행사 이외의 모든 궁중 행사에서는 황종 자리에서 황종을 중심으로 연주하는 게 아니라 협종을 중심으로 연주를 했다고 합니다. 황종이 계절로 치면 12월이면 협종은 2월입니다. 춘분을 중심으로 한, 협종을 중심으로 음악을 연주했다면 이게 뭘까요. 그 당시에는 음악이 곧 정치입니다. 음악은 곧 정치 질서입니다.

그렇다면 신라는 중국에 대해서 반항, 반역을 한 것인가? 좀 이상합니다. 중국에 비해서 문화적으로는 배우는 자세로 있었지만 안에서 자기들끼리는 오히려 중국을 넘어섰다는 것입니다. 이거 큰 문제입니다. 이제 여러분들도 공부하고 학계에서도 논의가 되어야 할 겁니다. 아직도 국악원 쪽에서는 고개를 갸웃갸웃합니다. 그럴 리가 없는데요, 그럽니다. 여러 가지 말이 막 나옵니다. 그런데 황종이 협종으로 변했다는 이 얘기는 무슨 얘기가 되느냐. 황종이 아까 남성 중심이라 그랬죠. 남성 중심에서 협종으로 변했다 하는 것은 여성 중심으로, 여성성 중심으로 변했다 이런 얘기예요. 뭐가? 사람만이 문제가 아니라 우주 전체에 있어서 여성성과 남성성이라 볼 때 남성성에서부터 여성성 중심으로 우주가 변하고 있는 것이다. 그러면 협종이란 게 요즘부터 시작된 것이냐? 그게 아니란 얘기를 했죠. 한 2,000여 년 전 통일 신라 시기 이전부터 협종, 아니 황종의 자리에서 켜야 될 그 율려를, 협종을 중심으로 해서 켰다 이 얘깁니다. 이거 무슨 소린지 잘 모르겠죠.

언제 한번 종로 3가에 가보세요. 종묘에서 제사 지낼 때가 있어요. 공자 제사 지낼 때도 있어요. 신문을 잘 보면 알 수 있어요. 그럼 제례악, 제사 지내는 음악, 주욱 늘어지는 것, 그것이 송악, 당악, 아악입니다. 그거 중국 음악이에요. 거기서 당하(堂下)가 있고 당상(堂上)이 있는데 이 계단, 그 종묘에 문턱 같은 것, 그 위가 당상이고 그 아래가 당하예요. 당하에서 중심음이 황종입니다. 그러니까 최고의 높은 음을 낮은 자리에서 연주하고, 최고로 낮은 협종을 높은 자리 당상에서 연주합니다. 이래서 음에는 양으로, 양에는 음으로 대응을 했던 겁니다. 그래서 하모니를, 조화를 찾으려 했던 것 같습니다. 또 그런가 하면 12율려에 쇠북 종(鐘)자 쓰는 음계가 넷인데 이게 돌아가면서 무슨 의미심장한 우주 철학적 작용을 했다고도 합니다. 난 거기까진 아직 모르겠어요.

하여튼 그렇게 해서 이미 우리나라에서는 옛날부터 협종 중심으로 슬근슬근 '주체 연주(?)'를 했다는 겁니다. 역사가 외국의 침략으로 얼룩진 우리나라에서는 사고(史庫)를 몇 십 번씩 옮긴지 모릅니다.

사고가 뭡니까? 역사책들을 보관해두는 장소죠. 외국에서 침범을 하면 반드시 사고부터 불을 지릅니다. 지금 그게 어디 있어요. 왜 규장각 도서가 프랑스에 가 있죠. 그거 돌려달라고 하는데 안 돌려주잖아요. 우리 약소 민족이에요. 정신 차려서 좋은 나라 만들어야 됩니다.

남성 중심에서 여성 중심으로, 결국 신라 때부터도 여성성을 그렇게 중시했다는 겁니다. 음악에서 이거 어떻게 생각하느냐 이 말입니다. 여러분 주역이라는 말 들어봤죠. 점치는 것, 주역, 변화의 원리입니다. 변화의 철학. 그런데 이 주역에 의한 철학적 해석을 십익(十翼), 날개 익자, 열 가지 날개. 그중 하나를 『계사전(繫辭傳)』이라고 하는데 공자가 주역에다가 철학적인 해석을 붙인 책입니다. 이 『계사전』 안에 무슨 말이 나오냐 하면 종만물 시만물(終万物始万物). 만물, 우주 만물이 다 끝나고 우주 만물이 새롭게 시작되는 기운이 간방보다 더 극성한 곳이 없다.

말을 바꾸면 우주 만물이 다 끝나고 우주 만물이 새로 시작하는 뭡니까 종말이죠. 종말 아닌 종말이면 후천개벽이죠. 개벽하는 그 새 기운이 어디서 먼저 나오느냐 하면 간방에서 나온다. 간방에서 세상을 바꿀 수 있는 이치, 즉 주역 다음의 역. 주역은 꼭 그것 자체에만 한정돼 있는 게 아닙니다. 중국의 주역을 이어받은 새로운 역이 간방에서 나온다는 뜻입니다. 간방이 어딜까요. 이게 중국 중심으로 하는 얘깁니다. 중국 중심으로 해서 간방(艮方)은 한반도예요. 이미 중국인들 자신이 예언을 했어요. 공자가 말이지요.

이 간방에서 뭐가 나왔을까? 1879년에서 1885년 사이에 충청도 연산 지금 논산이죠. 논산에 김일부, 하나라는 일(一), 지아비 부

(夫), 남편 부자요. 김일부라는 주역 전문가가 허공에서 팔괘를 봅니다. 주역 팔괘라는 것이 있고 그 이전에 복희 팔괘가 있는데 그 복희 팔괘가 동이족, 한민족의 조상으로부터 나왔다고 합니다. 이게 중국으로 들어가서 3,000년 동안 발전을 합니다. 그래서 소위 동양 과학의 핵심이 됐습니다. 라이프니츠나 헤겔까지도 이 주역을 공부했어요. 지금 유럽의 여러 과학자들, 철학자들이 주역 공부합니다. 왜? 점치려고, 점쳐서 돈 벌려고 그럴까요? 새로운 문명, 새로운 과학을 도출할 곳은 주역밖에 없다. 그리고 변증법을 넘어설 수 있는 것도 역 철학, 음과 양, 양과 음, 태극 이것밖에 없다는 얘깁니다. 그러면 이 1879년에서 1885년 사이에 김일부가 무엇을 어떻게 바꿨을까요? 팔괘(八卦), 8가지 괘상이지요. 태극기 네 귀퉁이에 붙어 있는 게 괘입니다. 괘라고 불러요. 이게 8가지가 있는데 이 8가지가 우주의 기둥이라는 얘깁니다. 그런데 이 김일부가 허공에서 그 새로운 8괘를 봐요. 그 괘상이 주역 8괘하고는 전혀 다릅니다. 이 얘기는 생략하고 넘어가겠습니다.

하여튼 새로운 개벽입니다. 새로운 변화, 새로운 우주. 이 새로운 우주의 변화를 변화의 그 상징을 또 율려라 그럽니다. 그 율려가 바뀌었다는 얘기지요. 여기까지 못 알아듣겠어요? 그런데 지금 내가 여러분이 어렵더라도 강조하고 싶은 건 뭐냐 하면 여러분들이 나이 들면 꼭 이걸 하게 된다는 거예요. 예를 들면 미국이나 유럽에 가 있는 내 후배들에게서 오는 편지 보면 동양학에 대해 공부 못 하고 온 것이 한이 된다는 거예요. 그쪽에선 그것만 붙잡고 자꾸만 물어본다는 겁니다. 하여튼 뭐 어쩌자는 얘기냐. 중국의 주역과는 다른 질서가 김일부에 눈에 나타난 거다 이거예요. 그걸 뭐라고 하느냐. 정역(正易)이라고 그래요 정역. 훈민정음 있죠. 우리나라에서 예를 들어 개혁적으로 창조적으로 뭘 들고 나간 것은 바를 정자가 붙습니다. 그리고 신라 때부터 내려오는 「수제천」이나 「동동」 「영산회상」 같은 궁중악은 중국 아악이나 송악, 당악하고 구별해서 정악이라고 합니다. 정악, 그래서 이건 우리나라에서 창조한 것이라는 뜻이에요. 정역, 그런데 정역을 간역이라 부르는 것은 뭐냐. 중국식으로 봐서 동쪽, 그 산이 많은 지방 그러니까 한반도죠. 한반도에서 나온 역이라는 뜻입니다.

왜 이 얘기를 하느냐. 주역에서 중요한 전개 원리는 율려입니다. 율려는 율을 높이고 남성을 높이고 여를 낮춥니다. 즉 여성을 낮춥니다. 하기 때문에 어자들 괄시받는 건 당연한 우주적 질서로 생각했던 겁니다. 우리나라도 그걸 받아들였다 그랬죠. 그런데 300년 전에야 비로소 시골까지 퍼졌지, 그 이전에는 고대적 질서가 아직 있었다는 얘기죠. 그래서 부인이 남편더러 자네라고 불렀다고 그랬죠. 제사 똑같이 지내고 재산 공정하게 분배했다고 그랬죠. 그 서애 유성룡 같은 명문 집안에서 그랬다면 아 먹고 싸고 애 낳고 뽀뽀하고 그것을 세월의 재미로 즐기는 민중들의 경우에는 남녀간의 문제가 귀족들하고 달라요. 어떤 경우에는 니, 네 하고 막 산 거야. 그 나쁘다 좋다를 떠나서. 그렇다면, 중국에서 율려라고 하는 것에 대해서 이 정역, 김일부의 정역에서는 그럼 그 율려를 뭐라고 했느냐. 그래서 내가 이 얘기를 하는 겁니다. 1879년입니다. 1879년에서 1885년 사이에 정역을 공포합니다. 이 김일부 선생이 논산에서. 그때에 율려를 뭐라 그랬냐 여율이라 그랬어요, 여율(呂律).

뭔가 탁하고 오는 것 없어요. 머리에 탁하고 치고 지나가는 것 이 것은 우주 질서를 말합니다. 율려라는 건. 그런데 우주 질서에서 율이 앞에 서 있지 않고, 남성음이 앞에 있지 않고 여성음인 여가 앞으로 가고 율이 뒤로 간다는 게 뭘 뜻하는 걸까요. 이 이상 얘기하면 시간 또 가요. 여기까지 얘기하고.

그럼 이게 여성 해방이니 뭐니 그 얘기 벌써 이전에, 우주적인 질서 자체가 여성성 중심으로 뒤집어진다는 얘기에요. 그래서 개벽이라고 그러는 거야 개벽. 천지개벽한다고 그러죠. 거꾸로 뒤집어져 바뀐단 뜻이에요. 그러면 음악도 바뀐단 뜻이에요. 과연 순조, 철종, 헌종 연간 그러니깐 18세기 말 19세기 초, 아니 18세기 중엽 그때부터 벌써 음악이 제례악은 물론 궁중악이든가 귀족들의 음악이 쇠퇴하면서 중인 상놈들 풍물, 판소리, 탈춤, 시나위 낑깡낑깡하는 것 중국식으로 띠이띠이 이런 게 아니고 떵 따땅 땅당…… 이게 나오는 거예요. 그러니까 음악이 바뀌어요. 여창(女唱)들이 나옵니다. 이 여창들의 큰 봉우리가 이화중선인데, 그 뒤로 여류 명창들 막 나오고 사당패가 돌아다니고 사당패가 여자들이에요. 그래서 여자들처럼 돌아다니는 남자 사당패를 남사당이라고 따로 부르는 겁니다. 하여튼 그래서 남성 중심의 동양적 우주과학에서 여성성 중심의 우주론으로 전환했다 이거죠. 1879년에서 1885년 사이에.

마지막입니다. 강증산 이것도 그냥 음으로 들어둬요. 강증산 글자가 어려우니깐 써줘도 몰라! 강증산(姜甑山)이라는 사람이 나타나요. 이 동학의 마지막 뭐라 할까 마지막이라기보다 자기 나름의 큰 봉우리입니다. 전라도 김제군 모악산이라는 금산사 뒤에 있는 큰 산이 있습니다. 모악산 밑에서 나타난 사람인데 1901년부터 1909년까지 한 9년 내지 8년 동안 활동하다가 죽은 사람입니다.

강증산은 스스로 옥황상제라고 했습니다. 내가 옥황상제다. 모악산 대원사에서 폭풍우가 치는 날 깨달았다고 합니다. 자기가 하느님인데 내려올 만한 이유가 있었다. 먼저 최수운을 보냈더니 뜻을 이루지 못했다. 그래서 내가 다시 내려왔다. 20대에 동학에서 활동하면서 무력을 그렇게 반대해요. 무장 투쟁을 반대했어요. 동학이면서도 무장 투쟁을 반대하고 세상을 안돈시키면서 살기 좋은 세상을 만듦으로써 개벽, 변화해야 된다 이것을 주장했습니다. 그러나 세상을 돌아다녀 보니까 거의 30만에서 50만 명이 도륙당하고, 사살당하고, 죽고 그 가족들이 형편없이 짓밟히고 있는 산천. 특히 전라도, 충청도 일대에 사람들이 사람같지 않고 기어다니는 짐승들 같다고 그랬어요. 눈물로 가득 차고 원한으로 가득 찼다. 날아다니는 나비조차 피에 물들었다 그랬습니다. 무섭습니다. 그때가 그렇게 무시무시했어요. 난 어렸을 때지만 6·25 직후도 그랬습니다. 6·25 때는 400만 명이 남북한에서 죽었습니다.

그래서 4일 동안 강증산이 식음 전폐하고 통곡을 합니다. 세상 사람이 불쌍해서. 그 뒤에 모악산 대원사에 들어가 도를 닦다가 어느 날 자기가 바로 이 땅에 내려오기로 소문이 나 있는 옥황상제, 즉 하느님이다. 그렇게 깨달아 가지고 자기의 일을 바로 이 나라에서 펴겠다 그랬습니다. 이 사람, 이 사람 앞세워서 돈 많이 버는 사람도 있고 좀 괴상해. 그러니까 이것을 그렇게 받아들이지 말고 우주적 상상력의 양식으로 받아들이세요. 우주적 상상력으로 받아들여야지 진짜 하느님이라면 이건 조금 수상해.

그런데 이 강증산이란 사람이 1901년에 모악산 옆 구릿골이라고 있습니다. 구릿골의 김형렬이라는 자기 제자의 집에 처음 나타나서 만났을 때 무슨 말을 하는가 하면 네 귀에는 아녀자들이 저 염주 굴리는 소리가 구천에 사무치는 것이 들리느냐. 여자들이 염주 굴리는 소리가 구천 먼 우주에까지 사무친대. 오죽 굴리면 그 소리가 거기까지 날까 그 뜻이에요. 들리느냐 그래. 여자들이 이제까지 수천 년을 구박을 당해서 부엌데기로 그리고 노리개로 살아온 것이 원한이 맺혀 그걸 풀어달라고 하늘에다 기도하는 것이다. 그러나 오는 세상이 남녀가 평능한 세상이지 여자 판이야 되겠느냐 이랬습니다. 이 말 잘 들으세요. 남녀 평등이 되겠지 여자 판이 되겠느냐. 모계 사회, 모권 사회가 아니라 남녀 평등 사회일 것이다 이 말이에요.

그런데 왜 이것을 주의해서 들어야 되냐 하면 그 다음에 이것과 반대되는 얘기가 나와요. 몇 년 지나서 여자들과 남자들이 똑같이 대우받는 세상이 되려면 우선 여자들이 설쳐야 된다 이거야. 막 휘젓고 다녀야 된다. 그래야 기울어진 저울이 거꾸로 엎어졌다가 다시 이렇게 올라올 때 자리를 잡는다 이 말이에요. 이 사람의 첫째 부인이 양반이죠. 강증산도 한학을 했어요. 그러나 다 집어치웠죠. 엎어버린 건데. 두번째 부인이, 첫번째 부인은 떠나버렸어요. 좀 미친놈이라고 그래서 떠나버렸어요. 지가 하느님이라 그러니까. 그 두번째 부인은 과부를 얻었는데 정읍 대흥리라는 데서. 이 부인을 딱 만나자마자 외친 말이 있어요. 너를 찾으려고 수천 년을 이 태양, 저 태양 근처를 돌아다녔다 이거야. 이제야 너를 만났으니 내 일이 이루어졌다, 그랬지요. 허풍이 좀 어마어마해요. 촌놈인데 이 정도 허풍이면 귀를 기울여야 돼요. 큰 허풍 속에는 꼭 뭐가 있는 법이니까. 시시하게 밥 먹고 안 먹었다고 그러는 거하고 다르니까. 그 이후 뭘 했느냐. 이제 때가 됐다 이거야. 무슨 때가 됐느냐. 횡포하고 난폭하고 창의력이 없는 남성바치들이, 남성들에서부터 여자한테로 삼계 대권이, 즉 천지인, 하늘 땅 사람 삼계의 큰 권력이 이전될 때가 됐다. 넘어갈 때가 됐다 이 말이야.

이래서 제자들, 10여 명의 남자 제자들이 보는 가운데 자기가 먼저 그 부인 배를 타고 앉아 식칼을 겨누고 "삼계 대권을 넘겨받을 준비가 다 됐느냐" 합니다. 그 뒤에 거꾸로 그 부인한테 식칼을 줘요. 식칼을 주고 내 배 위에 올라타고 삼계의 대권을, 천지인, 하늘과 땅 그리고 사람의 대권, 큰 권력, 저 하느님의 권력이죠. 그것을 당장에 다 내놔라 이렇게 말해라. 그러니까 그렇게 말해요. 삼계 대권을 내놓으시오. 식칼을 들이대는 거야. 그러니까 강증산이 밑에서 "예, 예, 금방 드리겠습니다. 잘못했습니다." 그걸 옆에 앉은 제자들이 다 보는 거예요. 딱 일어나서 너희들 다 봤느냐? 이것이 '천지굿'이다. 그리고 곤도의 시작이다. 음개벽(陰開闢)이다. 여성성이 중심이 되는 후천개벽이란 뜻이에요. 곤도, 아까 뭐라 그랬어요. 율, 남성적인 것, 양 이것이 건도입니다. 마를 건자, 건곤. 천지건곤 그러죠. 하늘, 남자, 군자 이런 겁니다. 그 반대말이 곤, 곤이에요. 땅 곤자 곤도. 여성 세상이라 그럴까. 여성 율려 그러니까, 여율이야! 이것의 시작이야. 그리고는 마당에 가서 성경, 불경, 공자의 책들 무슨무슨 책권에, 무슨 계산서, 공명첩 그러니까 벼슬을 팔고 살 때 세상의 모든 제약을 의미하는 그 서류들 갖다 전부 찢어서 마당에다 늘어놔요. 그리고 거기서 제자들 수십 명이 보는 앞에서 이 고수부(高首婦), 높을 고자, 수부(首婦), 으뜸아낙, 두번째 마누라지. 전권을 이양한 새로운 대통령이지. 그 여자보고 춤을 추라 그래요. 그 경들을 밟고. 불경, 성경 뭐 이런 걸 전부 짓밟으면서 춤을 춰요. 이때 율려가 따르죠. 아악, 정악이 아니고 산조도 아니고 '거렁뱅이 각설이 타령'이야.

그런데 그 얘기 이전에 강증산이 뭐라고 그랬냐 하면 이제부터는 후천 세상이다. 그때가 1900년대니까 벌써 일본이 들어오고 통감부 어쩌고 하는 아주 복잡할 때예요. 의병들이 막 산천을 누빌 때이고. 그때에, 이제부터의 세상은 율려가 통치한다. 율려가 이제부터의 세상을 다스린다 이 말이에요. 율려가, 음악이. 그렇게 말을 한 사람이 이 천지굿 막 짓고 다니면서 찢어발긴 서류들을 짓밟고 다니면서 춤을 출 때 무슨 음악을 따라서 춤을 추게 하느냐 하면 각설이 타령, 문둥이 타령 어, 품바 들어간다 이런 식이지. 그것이 세상을 다스린다 이 말이에요. 속된 음악 중에도 속된 음악이고 아주 밑바닥 상놈들 음악인데 막 울려대요.

이 사람이 천지공사란 걸 합니다. 전체 우주가 혼돈에 빠졌다 이거야. 그래서 그 혼돈을 혼돈 나름의 새 질서, 후천 의술로 치료한다고 혼자 비술(秘術)을 씁니다. 그리고 약을 줘요. 지금 세상과 천지가 병들어 있다. 그리고 앞으로도 세상이 망할 때는 큰 병이 와서 망할 것이다. 무슨 군대가 와서 이렇게 하는 게 아니라 이상한 병이 지배를 해서 망할 것이다. 소름이 돋는 얘기예요. 에이즈, 에볼라, 사스,

조류독감 이런 건 전부 현대 의학으로는 해결 못 하는 병들입니다. 뭐가 올지 몰라요.

이렇게 해서 강증산은 실제로 남녀 평등 사회에 대해 얘기해놓고도 그런 세대, 세기가 오려면 남자보다 여자들이 한번 설치는 세상이 있어야 균형이 잡힌다 이렇게 말을 하고 상징적 집행을 한 겁니다. 천지굿이죠. 그리고 천지공사, 혼돈한 전체 우주의 변동을 혼돈 나름의 질서로 치료합니다. 그 첫 시작을 천지굿으로 봅니다. 모든 천지 변동의 시작에 자기 마누라한테 전권 이양을 한 겁니다. 우주 대권한을. 이것을 잘 좀 기억하시기 바랍니다.

내가 결론으로 말하고 싶은 건 뭐냐. 결국 남녀 평등을 겨냥하되 현실적으로는 모계, 모권 사회, 어머니 중심의 사회가 현대적인 형태로 나타나는 것을 말하는 것입니다. 그러면 『부도지』, 『부도지』라고 그랬죠. 박제상이 썼다고 합니다. 전설인데 신라 때 일본에 끌려가서 고문당하다 죽은 사람 있죠? 박제상. 신라 사람 박제상이 썼다고 그러는데 마고라는 우리의 원시, 옛날 조상이 마고할미라고 그러죠. 지리산 가면 노고단이 마고할미가 사는 곳이죠. 마고할미가 바로 지리산 산신이에요. 이 마고는 뭐냐 하면 1만 4천 년 전에 파미르 고원 그러니까 파미르 고원 꼭대기에 마고성이라는 성이 있었다고 합니다. 그 마고성의 주인입니다. 여자죠. 이게 모계 사회의 상징입니다.

마고는 남편이 없습니다. 그리고 그 밑에 딸이 궁희(穹姬)와 소희(巢姬)인데 그들도 남편이 없이 네 천인(天人)과 네 천녀(天女)를 낳습니다. 한 3, 4대쯤 가야 비로소 황궁(黃穹)씨라는 남자 후손이 나옵니다. 뭘 뜻합니까. 상징이죠. 모계 사회의 상징입니다. 그런데 황궁씨가 마고성을 떠나서 사방으로 흩어집니다.

이게 꼭 에덴 설화와 비슷합니다. 처음엔 땅에서 나는 젖을 먹다가 인구가 많아지자 포도를 먹고 이상한 다섯 가지 맛을 느끼기 시작하면서 병이 옵니다. 이때까지 율려가 지배했는데 율려가 이때부터 사람을 떠났다고 합니다. 이『부도지』의 첫머리가 뭐냐 하면 율려가 세계를 창조했다는 말입니다. 무서운 말입니다. 서양 쪽『성경』하고 비교해보세요.『성경』은 로고스가 창조했다고 그랬죠. 로고스는 이법입니다. 이법 질서, 남성 중심의 문명의 시작인 로고스가 근본입니다. 율법 종교 예지자들이 출연한 거죠. 거기에 비해서 율려가 천지를 창조했다는 것은 우선 이법 이전에, 숫자 이전에 음악이 천지를 창조했다는 것은 카오스 계열의 이론입니다. 그래서 놀라운데 그래서 만들어진 사회가 모계였다. 이 모계가 바로 우리 민족의 조상입니다. 왜냐하면 황궁씨가 마고성을 떠나서 동쪽으로 흩어집니다. 그 이전 여러 민족들이 거기서부터 흩어집니다. 에덴 신화하고 비슷한데, 천산 산맥 입구에서 우리가 그 옛날에 평화로웠던 마고성의 우주적 평화에로 돌아가자는 민족의 서원을 세웁니다. 그것이 다물(多勿)입니다. 그건 영토를 회복한다는 뜻이 아닙니다. 그때에 마고성 시절 지구 중력권 중심에는 직녀성이, 태양계의 중심에는 남두 육성이, 그리고 은하계 중심에는 북두칠성의 성좌들이 직렬해 있었다고 합니다. 이렇게 직렬해서 우주에 만물의 평온, 천지 만물의 평온이 있었다고 합니다. 요즈음은 여러분 참꽃하고 진달래하고 거의 같이 펴요. 봄인지 여름인지 알 수가 없고 전부 여름 같아요. 그러니 벌써 평온하지 않은 겁니다. 그런데 천지 우주 만물의 평온이 있었답니다 마고 시절에. 그리고 세상이 건축도 먹는 음식도 사람 관계도 전부 율려에 맞춰서 실현했기 때문에 완전 평화가 있었답니다.

그 평화를 다시 회복할 때까지 나는 돌이 되겠다 이래 가지고 황궁씨가 돌이 됩니다. 그 맹세를 이루기 위해서 고조선이 성립할 때 마찬가지입니다. 고구려. 지금 문제 많은 고구려, 어떻게 여러분들이 처신을 할지요. 중국 애들이 고구려까지 자기 나라 역사라고 하는데 고구려 동명성왕의 국시가 다물입니다. 다물. 많을 다자 아니 물, 다물(多勿). 다물은 직접적으로 직역을 하면 영토 회복입니다. 고토 회복. 옛날의 우리 땅을 다시 찾는다. 더 깊숙이 들어가면 옛날의 평화로웠던 그 시대를 다시 회복한다. 중국에서 그걸 뭐라 그러죠. 대동사회라고 그러죠. 삼대, 즉 하은주 삼대를 회복하자 그런 것이 있는데 우리나라에서는 다물입니다. 괴상한 것은 일본 놈들이 우리나라에 들어와서 한일합방을 할 때도 다물이라고 그랬습니다. 여기도 만주도 저희 고토래요. 그러니 이상하죠. 거꾸로 봐야 돼요. 여기서부터 문화가 건너갔다는 얘기예요. 다물의 신화도 건너간 거지요.

또 놀라운 것은 『부도지』에 최초의 율려는, 마고성에는 천문 관측하는 높은 대가 있었는데 천문에 의해서 밝혀진 최초의 율려는 팔려사율이라고 했습니다. 팔려사율(八呂四律), 이거 천지가 개벽할 소리입니다. 어떻게 해서 율려가, 율이 4개가 되고 여, 여자가 8이 돼요. 우주 질서에 여자가 8이고 남자가 4개요. 배수죠. 다 놀라운 말들입니다.

마고 신화가 팔려사율을 중심으로 여율로 전개된다면 아까 얘기한 1879년에서 1885년 사이에 충청도 연산, 그러니까 논산 땅 인내강변 띠울이라는 마을에서 새로운 우주론을 공표한 김일부 선생의 여율, 그 여율이 이미 1만 4천 년 전에 팔려사율이라고 그랬다 이겁니다. 팔려사율은 또 역학으로 들어가면 아주 복잡합니다. 팔풍사위(八風四位)라는 말로도 바뀝니다.

그러니깐 공부를 하시란 얘긴데, 이 전통에 서 있는 게 고구려사입니다. 이제 찾아 들어가기 시작하면 고구려사의 근원에는 중국이 없어요. 그러니까 이렇게 신화라든가 여성론이라든가 이런 쪽에서 보기 시작하면 고구려사를 저희 역사라고 발해사 부여 역사까지도 저희 역사라고 하는 중국 사람들 말이 되질 않아요. 나쁜 놈, 개새끼 욕할 게 아니라 너희들 이런 얘기는 우리가 배울 바가 있을는지 모르지만 근본적으로 여성학적인 입장에서 볼 때 너희는 틀렸다 이렇게 돼야죠. 여성학적인 입장에서 중국엔 여율이라는 말이 없어요. 우리나라가 여율이라고 그러고. 더군다나 팔려사율, 8 대 4예요. 그러니까 8은 카오스, 여성성과 같은 말, 카오스, 에로스, 가이아가 8이고, 코스모스, 로고스, 남성성, 질서, 균형, 이것이 4예요. 율이 4개, 율 4개는 수렴성, 중심성, 질서, 균형 이런 겁니다. 여와 율이 서로 균형을 이루는데 기우뚱한 균형, 카오스적인 코스모스, 카오스모스, 혼돈의 질서입니다. 기우뚱하다는 얘기죠. 카오스, 여성 쪽으로 기울어 가지고 코스모스라든가 밸런스가 그래도 작용을 하는 겁니다. 완전히 카오스가 지배한다면 그건 정말 끝이죠.

그러나 이제까지 코스모스가 지배해온 세계는 바뀌는 것이 분명합니다. 그렇기 때문에 이제 여러분들이 여성학을 하는 과정에도, 동북공정, 즉 중국과의 고구려사 논쟁에 대해서도 여성들이 더욱더 강하게 얘기해야 될 겁니다. 첫 시간에도 말했지만 우리나라 여성들의 역사는 중국 여성사와 비교할 수 없을 정도로 고대사가 상당한 기간 동안 지배합니다. 고대사가 지배한다는 건 그만큼 가부장제가 약하다는 얘기입니다.

중국에는 '팔려사율'도 '여율'도 동학의 '태극 또는 궁궁' 그리고 '지극한 기운' '혼돈한 근원의 질서'도 없습니다. 있어도 살아 있지 않고 '산 채로 죽어 있습'니다. 어디 한번 깊이 생각해서 한국 여성학에 새로운 지표를 세울 뿐만 아니라 그걸 통해서 중국과의 역사 논쟁에 있어서 여러분들의 입장을 세우세요.

마지막으로 수운 최제우, 해월 최시형 선생 그리고 일부, 그리고 증산 이 네 사람이 다 율려를 얘기했습니다. 최수운 선생의 경우에는, '지기금지 원위대강(至氣今至 願爲大降)' '지극한 기운이여 이제 와 나에게 크게 열리소서' 하는 강령 주문입니다. 이때 지기금지 '지극한 기운이 지금 내게 내린다.' 이 말을 강증산은 율려 주문이라고 말했습니다. 율려가 나에게 오소서 하는 주문이라고 합니다.

그러면 율려 얘기는 최수운부터 그러니까 1860년부터 시작된 겁니다. 율려는 『부도지』에 의하면 사람들이 땅에서 나는 우유를 먹고 살다가 그 다음에 우유가 잘 안 나오고 인구가 많아지니까 난간에 이렇게 돋아나는 포도넝쿨을, 포도를 먹고 난 뒤에 오미(五味)의 변(變), 다섯 가지 맛을 아는 큰 난리가 난 겁니다. 이때 병이 함께 오고 병이 인간의 몸을 지배했고 마고성의 계단, 계단 돌 하나하나를 그 사람, 그 물건, 하나하나 안에 다 있어서 그것을 지배했던 율려, 우주의 질서가 떠났다는 겁니다. 그런데 이 율려가 다시 오기 시작한

게 19세기란 겁니다.

어떻게 생각해요. 또 미친 소리다 그럴 건가요. 미친 소리 가운데도 좀 들을 만한 게 있을 수 있어요. 수운 최제우 선생도 처음 나왔을 때 미쳤다 그랬고 아내까지도. 강증산은 더 미쳤고 저 김일부 선생은 아주 미쳤다고 그랬어요. 나도 조금 미쳤죠. 그 제자니까.

하여튼 이런 율려 사상들이 여성들에 의해서 여율론으로 팔려사율론으로 카오스코스모스, 카오스모스론으로, 그건 들뢰즈 문자죠. 카오스 플러스 코스모스, 혼돈적 균형, 혼돈적 질서, 혼돈의 질서 이게 어디로 가요? 붉은 악마로 가요. 내가 얘기했죠. 딴딴딴 딴딴, 셋 둘 삼분박 이분박, 대~ 한 민국, 삼분박 이분박. 삼분박은 혼돈, 이분박은 균형입니다. 혼돈 균형, 혼돈 균형 이런 식으로 나가니까. 아, 음에 민감한 유럽 선수들이 다리를 들다가 공을 놓쳤다는 얘기였습니다. 이제 머지 않아 '태극궁궁'의 원형적 문화 운동이 붉은 악마 등 새 세대 중심으로 나타납니다. 그때 '간역(間易)'이라 하는 여율적 율려'의 문화가 나타납니다. 그때 '새 팔괘'(태극)와 '새 궁궁'(단전법)도 나올 것입니다.

내 얘기는 그런 혼돈과 질서 사이에 이상하게도 이렇게 기우뚱한…… 이 세상에 똑같은 균형은 없어요. 문명이 시작된 이래 남녀의 균형이라든가 역동성과 그 질서 사이에 그 균형을 얘기해온 게 다 성인들입니다. 그런데 한번도 그런 균형이 실현된 적은 없습니다. 왜냐하면 살아 있는 것은 균형이 아니에요. 살아 있는 것은 반드시 어느 한쪽이 다른 한쪽보다 좀 기우뚱합니다. 여러분들은 배 가는 거 못 봤죠. 요즘은 전부 기선이니까. 나 어렸을 때는 돛단배들이 많았는데 그 배 가는 것을 멀리서 보면 배가 빙 돌아요. 이렇게 돌아가면서도 좌로 기우뚱 우로 기우뚱. 이영희 선생은 새는 양쪽 날개로 난다고 좌우익이 다 필요하다고 그랬지만 또 20년 감옥살이 한 고촌 선생은 한반도에서 참으로 변혁을 이루려고 하면 사상은 좌익으로 행동은 우익으로 해야 한다는 말씀까지 했지만 하여튼 기우뚱기우뚱하면서 배는 가는 거예요. 그러니까 남자가 더 강했던 시절은 여자가 더 강한 시절로 가는 겁니다. 그래야 그 다음에 다시 바뀌는 때가 몇 만 년 후에 오는지 모르지만 그 중간 단계가 서로 조금 비슷한 평등의 때가 오긴 오겠지요. 글쎄요. 하여튼 내 얘기는 이래서 끝이 납니다만 나도 그것을 감옥 안에서 연구한 겁니다.

이것이 뭘까요. 바로 여성성을 끌어들임으로써 공격 투쟁이라는 남성직인 어떤 활동을 하러 그랬던 깁니다. 이것이 여러분에게 도움이 됐으면 합니다. 내 얘긴 끝났고 시간 있으면 한두 분쯤 질문!

알겠습니다. 장선생님 말씀 가운데에 젊은이, 젊은 여성들은 그렇게 낙관할 수 없다든가 뭐 받아들일 수 없다든가 아까 처음에도 질문이 왔다는데 회의적입니다. 그건 당연하죠. 남자들이 여자편을 든다는 게 뭐 속셈이 있거나 거짓말이거나 아니면 도둑놈이거나 그렇지. 나도 도둑 심보가 있는지 모르죠. 여자들 힘에 의해서라도 한번 바꿔봤으면 하는. 근데 과연 여자들 힘이 엄청나다는 걸 제가 현실적으로도 붉은 악마 때에 청소년하고, 그 나머진 젊은 주부들, 애들 무동 태우고 이거 어마어마하다, 이거 어마어마한 힘이다, 나는 그렇게 봤습니다.

결국 지금은 그렇다 하더라도 이 문명이 가라앉기 시작하고 새로운 문명이 동터오기 시작하면 반드시 청소년하고 10대, 20대, 30대 초반 젊은이들하고 그 나이 또래의 20대, 30대 젊은 가정주부들이 반드시 창조적이고 정의로운 역할을 할 것이다 나는 확신합니다. 왜냐하면 이건 마르쿠제가 그 비슷한 얘기를 한 것 같은데 우선 직접적인 경제적 압력으로부터 벗어나 있죠. 10대, 20대 자기가 벌어서 쓰는 사람 많지 않잖아요. 또 가정주부 이건 너무 기분 나쁘게 들을 필요는 없어요. 주부들이 대개 그 나이에 대부분은 남자가 벌어다 주는 돈을 쓰든가 맞벌이를 하더라도 뭔가는 조건이 다른 자본주의적 사회에 대해서 좀더 예민한 시각을 갖는다든가, 하여튼 변혁에 대해서 좀 가까이 있는 것 같아요.

솔직히 우리 나이 우리 밑에 나이 50, 60 이렇게 되면 이건 아무짝에도 못 써요. 그렇다고 괄시는 말아요. 노인만이 하는 일이 있으니까. 하여튼 젊은이들이 회의적인 건 나도 인정합니다. 그러니까 거꾸로 뒤집어놓으면 바로 회의적인 사람들이 뭘 해야 된다는 얘깁니다. 또 어느 날 성큼 일어서서 뚜벅뚜벅 광화문 쪽으로 걸어갈 걸 믿고 있고요.

두번째 질문에 대해선 잘 못 알아듣겠는데. 하여튼 『환단고기(桓檀古記)』 얘기를 하신 것 같은데 『부도지』도 『환단고기』류 재야 사서처럼 이래서 위경이다 위서다 아니면 중간에 만들어낸 책이다 이런 말들이 많이 있습니다. 많이 있는데 거기에 대해서 내가 이런 말 하나 할게요.

아까도 나왔는데 침략을 많이 당한 우리나라 같은 경우에는 사고가 변변히 남아 있질 못하다고. 책들 그리고 단군 관계 사료도 5천, 아니 50만 건을 통감부 시절에 총독부도 아니고 통감부 시절에 일본 애들이 전부 긁어 갔어요. 집집마다 다 뒤져 가지고, 단군에 관한 서적이 그래서 저 민간에 유포되지 못하고, 전부 끝나버린 겁니다. 마찬가지로 청나라 들어올 때 일본이 들어올 때 계속 사고가 옮겨 가잖아요. 태백산 사고(史庫)에서 뭐 어디로 어디에서 어디로 자꾸 옮겨 다니고 그런데도 침략자들은 먼저 여기부터 먼저 가서 사고를 털어 가지고 가져가거나 불질러버리거나 그런 겁니다. 나는 우리 민족이 1천 수백 회의 침략을 받고 그때마다 사고가 불탄 것은 '질투' 때문이라고 생각합니다. 거꾸로 그것은 우리 민족의 역사가 웅숭깊고 또 앞으로 세계사의 차원 변화에 대해 문화적으로 큰 창조적 주동력이 될 거라는 반증(反證)이 아닌가 생각합니다. 아닌가요? 그런가요?

해방이 됐습니다. 45년에 해방이 막 됐을 때 소위 이제까지 현재를 통틀어서 최고 천재라 그러는 김범부 선생, 죽은 김동리라는 작가의 형이죠. 김범부 선생이 이런 말을 했습니다. 동방 르네상스가 필요하다. 우리나라의 르네상스입니다. 즉 고대 문예 부흥이 필요한데, 이때 기록에 의한 증거물이 많지 않으니까 사증론(四證論), 네 가지 증거에 관한 논의를 내어놓습니다. 사증론이라 그럽니다. 기록된 자료만 내놔라 하는 건 이상한 일이다 이거예요. 일본놈들 이병도의 제자들이 각 대학의 역사학과를 다 장악하고 있는데 실증사관을 계속 요구합니다. 실증을 대라고.

그런데 이렇게 할 수 없는 판에 실증을 할 수가 있겠느냐. 그러니까 구전 또는 신화에 대한 새로운 신화를 읽는 방법, 상상력, 직관 이런 것들을 전부 증거물로 제기하자. 역사는 누구에게 보이기 위해서 필요한 게 아니라 우리 자신의 정신력이죠. 우리 자신의 무의식의 역사라는 겁니다. 과거, 그러니까『환단고기』를 가짜다 하고 버릴 게 아닙니다.『환단고기』앞부분에 무서운 말 있어요. 나는 세계 어느 문학 서적 가운데에서도 그렇게 놀라운 신화적 표현을 본 적이 없습니다.『환단고기』처음에 옛날, 그 옛날 새파란 시베리아의 허공에 홀로 외치는 외로운 변화의 신이 살고 있었다. 다시 할게요. 새파란 시베리아 허공에 옛날, 외로운 변화의 신이 홀로 외쳤다. 무서운 표현입니다. 그러니까 역사의 실증, 누가 논쟁에서 이기고, 지고 그런 차원이 아니고 우리 민족이 어떤 새로운 창조적 작업을 하느냐 못 하느냐의 문제니까. 뭔가 넘겨 뛰는 신화적인 것까지도 증거로 채택하는 그 방법으로까지 나아가야 될 것 같습니다. 감사합니다.

촛불과 자기 조직화

『21세기의 한반도 구상』(백낙청 외 지음, 창비, 2004)이라는 논문집을 보았다. 그중 맨 앞에 실린 백낙청 교수의 논문 「21세기 한국과 한반도의 발전 전략을 위해」는 매우 재미있는 글이고 흥미 있는 견해를 담고 있었다.

그중 내 눈에 언뜻 다가온 돌출 명제는 다음 세 가지다.

첫째는 '생명 지속성life-sustaining'과 '생명 지속적 발전life-sustaining developement'이라는 명제요, 둘째는 세계사적 발전과 새로운 문명의 건설에 있어서 동아시아 문화가 이바지할 그 창조적 가능성에 대한 큰 긍정이며, 셋째, 그 경우 다른 어떤 나라보다 이 땅 한반도가 이루어낼 커다란 주도적 역할에 대한 뼈 있는 예견이었다.

그 흔해빠진 '지속 가능한 발전'이라는 음흉한 둔사(遁辭)를 '생명 지속성'으로 재정의한 신선함에 우선 박수를 보낸다. '생명 지속성'이라는 가치와 명제는 필자가 지난 30여 년간 그야말로 지속적으로 외쳐온 새 가치관이요 새 세계관이며 새 발전 방향이었고 지금에 와서는 가톨릭, 불교, 원불교의 연대와 환경 등 다양한 방면의 여러 시민운동들이 내건 문명의 대안으로서 '생명과 평화의 길' 바로 그것이기 때문이다.

'생명과 평화의 길'은 문자 그대로 생명 파괴와 전쟁 및 불평등이라는 현재의 압도적인 지구 비극을 넘어서서 하나의 문명이 아닌, 전 인류 문명사 자체의 대전변을 요구하고 실천하는 길, 말하자면 후천개벽(後天開闢)의 또 다른 표현이기도 하다.

그 개벽의 실천에 있어서 가장 창조적인 역할을 한국 및 한국인이 수행한다는 이 견해는 그렇게 서두르는 것도 늑장부리는 것도 아닌 아주 적절한 시기의 발언이요 조금이라도 서투르거나 약간이나마 애매한 담론도 아닌 매우 그럴듯한 수준의 제언이라는 점 또한 매우 반갑다.

세계체제론만을 계속 고집해왔던 것으로 알려진 백교수에게 동아시아 문명의 전통과 그 전통을 새롭게 재창조할 한국의 문화적 이니셔티브, 그것도 유럽적 담론인 환경이나 생태학이 아닌 동아시아 및 한국적 전통에 입각한 '생명론' '생명학'에 깊이 있는 이니셔티브를 강조하게 한 그 계기가 무엇일까?

동아시아 사상사를 배경으로 한 한국 근대의 후천개벽론 등 독특한 생명 사상에 착안하면서부터, 그것도 서양 과학의 첨단인 새로운 진화론 등과의 접촉을 바탕으로 착안하면서부터가 아닐까?

그렇지 않다 하더라도 문제될 것은 없지만 '동아시아 전통 문화 가치 — 그것의 재창조의 주역으로서의 한국 — 그 한국 문화의 핵인 생명성, 또는 생명 지속성의 탐구'라는 공식은 참으로 반가운 패러다임의 출현이라 아니 할 수 없다.

한때 맹위를 떨치던 '민중 민족 문학'이 쇠퇴하면서 창조적 방향을 상실한 듯 보이던 창비와 백낙청의 새로운 문화, 문학적 주동성이 예감되어서이기도 하다.

나는 아직도 민중 민족 문학론을 포기하지 않았다. '생명학' 또는 '내적(內的) 영성(靈性) - 외적(外的) 생명의 이중적 교호 결합성'을 바탕으로 그것을 새롭게 인식하고 있고 민중 개념도 조직적인 산업 노동자 일변도가 아닌 '대중적(大衆的)'또는 '다중적(多衆的)' 민중, 즉 잡계급 연합적인 '카오스 민중론'(새로운 빈민 생명 운동 포함)으로, 민족론 역시 그 안에 활력적인 민중적 동아시아론(현재 진행 중에 있는 동아시아 민중 무역 등을 중심으로)을 확장한 새로운 시대의 민족론으로 확장 심화코자 노력해왔다.

백교수가 그 글에서 상세히 논구하지는 않았으나 '생명 지속성' 또는 '생명성'이 문화 또는 문학에서 새롭고 진정한 창의력을 발휘하려면 첫째, 서양 과학과의 관계, 둘째, 동아시아 및 한국의 전통 문화와의 관계, 그리고 셋째, 지금 막 진행 중에 있는 민중과 민족의 돌출적인 생명성 표현과의 관계에 눈을 돌리지 않으면 안 될 것이다.

2004년 3월 27일 6시에서 7시.

나는 광화문에 서 있었다.

내 눈에 들어온 촛불은 길을 만들고 질서 유지와 구호 유도를 자원해온 노사모류의 정치적 활동 인자들이 아니다. 그것은 저마다 하나씩 촛불을 들고 조용히 앉아 그야말로 새 시대의 새 문화를 행동 · 명상(촛불 효과)적으로 창조하고 있는 수없이 많은 젊은이들, 2002년 6월의 저 7백만 붉은 악마였고 그 겨울에는 효순이 미선이를 추모하며 '소파' 개정을 요구했던 그 은은한 촛불의 주동 세력, 그들이었다.

촛불에 정치성이 없다는 이야기가 아니다. 정치성은 있다. 있는 정도가 아니라 아주 깊은 의미의 정치성이 있다.

이제까지 세 차례에 걸친 촛불의 대시위는 도리어 문명 전체를 바꾸고자 하는 최선의 정치적 상상력, 상상력 정치, 즉 최고의 문화적 정치 표현이었다.

그것이야말로 생명 정치, '바이오크라시 biocracy'다.

스포츠와 문화의 표현 속에 예술과 문학, 역사, 철학, 즉 새로운 '문 · 사 · 철(文史哲)'의 핵심, 새 시대, 새 지구의 새 삶을 결정할 원형(原型)이 표현되고 있었으니 최고의 생명 정치였고 미군의 지위협정 개정이라는 대미(對美) 강력 비판 속에 죽은 소녀들에 대한 참으로 경건한 영적인 기원이 들어 있어, 미군 철수니 대사관 습격 따위 시민 단체나 대학 교수 등 자칭 반미주의자들의 얄팍한 정치 수준과는 비교도 안 되는 깊이와 의젓함과 복합성으로 진정한 정치력을 보여주었으며, 2004년 3월에도 대통령에게는 동조하지 않으면서도 탄핵이라는 이름의 실질적 의회 쿠데타에 대해 전면적 반대 시위를 질서 정연하게 은은한 촛불 집회로 밀고 나가 결국엔 정치 판도를 뒤집는 괴력(怪力), 즉 참으로 군중민주주의의 무서운 정치력을 과시하였다.

그러나 이런 점 때문에도 촛불은 정치이면서 정치 이상이다. 그것은 문자 그대로 미학이다.

바로 군중의 집단적 움직임이 개체개체의 자유로움이나 독자적 결정성(이미 인터넷을 통해서 결정성을 획득한)에 연결되어 있어 아메리카나 유럽 민주주의와는 또 다른, 무언가 전설과 신화로만 들어오던 한민족 고대의 화백(和白) 민주주의 같은, 그리고 오늘날 생명학(생태학과 환경학을 다 포괄하면서 그 한계를 넘어서는)의 원류를 이루는 한국 고대와 민중 고유의 문화 전통인 풍류(風流)와 같은, 그러한 새롭고도 오랜 문화의 독특한 빛과 그늘이 움직이고 있었다는 뜻이다.

과학문화연구소의 이인식(李仁植) 교수의 말처럼 그 대다수가 자발적 참여자이고 이런 자발성 때문에 그들이 내뿜는 에너지의 힘은 매우 강하다는 점을 말하고 싶은 것이다. 그것은 곧 단순한 구성 요소가 수많은 방식으로 상호작용하면서 자발적으로 질서를 형성하는 현상, 즉 '자기 조직화 self-organization'였던 것이다. 이것이 곧 생명의 특징이요, 이것이 영성(靈性), 즉 뇌 활동의 특성이다.

단백질이라는 구성 요소가 개별적으로 갖지 못한(밀실의 '방콕족,' 방에 콕 박혀 있는 새 세대 개인들) 특성이나 행동(붉은 악마, 소파 개정의 촛불, 탄핵 반대 촛불 등 예상을 초월하는 엄청난 군중 행동의 '카오스모스 chaosmos,' 즉 '혼돈의 질서' 따위)이 구성 요소를 함께 모아놓은 생명이라는 전체 구조에서 자발적으로 돌연히 출현하는 창발성(創發性) emergence이 곧 '촛불의 미학'이요 생명학의 요체이니 이것이 곧 '동아시아적 문명 창조의 주역, 한국 문화의 창조적 생명성'의 정체가 아닐까?

지난 3세기 동안 서양 과학과 사유를 결정해온 '환원주의' 따위로는 결코 '촛불'을 이해할 수 없다.

내 측근에서조차도 지난 세 차례의 물결에 대해 거의 모두들 '일회적'이다! '히스테리'다! 나치스의 예감이 온다! '파시즘'의 시작이다! 그것으로 도저히 해명이 안 되자 이젠 입을 아예 다물어버리거나 해명이나 이해도 못 한 채 그저 정치적으로만 이용하려는 매우 천박한 자세를 보이고 있다.

'촛불'은 정치에 있어서도 창조성을 요구한다. 나는 탄핵 당일 신문을 통해 "개혁도 상투적인 것이 아닌 창조적 개혁을 해야 한다" 그리고 "이제 시작되는 시민 정치 운동은 이제까지와는 차원을 달리하는 새로운 시민 정치 운동이 될 것이다"라고 했었다. 왜냐하면 촛불의 자기 조직화의 정치는 분권적이며 개별 주체적이고 환경 변화에 적응력이 높은 체계, 예컨대 지난 1999년 시애틀에서 있었던 세계무역기구WTO 반대 시위와 같은 전 세계적 시민 운동, 창조적 대중 운동이 그것이다. 자기 조직화라는 이러한 새로운 세계관과 과학관을 받아들이지 않으면 촛불이나 붉은 악마의 전설은 결코 이해할 수 없으며 생명, 생명성, 생명학에 입각한 창조적 문화, 새로운 다중적, 대중적 카오스 민중 문화와 새로운 문학, 역사, 철학은 나타날 수가 없을 것이다.

생명, 생명성의 내적 구조인 '내부 공생 endosymbiosis'이란 것은 참여자들이 그 개별성 identity을 완전히 상실하지 않고 이루어지는 융합 fusion이다.

이와 같은 '산일(散逸 - 비평형 - 혼돈)' 구조를 이해하지 않으면 촛불의 그 놀라운 '자기 조직화'를 매번 오해하거나 입을 다물어버릴 수밖에 없다. 그리고 한번 이해했어도 그 다음은 똑같은 것이 아니고 똑같지 않은 것도 아닌 것이다. 생명이란 그야말로 종잡기 어려운 '생성'이기 때문이다.

혼돈 구조는 끊임없이 자기를 갱신하여 일종의 특수한 역학 체계, 전지구적으로 안정된 시공 구조를 유지한다. 그것은 언뜻 보아 오로지 자체의 통일과 동시에 끝없는 자기 갱신에만 관심이 있는 것처럼 보인다.

그러나 유념해야 할 것은 이것이 곧 변증법이나 '합명제 synthese'인 것은 결코 아니라는 것이다. 또한 그것을 바로 '공생체 symbiosis'라고 규정한다 해도 엄밀하게는 완전치 않다. 그것은 이제부터 생명, 생명성에 대한 참으로 깊고 넓은 공부, 특히 동아시아와 그중에도 한국의 전통 문화, 그리고 19세기의 소위 유럽적 근대 과학의 공격 앞에서 고대 부흥을 통해 제기된 후천개벽 사상 등에 대한 깊은 연구를 통해서 반드시 제대로 해명되어야 한다.

촛불은 '21세기 한반도 구상' 등에 대해서 그 앞날과 함께 이른바 '생명성' '생명 지속성'이라고 부른 전통 문화의 특징을 비추어주는 불빛이다.

촛불은 지금도 한창 생성 중인 '자기 조직화'를 비춘다.

자기 조직화는 20세기의 새로운 진화론이다. 물질적 진화 그 내면에 마음, 영성이나 신령(神靈)을 가진 전 생명 생성의 역사, 즉 역사이면서 동시에 역사와 반대되는 내면의 생성이며 왈, '의식의 복잡화(複雜化)' 과정이 이루어지는 진화 과정을 말한다. 동학적 표현으로 하면 '안으로 신령이 있고 밖으로 기화가 있음(內有神靈 外有氣化)'

이니 곧 테이야르 Teihard류의 복잡계 진화론이다.

이때의 진화의 주체는 에리히 얀치 Erich Jantsch의 규정처럼 '진화하는 우주의 마음인 신(神)'을 의미하며 그것은 바로 동학의 기화신령(氣化神靈)으로서 자기 조직화적인 우주 진화의 상징인 바 그것이 바로 '촛불'이다.

촛불에 있어서 개체(밀실)와 전체(네트워크)의 관계는 본디의 전체가 해체 개별화되는 진화 과정이 아니라 동학에서와 같이, 그리고 오늘날의 자유의 진화론에서와 같이 발생 과정 자체에서 이미 개체로 생성해 나온 뭇 생명체들이 그 각자 내부에 숨겨져 있는 저마다의 전체성, 저마다의 '우주 총유출 cosmic total flux' ― 수운(水雲)은 이것을 주자(朱子)의 개념을 뒤집어 '옮기지 못함,' 곧 '불이(不移)'라고 불렀다 ― 을 나름나름으로 깨달아 각자각자 자기 스타일로 전체화한다.

촛불은 바로 이렇게 해서 근본적으로는 미학이면서 동시에 새로운 정치학이 된다.

만약 촛불이 '자기 조직화'라면 백교수의 구상과는 달리 유럽의 혼돈학, '일리야 프리고진 Ilya Prigogine'이나 '에리히 얀치,' 혹은 어떤 면에서는 제임스 러브록이나 '린 마굴리스 Lynn Margulis' 그리고 '질 들뢰즈와 펠릭스 가타리'의 소위 '카오스모스' 이론에 의해 해명될 수밖에 없는 현상, 이인식 교수의 주장처럼 '산일(散逸) 구조'에 불과한 것은 아닐까?

동아시아 문화, 특히 한국 문화 속의 생명학에서 '자기 조직화'의 사상은 아예 없었던 것일까? 아니라면 어떤 개념, 어떤 논리로 나타났었던 것일까?

다시 말하면 우리 민족의 사상 문화와 동아시아 과학 및 철학에서는 자기 조직화와 촛불이 어떻게 어떤 모습과 내용으로 나타났는가?

이미 '산일 구조'의 발견으로 노벨 화학상을 받은 바 있는 '일리야 프리고진'은 기왕에 발생한 혼돈 상태가 새로운 질서에로 지향하는 현상을 설명하기 위해서 이미 그 생명력을 상실한 지 오래인 헤겔의 '합명제(合命題) synthese'를 다시 끌어들여 생성 중에 있는 거대한 지구적·우주적 혼돈을 '봉합'해버리고 만다. 그리고 '카오스모스'라는 기막힌 테마를 발견한 들뢰즈의 경우에도 역시 카오스로부터 이윽고 발생하는 코스모스일 뿐, 애당초부터의 혼돈적 질서(카오스모스)는 아니었던 것이다.

그렇다면 동아시아 전통 문화 안에, 특히 한국의 민족 문화 안에 이미 '혼돈이면서 동시에 질서인 카오스모스'가 과연 생명학의 테마로서 생성했었던 것일까?

촛불을 우리 민족의 언어와 사유로 해명할 수 있는 것인가? '자기 조직화'라는 새로운 진화론은 이미 우리 문화 속에 그 씨알이 있었던 것인가?

대답은 '아니다·그렇다(不然其然, no-yes)'이다.

동아시아 전통 문화 안에 그것은 있으면서 동시에 없다.

중국 문화 안에 그것은 있는 듯하나 없고 한국 문화 안에는 그것이 없는 듯하나 있다.

이미 노장(老莊) 안에 '혼돈(混沌)론'이 나타나 있고 '화엄학(華嚴學)' 안에 도처에 나타나 있고, 역학(易學)과 기철학(氣哲學)과 풍수학(風水學)과 의학, 즉 『황제내경(黃帝內經)』과 참동계(參同

契)류의 선도(仙道) 경락 사상 안에 이미 나타나 있다. 동아시아 사상사의 핵심은 한마디로 '만물화육(萬物化育), 생생화화(生生化化), 기운생동(氣韻生動)'의 그 생명성에 있는 것이기 때문이다.

그러나 그것은 바로 유럽보다는 좀더 유연성 있고 역동적인 질서, 즉 보다 차원이 높은 '코스몰로지'에 의해 '봉합'되고 만다. 물론 이 봉합을 풀고 생성론과 생명학으로 그것들을 재해석하는 동아시아의 대문예 부흥 운동이 있어야만 한다. 그러나 막상 그 부흥 운동에 있어서도 역시 그 부흥을 자극하고 그 방향을 제시하며 존재론이나 실체론이 아닌 새로운 생성론과 생명학으로 담대한 '산 해석'을 가할 수 있는 '원형 archetype' 또는 '패러다임 paradigm'은 없는 것인가?

없는 듯하지만 있다.

바로 그것이 오늘날 촛불을 켠 이 민족, 이 민중, 이 신세대의 숨겨진 문화이다.

한민족, 동이(東夷)의 역사 안에 잠재 차원으로 숨겨진 촛불, 즉 '혼돈의 질서,' 문자 그대로의 '카오스모스'를 찾아가는 대중적 사상 여행이 크게 일어나야 한다.

『천부경』과 『삼일신고』에서, 원효와 최치원에서, 일연(一然)과 화담(花潭)에서 이것들은 유불선의 밑바닥에 과연 어떻게 흐르면서 미미묘묘하게 표현되었을까? 심지어 율곡, 남명, 퇴계에서까지, 고려 때 강화 중심의 사상사에서, 신라 이래 고승들의 고비문(古碑文)에서는? 고대의 벽화와 금석문, 신화와 전설에서는 그것이 어떻게 나타났을까? 이 모든 것들을 부활시키고 깊이 탐구하는 큰 문예 부흥이 일어나지 않고서는, 그리고 그 속에서 바로 촛불의 자기 조직화의 비밀을 찾아내지 않고서는 우리는 동아시아 문화 창조의 주역의 자리를 혹시 중국에게 넘겨줘야 할는지도 모른다. 또 그와 함께 인류의 정신사는 그 오랜 존재론, 실체론의 질곡 속에서 계속 벗어나지 못할는지도 모른다.

중요한 것은 사관(史觀)이며 해석학이며 새로운 우리의 철학이다.

바로 그것을 지금 우리가 펼쳐가는 논리와 문자대로 그 핵심 줄기에서 극도로 간명하게 표현한 사람이 있다.

맨 먼저 동학(東學, 東은 한국이다)의 창시자인 최수운 선생의 사상의 핵심인 계시와 주문의 중심 부분, 그리고 그것에 대한 그 자신의 해설이다.

최수운 선생이 서력 기원 1860년 음력 4월 5일 오전 11시 경주 인근의 구미산 아래 용담 계곡에서 하느님으로부터 받은 계시는 질병에 빠져 허덕이는 전 인류와 중생 만물을 치료할 수 있는 신선의 약(藥)으로서의 원형(原型)이다. 문명사 전체의 대전환인 후천개벽에서 생명체들이 살아갈 새 삶의 원형을 계시받은 것이다. 수운 자신의 해설에 의하면 그것은 문명과 우주의 대전환기에 극에 도달한 기운, 즉 '지기(至氣)'로서 그 뜻은 '혼돈한 근원의 우주 질서'인 '혼원지일기(混元之一氣)'다. '혼원'이란 태초의 카오스를 말하며 '일기'란 음양의 근원인 태극(太極)의 우주 질서, 코스모스를 뜻한다.

애당초부터 '카오스모스'인 것이다.

그것의 형태는 곧 '그 모양이 태극이며 또 그 모양이 궁궁(其形太極又形弓弓)'이라 했다. 태극은 2천 8백 년 동안 중국과 동양을 지배한 동아시아 나름의 최고 과학이요 철학이며 3천여 년 전부터의 문명의 원형을 밝히는 역학(易學), 즉 주역(周易)의 상징이요, 궁궁(弓弓)은 그 자체로서 혼돈한 역동의 상징이자 이조 중엽부터 민간에 유행하던 예언서인 『정감록』에 나오는 민생(民生)의 비밀이요 생명을 보호하는 비밀 장소의 이름이다. 즉 태극이 선천의 원형이라면 궁궁은 후천의 원형인 것이다. 그리고 그 자체로서 태극은 질서를, 궁궁은 혼돈을 지시하고 있다.

동학 사상에서 가장 중요시하는 것은 두 개의 앞뒤 주문(呪文)이다. 처음의 강령 주문(降靈呪文)의 첫마디인 '지기금지(至氣今至, '지극한 혼돈의 질서가 지금에 이르러'의 뜻)'는 뒷날 후동학(後東學)의 창시자인 강증산에 의하면 바로 새 시대에 내리는 새 율려(律呂, 우주 질서를 반영하는 음악)라고 한다. 그렇다면 세상을 다스리는 새 정치 질서(강증산의 예언)인 율려는 곧 '혼돈의 질서'로서 '혼원지일기'이자 '태극이면서 궁궁'인 동학의 영부(靈符)인 셈인데 바로 이 영부 사상의 근거에 고조선 시대의 중심 사상인 『천부경』과 『삼일신고』가 있다. 영부는 곧 천부이며, 영이 숨겨진 질서인 '천'이라면 '부'는 그것의 드러난 질서이다. 이 두 경전에 대해서는 다른 기회에 말할 것이다.

동학 사상은 본주문의 첫 글자인 '모심,' 즉 '시(侍)' 안에 다 드러나 있다고 할 수 있는데 이 '시' 한 자에 대한 수운 선생의 해설 안에 '자기 조직화'와 '혼돈의 질서'론이 전개된다. 선생의 해설에 의하면 모심이란 "안으로 신령이 있고(內有神靈) 밖으로 기운의 변화가 있으며(外有氣化) 한세상 사람이 다 각각 우주의 총유출이라는 서로 떨어져 옮겨 살 수 없는 전체성을 나름대로 깨달아 각기 제 스타일대로 실현한다(一世之人 各知不移者也)"는 뜻이다. 이것은 현대의 최첨단 진화론의 핵심 원리인 바 맨 마지막의 '각지불이'는 이미 '자기 조직화'에 관한 언급에서 밝힌 바 있는 내용이다. 이것을 동아시아 전통의 한 기둥인 '기(氣)' 사상에 중심을 두고 '자기 조직화'를 설명하면 '안에 있는 신령(마음, 의식)이 밖으로 기화(물질이나 생명의 자기 조직화)'한다는 말이 된다.

그렇다.

수운 동학에서의 이 '신령기화' '기화신령' 그리고 '각지불이'는 곧 어김없는 자기 조직화, 그것이다. 그리고 에리히 얀치의 명언대로 한다면 '기화신령(氣化神靈)'은 '진화하는 우주의 마음을 신이라 부른다'와 같은 뜻이 된다. 이것이 생명(더 정확하게는 '영성, 생명의 이중적 교호결합')이다.

동학의 '기화'만이 '자기 조직하는 우주 생명'이라고 제한 인정할 경우, 백교수가 주장한 새로운 세계 질서, 세계 체제에서 신문명을 건설할 동아시아 문화, 그중에서도 주역인 한국 문화의 핵심적 증표로서의 촛불이라는 '자기 조직화' 현상은 아직 설명 부족, 증거 부족이 될 것 같다.

우리 민족의 상고대 신화에서 가장 먼저 언급된 민족 사상의 근원은 무엇인가?

'홍익인간 이화세계(弘益人間 理化世界)' 아닌가! 홍익인간은 주체이면서 타자이고 신이면서 우주요 인간 자체이면서 뭇 생명이고 신인간(네오휴먼)이로되, '이화세계,' 즉 '세계를 이치[理]로서 화(化)한다'는 말은 무슨 뜻인가?

이때의 이치는 로고스요 코스모스일 뿐인가? 그러나 분명히 명언하거니와 그렇지 않다.

신화 전체가 이미 말하고 있다.

환웅이 본디 '인간 세상을 탐내어 구한다(貪求人世)'는 욕망학적, 리비도적, 카오스적 전제 앞에 '천하에 신령한 뜻을 두었다(數意天下)'라는 코스모스적인 뜻을 전제하여 그 두 개의 반대를 상호 결합시키고 있고, 웅녀(熊女)의 경우에도 곰 상징으로서의 동물적 욕망에 따른 카오스적 삶을 전제하면서 동시에 인간(환웅과 같은 영적 인간) 되기를 절절히 기원하는 코스모스적 지향을 결합시킴으로써 '이화(理化)'의 그 '이치'가 바로 다름아닌 '카오스모스'임을 원천적으로 증명하고 있다.

'이화'는 바로 '자기 조직화'라는 카오스모스 생명 운동인 것이다.

"우리나라, 즉 한민족에게 신묘한 도(道)가 있으니 이것을 풍류라 한다"고 말한 것은 중국 유학 과정에서 이미 당시 세계인으로서, 동아시아의 대지식인으로서 크게 이름을 드날린 고운(孤雲) 최치원(崔致遠)이다. 최치원은 이 비문(碑文)에서 풍류를 해석하되 "유불선 삼교를 애당초부터 포함하고 있으되(包含三敎)" "뭇 생명을 사랑해서 감화, 변화, 진화시킨다(接化群生)"고 말했다. 풍류의 핵심인 '접화'는 구체적으로는 화랑들의 '산수간에 노닐다(游娛山水)'로 나타나는데, 살아 있는 우주 생명 모두에 대한 적극적 사랑(接), 즉 고대적인 '카오스적 에로티시즘'(『삼국유사』에 여기저기 흔하게 나타나는 우주적 사랑)에 입각한 감화(感化)와 진화, 즉 '자기 조직화'인 것이다.

『고려사』에는 또한 "우주 만물을 위해 잔치를 베푸니 돌까지도 기뻐한다"는 뜻의 미묘한 풍류 기록 부분이 있다. 이것이 다 '이화'요 '접화'인 것이다.

동학이 유행할 당대의 우뚝한 기철학자였던 혜강 최한기는 바로 이같은 '자기 조직화'의 '생명 운동'을 '운화(運化)'라고 불렀으니 '운'은 수운 선생의 그 '운(運) 개념,' 즉 우주 생명이다. 혜강은 자기 수련을 '일신운화(一身運化)'라, 우주와의 합일을 '대기운화(大氣運化)'라, 그리하여 개체의 우주화 뒤에 자발적 소사회 구성 활동을 '교접운화(交接運化)'라, ― 수운은 이를 '외유기화' 또는 '각지불이'라 표현했는데 ― 그리고 드디어는 '통민운화(統民運化)'에 이르러 정치, 즉('인정,' 즉 '人政'의 뜻은 '仁政'이기도 하다) '사람의 정치' '사람을 중심으로 하는 정치론'을 말하기 시작된다. 철저힌 자기 조직화의 수련이요 활동이며 정치인 것이다. 아아! 왜 탄식이 절로 나오지 않을 수 있으랴!

그러나 한국 사상사에서 자기 조직화는 드디어 인간이나 뭇 생명체에만 한정되지 않고 우주핵, 즉 '신(神)'의 영역으로까지 차원을 크게 달리하면서 나아가니 2천 8백 년의 낡은 중국 민족역이자 글자나 숫자를 풀어 추연(推衍)하는 주역(周易)을 근본에서 크게 바꾸는 '간역(艮易, 한국 역학 · 정역〔正易〕)'을 창시한 충청도 연산의 김일부 선생은 주역 같은 민족역, 남성역, 군자역, 문자역이 아니라 '마음 수양과 춤과 노래(詠歌舞踏)'로 우주 질서인 '율려(옛 질서)'를 전면 뒤집어 민족과 민중과 인류와 여성의 새 우주 질서인 '여율(呂律)'을 깨닫고 실천함으로써 우주 질서(인간 세계 포함)를 그 근본에서 바꾸는 '흰 그늘(影動天心月에서의 그늘)'을 성취한다. 바로 이것이 '신령한 자기 조직화,' 신인간의 신령한 생명 운동, 즉 율려의 '신화(神化)'인 것이다.

신화(神化)!

이것이야말로 우주와 신의 영역, 즉 '신인간(홍익인간, 이화세계의 현대적 실현)' 또는 '신인합일'에로 이르는 길, 생명과 평화의 길이니, 주역이나 율려 따위 문자와 지식에 의하지 않고 정역, 여율의 춤과 노래와 마음 수양(새로운 민중 문화, 생명학)에 의해 '우주를 바꾸는 신인간의 길(易數聖統原理, 새로운 역학을 통해 신인간이 우주를 조정하는 원리)'에 들어가 기상 이변 등 기울어진 우주와 지구의 질서를 바로잡'간태합덕(艮兌合德, 正東·正西 공통의 문화적 대개벽과 창조)'과 '진손보필(震巽補弼, 일본과 중국이 이 합덕 과정을 옆에서 도우는 운수)' 등의 대후천개벽을 포함한 태양 정치인 '십일일언(十一一言)'과 신령한 진리 및 우주적 생명학의 영역인 '십오일언(十五一言)'의 길, '신령한 진화로서의 최고의 자기 조직화(神化自己組織化)'의 길인 것이다.

생명학 원리의 목표는 아시아 고대 문예 부흥과 생명적 대문화 혁명, 인격-비인격의 공동 우주 주체성의 새 문화 창조라는 후천개벽에 있고 '생명과 평화의 길'에 있으니 이것이 바로 '촛불'이다.

이화, 접화, 기화, 운화, 신화의 길, 촛불의 자기 조직화의 길은 곧 한민족의 새로운 개벽적 생명 평화의 문화 창조력의 내용이다. 계몽과 신화의 억압을 둘 다 밀어내면서 동시에 양자의 이중적 교호결합의 길을 찾는 것이 '촛불의 자기 조직화'에서 드러난 길이 아닐까?

이 길은 결국 『천부경』에서 말하는 '없음(無)'에 이르고, 결국은 '스스로 화함(自化),' 즉 '테두리를 없애버리면 천·지·인이라는 카오스모스가 스스로 화현한다(無匱化三)'는 뜻, 문자 그대로 '자기 조직화'에 이르게 된다. '활동하는 무(無)'를 창조적 신명의 정체로 짚어내어 '은은하게 타오르는 불' '물 같은 불'인 '촛불의 비밀'로서 카오스모스를 지시하는 최종 결론에 이르게 되는 것이라 생각한다.

많은 사람, 특히 많은 서양인들은 노장(老莊)에 깊이 심취해 있다. 그러나 그들은 아직 노장학이 본디 한민족의 풍류 선도(風流仙道)의 중국적 버전임을 모른다. 바로 『천부경』과 『삼일신고』와 19세기의 후천개벽론의 깊은 내용이 이를 증거함을 아직은 우리 민족도 확실히는 모른다. 노자의 "성인인 나는 아무것도 하지 않는데 민중이 스스로 화한다(我無爲而民自化)"라는 말은 그것이 본디 선도 풍류 사상이라는 말이다. 이미 『정역』의 '십오일언' '십일일언'에서도 상세히 밝혀 말했다. '자기 조직화'의 가장 깊은 철학적 의미는 종국적으로 '자화(自化),' 즉 '무위자화(無爲自化)'라는 것이 나의 결론이다. 그렇다면 설령 이 '자화' 개념이 본디부터 중국 문화라 한들 또 어떠랴! 우리는 백낙청 교수의 논문에서 이런 경우에 대한 웅숭깊은 대답을 발견한다.

"문화의 사물화라는 함정에 빠지지 않으려면 과거에 특정 문명권에 속했던 지역과 오늘날 그 문명의 유산을 동원하는 활동의 소재지를 동일시해서는 안 된다."

아아! 왜 탄식이 절로 나오지 않을 수 있으랴!

동아시아의 위대한 전통이면서 동학 우주관의 핵심인 '조화(造

化)'—— 동학에서는 조화의 주체인 천주(天主)의 천(天)을 해설하지 않고 무(無)로, 공(空)으로, 허(虛)로 그리고 자유(自由)로 그대로 놓아버리고 님(主)만 들어올림으로써 '조화'를 바로 '진화'에 일치시킨 조화 사상 그대로 '창조적 진화 사상'이 나타났으니 촛불과 자기 조직화, 생명 평화에 있어 이 이상 할 말이 어디 있으랴!

 머지 않은 날 바로 붉은 악마 세대에 의한 새로운 '태극궁궁' 운동이 올 것이다(나의 회고록 『흰 그늘의 길』 제3권 227쪽과 300쪽 참조). 그때 한국학 최대의 명제인 '최한기와 최제우 사상의 이중적 교호결합 또는 통합'이 성취되고 아메리카, 유럽의 과학 등과의 창조적 협력으로 새로운 우주생명학, 생명학, 창조적 진화 과학에로 비약할 것이다. 그렇다!

붉은 악마의 세 가지 테마에 관하여

나는 지금까지도 놀라고 있다.

지난 월드컵 때 붉은 악마의 대파도가 우리 역사와 동아시아, 그리고 세계사에 대해 의미하고 있는 것이 무엇인가를 생각할 때마다 깜짝깜짝 놀라곤 한다.

특히 그 파도가 밀고 나온 세 가지 테마를 생각할 때마다 그렇다. '엇박' '치우' '한국형 태극'이 그것이다.

그것을 이해하기 위해 붉은 악마 현상에로 우선 상식선에서 천천히 접근해보자.

700만이 동원된 대규모의 역동적 사태임에도 불구하고 단 한 건의 대형 사고나 훌리건 따위 폭력이나 인종적 편견의 노출이 전혀 없었다. 대혼돈 속에서 그 나름의 큰 질서를 창조했으니 어떤 의미에서 현대사 속의 가장 중요한 사건으로 떠올랐다.

치열한 민족 의식을 드러냈음에도 불구하고 동시에 세계인으로서의 보편 의식과 아시아인으로서의 분권적 융합 의지를 보여주었다. 유럽에 대해 일체의 콤플렉스 없이 대등한 의젓함을 과시했고 승리에 대한 열망과 동시에 외국팀에 대한 관용과 우정을 아낌없이 표현해낸 것이 바로 그것이다.

현대 사회가 요구하는 세계화라는 지구 의식과 지역화라는 민족 의식의 건강한 이중적 교호결합이 잘 나타났으며 아시아 문명권에 대한 편견이나 우월감이 아닌 정당한 문명권적 소속 의식이 그사이에 적절히 나타났다.

그 수많은 군중의 의상이 붉은색 셔츠 일색이어서 통일성과 융합(퓨전)을 드러냈으나 동시에 그 패션은 수천만 가지로 각양각색이어서 철저한 개성과 개체성(아이덴티티)을 과시하였다.

붉은 악마 세대 자신들의 주장대로, '밀실의 네트워크' '방콕 족의 퓨전'이었으니 현대 생명과학, 자유의 진화론의 핵심 개념인 '개체성을 잃지 않는 분권적 융합'이요 '자기 조직화'이며 이른바 '내부공생(內部共生) endosymbiosis'의 현실화다.

1999년 시애틀에서 벌어진 세계무역기구WTO 반대 시민 집회가 인터넷 소통만에 의한 거의 우발적 자기 조직화의 대규모 시위로 발전한 것이 그 한 예증이다.

생명체의 발전 과정에서 군집, 종, 집단이 먼저 발생하고 개체는 그뒤에 차차 개별화, 자유화되며 전 과정에서 군집이 개체보다 더 필연적이고 더 가치 있다는 군집발생선행론(群集發生先行論)이 생물학과 진화론에서 19세기 말, 20세기 초의 정설(定說)이었으니 이에 따라 코뮤니즘, 나치즘, 파시즘과 공동체주의, 집합주의 같은 전체주의가 기승을 부렸다. 그러나 20세기 중후반에 오면서 현대 생물학과 진화론에서 돌연변이, 다양성, 자유의 기제(機制, 메커니즘)에 의해 군집보다 개체가 먼저 발생하며 개체의 가치가 더 중요시되고 그 개체마다의 숨은 차원으로서 전체성이나 우주 총유출을 각자 자기 나름으로 자기의 생활 형식을 자기 조직화하는 과정에서 다양하게 실현하는 공생론이 압도하기 시작했으니, 그에 따라 각 방면에서 공동체주의나 전체주의가 현저히 후퇴하고 개성과 개별성을 철저히 존중하는 전제 위에서 각각의 개체가 권리를 나누어 행사하는 분권적인 융합이 더 가치 있고 도리어 진리인 것으로 존중되기 시작하였다.

그 가치관의 결정적 표현이 곧 에코적인 디지털 문명이며 더욱더 결정적인 것으로는 붉은 악마 현상이었던 것이다.

생명의 자기 조직화의 주체는 마음, 영성(靈性)이니 그 핵심이 곧 신(神)이다. 다윈주의나 유물론은 이제 더 이상 진화를 설명할 수 없다. 최근에 '창조적 진화론'이 두각을 나타내는 것은 필연의 대세다.

창조적 진화, 자기 조직화는 첫째, 내면의 의식(마음·영성·신령)의 주동성의 원리와 외면의 물질 및 생명의 복잡화 사이의 상호 관계의 원리, 그리고 개체개체가 자기 나름대로의 숨은 영적인 전체성을 자기 생활 형식 life-form으로 자기 조직화해 나가는 진화의 세 가지 원리가 바로 현대의 자유 및 자기 선택의 진화론이요 생물학인데, 참으로 기이한 것은 이미 백여 년 전인 1860년, 한반도에서 출현한 동학사상의 제일주제인 '시천주(侍天主, 하느님을 내 안에 모셨다)'의 핵심인 바로 그 '모심〔侍〕'의 해설 내용이 곧바로 다름아닌 이상의 세 가지 원리라는 점이다.

동학은 후천개벽 사상이다. 후천개벽은 지난 5만 년(호모 사피엔스 사피엔스가 출현한 시기) 이후의 인류 문명사 전체가 완전히 바뀌는 대전환이요, 대혼돈의 도래(到來)를 명제화하는 변혁 사상이다.

그리고 이 대전환 속에서 인류가 살아갈 새 삶의 원형을 동학은 계시(하늘로부터의 묵시)에 의해 받았으니 그 모양은, '태극 또는 궁궁(太極又形弓弓)'이고 그 뜻은 '혼돈의 질서(混元之一氣)'라는 것이다.

그런데 아메리카와 유럽의 대신문들은 요즈음 기회 있을 때마다 현대를 한마디로 '대혼돈(大混沌)Big Chaos'이라고 정의한다. 인간의 도덕적 황폐화, 신자유주의 세계화에 의한 세계 시장의 실패와 빈부 격차의 심화, 지구 생태계의 전면 오염과 파괴, 그리고 심상치 않은 기상 이변 등을 가리키는 말이다. 여기에 테러와 전쟁까지 가세한다. 이것에 대해 처방할 수 있는 것은 바로 이 혼돈을 혼돈대로 인정하고 그 혼돈에 침잠하면서도 그 혼돈 나름의 독특하고 보편적인 질서를 찾아 혼돈을 치유 해방함으로써 전지구와 인류를 혼돈에서 탈출시키는 탁월한 통합적 과학이라고 한다. 그런데 이 과학은 인문학 또는 종교적 사상 속에서의 원형(原型)archetype으로서의 독특한 '혼돈의 질서'가 나타나 과학을 오히려 촉매함으로써만 성립된다는 것이다. 문제는 이 원형이 유럽이나 아메리카에서는 보이지 않는다는 점이다. 유럽이나 아메리카에서 이른바 '이스트 터닝 east turning(동아시아에 대한 관심 이동)'이라는 대유행이 휩쓰는 이유가 바로 이 점에 있다.

생각해보자.

동학에서 '혼돈의 질서(混元之一氣)'라고 부르고 그 모양이 '태극 또는 궁궁(太極又形弓弓)'이라는 영부(靈符), 즉 원형, 그리고 동학에 이어 나타난 한국적 동양 우주과학인 정역(正易)에서 여율(呂律)이라는 개념이 무엇을 뜻하는지를 이어서 생각해보자.

먼저 동학의 '태극 또는 궁궁.'

태극은 중국의 주나라 성립 이후 2천 8백 년을 지속되어온 동양의 우주 과학 질서인 주역(周易)의 상징으로서 질서정연한 우주 변화를 의미한다. 궁궁은 19세기 서양 세력이 동양과 전 세계를 휩쓸던 이른 바 서세동점(西勢東漸)의 혼란한 시대에 민중의 살길을 예언한 『정감록』의 비결에 나타나는 혼돈의 지형(地形) 또는 풍수(風水)의 원리다. 계룡산이 대표적인 궁궁이다.

그렇다면 '태극 또는 궁궁'은 이미 그 자체로서 '혼돈의 질서'이니 현대와 같은 대혼돈에 대한 처방이자 원형으로서의 역설(逆說, 모순어법)인 것이다.

정역에서 말하는 '여율(呂律)'이란 또 무엇일까? 지난 시절 주역에서 주장하는 우주 질서인 '율려(律呂, 律은 코스모스, 즉 질서요 呂는 카오스, 즉 혼돈이다)'의 순서를 뒤집어, 카오스인 여(呂)를 앞세우고, 그 '여'를 중심으로 한 그 나름의 '율,' 즉 '카오스코스모스,' 줄여서 '카오스모스(질 들뢰즈의 우주 개념)'를 뜻한다.

누군가 나서서 현대 세계의 대혼돈을 처방할 '혼돈의 질서'라는 새 삶의 원형과 이런 사실들이 전혀 무관하다고 주장한다면 그것이 과연 옳은 일일까?

자, 이제 붉은 악마의 세 가지 테마로 옮겨 갈 차례다. 붉은 악마는 월드컵의 그 하늘이 놀라고 땅이 흔들린 한 달 내내 세 가지 테마를 붙들고 늘어졌다.

'엇박' '치우' '한국형 태극'이다.

먼저 '엇박.'

한 달 내내 응원의 함성은 '대~한민국'과 '따따따 따따'였다. '대한민국'은 4분박이니 2분박과 함께 질서와 균형과 고요의 박자, 이에 대비해 3분박은 혼돈과 역동과 소란의 박자다. 그런데 이 '대한민국'의 '대한'의 2분박을 길게 끌어 '대~한'의 3분박으로 만들어서 혼돈의 박자로 바꾼 뒤에 '민국'의 2분박을 그 뒤에 갑자기 붙여서 전체를 3분박 플러스 2분박의 '혼돈의 질서,' 즉 '엇박'을 창조한 것이다. '엇'이라는 우리말은 전통 예술에서 서로 반대되는 이것과 저것이 서로 '엇가면서도 함께 붙어 있는 것'을 말한다. 이 엇박이 지배적으로 나타나는 전통굿이 곧 '호호굿'인데 '호호굿'이야말로 격동과 고요가 함께 '엇걸이' 또는 '잉아걸이(베틀의 북이 들어가며 동시에 나가는 것)'하는 (어떤 의미에서) 대단히 현대적인 굿 형태다.

'대~한민국' 다음의 장단인 '따따따 따따' 역시 3분박 플러스 2분박으로 엇박, 즉 '혼돈박'이니 마찬가지로 '혼돈의 질서'다.

그런데 우리의 전통 음악에서는 '대~한민국'과 '따따따 따따'가 연속되는 경우의 '대~한민국'은 '불림(일종의 귀신 부르는 소리, 즉 초혼(招魂))'이 되고 뒤의 '따따따 따따'는 '장단'이 되므로 신령한 카오스인 '불림'과 음악적 질서인 코스모스의 '장단'이 플러스되어 결국은 또 하나의 '혼돈의 질서' '카오스모스'가 되는 것이어서 이 역시 하나의 카오스모스 문화인 것이다.

바로 이 같은 혼돈이면서 질서인 '엇박'이 음감(音感) 예민한 유럽 선수들을 커다란 당황감과 혼돈 속에 빠트렸고 전통적인 '엇박'에 익숙한 한국 선수들에게는 역동적인 차분함을 선사했다는 것이 월드컵을 구경한 사람들의 중평(衆評)이다. 이 역설에 가득 찬 붉은 악마의 '카오스모스' 문화가 현대 세계에 진정으로 의미하는 것은 무엇일까?

'자크 아탈리'나 '질 들뢰즈'는 현대 유럽의 첨단적 철학자들이다. 그런데 그들이 21세기 세계 문명에 대한 예상과 전망은 유일하게 '유목 이동 문명'뿐이다. 그리고 이것은 또한 유럽 및 아메리카의 신자유주의적 세계화주의자들의 문명론이기도 하다. 하기야 지구상에 사는, 더욱이 한반도에 사는 그 누군들 핸드폰과 노트북, 컴퓨터와 비행기, 공항, 승용차, 호텔, 모텔에서부터 자유로울 수가 있겠는가? 인터넷, 그것도 이제는 어디서나 발화·수신하는 '유비쿼터스'에서 벗어날 사람이 누가 있으며 그것을 벗어나서 인류의 '영적 소통 spiritual communication'이 가능하기나 하겠는가? 21세기의 더욱 발전된 도시 유목 이동 문명은 불가피하며 필연이다. 그러나 동시에 반드시 생각해야 할 것이 있다. 급증하는 세계 인구와 북극 해체로 인한 곡창 저지대의 침수 때문에 제기되는 전지구 식량난과 전지구 생태계 오염 및 세계화로 피해를 보는 후진국 민족들의 지역화, 반(反)세계화 주장으로 연결되는 지역 농업 정착 문명 특히 유기농업에 대한 요청 역시 무시할 수 없다.

결국 21세기 새 문명은 디지털적 유목 이동과 에코적인 농촌 정착의 이중적 교호결합 문명일 수밖에 없는데 현재의 세계는 세계화 유목주의자들과 반세계화 지역주의자 및 생태주의자들의 대결 투쟁만이 있을 뿐 그 양자의 교호결합을 주장하는 새 삶의 원형 제시는 어디에서도 나타난 바가 없다. 이것이 붉은 악마의 그 시뻘건 로고, 치우(蚩尤)의 도깨비 모양과 깊은 관계가 있다면 어쩔 터인가?

4천 5백여 년 전 고조선 직전의 배달국(倍達國) 14대 천황인 치우는 당시 과거의 유목을 숙청하고 새로운 농경을 유일 문명으로 고집하는 중국의 황제(黃帝)에 대항하여 동아시아·중앙아시아의 여러 부족들의 오래된 유목 문명과 반도 및 해안의 새로운 농경 문명을 함께 이중적으로 교호결합하며 그것을 중심으로 채취·수렵·어로 등 생산 양식들을 다양하게 연대하는 복합적 문명을 주장하였다. 74회에 걸친 피의 전쟁은 곧 문명 전쟁이었다.

현대에 와서 다시금 요청되는 이 이중적 내지는 복합적인 문명에 대한 집단적 예언 행위가 다름아닌 붉은 악마의 치우 깃발의 테마라고 해석한다면 너무 억지인가? 역사란 계몽만에 의해서 앞으로 나아가는 것이 아니다. 때로는 신화가 계몽을 앞지르는 것이 또한 역사의 신비다.

붉은 악마들이 여러 종류의 스티커로 이마에도 허리에도 엉덩이에도 바디페인팅한 그 태극기, 망토로 스커트로 블라우스로 둘렀던 그 태극기는 무엇을 상징하는 테마인가?

한국의 태극기, 태극 형상, 태극 사상은 중국의 그것과 "같으면서도 다르다." 바로 여기에 한국 태극기의 테마가 있다.

중국 사상, 동아시아 나름의 과학과 철학의 꽃은 역(易)이니 중국엔 주역(周易)이요 한국엔 정역(正易)이다. 사회주의의 변증법과 자본주의의 배제 논리를 동시에 극복할 미래의 인류 철학과 대혼돈을 극복할 탁월한 통합적 과학은 곧 역(易) 사상이라는 확신이 우리 동아시아인보다 도리어 유럽 지식인들 사이에 더 짙게 깔려 있다. 태극기는 그 주역과 정역 그리고 또 다른 하나의, 아직은 드러나지 않은 채 미지수인 '주역·정역 사이의 관계역' 또는 '간역(間易)'이라는 세 가지 역을 다 포함하고 있는 미래 철학·미래 과학의 보물 칭고다.

그러나 중국의 태극과 한국의 태극은 분명히 같으면서도 다르다. 중국 태극은 흑백(黑白)이고 좌우로 나뉘어 서 있다. 그리고 백 안에 흑점(黑點)이, 흑 안에 백점(白點)이 있다. 네 귀퉁이의 네 괘상, 즉 하늘〔乾〕, 땅〔坤〕, 어둠〔坎〕, 밝음〔離〕의 사상(四象)은 동서남북 정방(正方)에 뚜렷이 서 있다.

거기에 비해 한국 태극의 음양은 흑백이 아니라 '푸르고 붉음(靑紅)'이며 서 있지 않고 상하로 나뉘어 누워 있다. 두 개의 점은 없고 네 귀퉁이의 하늘〔乾〕, 땅〔坤〕, 어둠〔坎〕, 밝음〔離〕, 또는 제1괘인 건괘와 제2괘인 곤괘, 그리고 제63괘인 수화기제(水火旣濟)괘와 제64괘인 화수미제(火水未濟)괘, 즉『역경(易經)』전체 64괘의 압축 괘상인 사상이 각각 동서남북의 간방(間方)에 배치되어 있는데 서 있지 않고(역 읽는 해석 방식의 원리에 따라 말한다) 비스듬히 누워 있다. 이처럼 비슷하면서도 이처럼 다를 수가 있는가?

중국인들은 한국의 태극기를 보고 "이것은 태극이 아니다!"라고 단언하는 형편이다. 태극이 아니라면 무엇일까? 왜 이처럼 같으면서도 다를까?

같으면서도 다른 것.
'아니다'이면서 '그렇다'인 것.
또는 '그렇다'이면서 '아니다'라고 하는 동학의 논리, 생명 차원이나 물질 내지 영성의 차원 변화 논리인 이 '불연기연(不然其然, no-yes, 뇌과학과 생물학과 물리학 및 그 모방인 컴퓨터의 이진법 등의 근본 원리)'론이 다름아닌 동북공정이라는 중국의 고구려사 강탈에 대한 우리의 역사 전쟁의 사관·전략·전술에 깊이 적용되어야 할 필수의 원리이기도 하다.

기왕의 한국 태극기에 대한 철학적 해석은 대체로 바탕의 흰색은 순수·동질성을, 태극은 우주 삼라만상의 근원이요 음양이라는 인간 생명의 원천, 네 괘상은 사상으로 동서남북 공간과 춘하추동 시간의 영허소장(盈虛消長, 비고 차고 줄어들고 늘어나는 것)의 영원한 질서의 상징으로서 생명·평화·조화를 뜻한다.

그렇다.
그러나 아니다. 그것만은 아니다.
이 '아니다·그렇다'의 원리가 태극과 함께 대중화되는 날이 온다. 그때 '삼태극의 춤'과 '정역(正易)에 의한 주역의 해체·재구성'과

'주역·정역 사이의 관계역(關係易) 또는 간역(間易)의 출현'이 있을 터인데 바로 그때가 '새로운 팔괘'가 나타나 태극을 재해석하고 '시천주 단전호흡법의 대중화'를 통해 '궁궁'을 체득(體得)하는 '태극궁궁'의 원형이 과학과 생활 속에서 새 세대 중심의 대문화 혁명을 일으키는 때이다(나의 회고록 『흰 그늘의 길』 제3권 227쪽과 300쪽 참조).

같으면서도 다른 한국 태극의 참다운 철학은 언제 어디서 나올 것인가?

그때가 바로 이때이다.

붉은 악마 세대(전 인구의 78퍼센트 이상의 10대, 20대, 30대 초반의 남녀)가 월드컵 때 스스로 제시한 세 가지 테마를 스스로 설명하고 자기 인식하기 위해 자기 혼자, 또는 인터넷을 통해 여러 형태로 서로서로 공부하며 토론하기 시작할 때, 그때에 비로소 이 모든 일들이 시작되고 그들로부터 새 문명론, 새 삶의 원형으로 다가올 것이다. 문명론은 바로 문사철(文史哲)로 이루어진다. 엇박(文), 치우(史), 한국 태극(哲)이 새 과학(새로운 역학·역학으로서의 생명학, 우주생명학)의 성립을 촉매할 것이다.

그때가 언제일까?

그때가 한국학 최고 최대의 명제인 혜강 최한기의 기철학·역학과 수운 최제우의 동학·유불선 및 기독의 창조 통합학 사이의 사상적 이중 교호결합이 실현될 때이다. 그때가 바로 '태극궁궁'의 원형이 확대되는 때이다.

나는 4·19 세대이면서도 4·19의 테마가 무엇인지 몰랐다. 5·16이 난 뒤에야 비로소 4·19의 혁명성을 깨닫고, 그때부터 열심히 민족,

민중, 동양을 공부하기 시작했다. 그때의 우리 공부가 바로 최한기와 최제우의 결합 공부였다. 그러나 예감이었을 뿐 성취는 뒷날로 미루어졌다.

아마 붉은 악마는 지금 이미 그 공부를 시작했을지도 모르겠다.

그 공부에 조금이라도 도움을 주기 위해 다음 세 가지만을 암시한다.

첫째, 한국 태극은 중국 태극이 말은 하면서도 실제로는 일태극(一太極)만을 추구한데 비해 그 근본의 북방계 혼돈 질서인 '삼태극(三太極, 우주의 원래의 근본 기운이요 셋을 품고 하나 노릇을 하며 음양동정〔陰陽動靜〕을 이미 제 안에 포함한다)의 춤'을 품고 있다. 먼저 이 방향으로부터 공부를 시작해야 한다.

둘째, 한국 태극은 1879년에서 1885년 사이에 충청도 연산(連山, 지금의 논산)에서 김일부 선생에 의해 공표된 한국역(韓國易, 즉 艮易)인 정역(正易) 및 동학과 함께 동학의 원형과 여율론 따위 정역의 역학적 과학 체계를 기준으로 해체·재구성되어야 할 동아시아 기철학과 중국 주역의 그 풍부한 내용 위에 담대한 새 해석을 가할 때에 비로소 해명·전개될 것이다.

셋째, 새 시대의 새 우주생명학, 즉 새로운 역(易)은 선천의 주역(先天周易)과 후천의 정역(後天正易) 사이의 상호 관계의 역, 즉 '간역(間易)'이 새로운 팔괘(八卦)와 함께 나타나고 성립되며 동학 주문(呪文)인 '시천주(侍天主) 단전호흡법의 대중화'와 함께 '궁궁수련(弓弓修練)'이 유행하면서 나타날 새 세대에 의한 새 시대의 새로운 차원의 '태극 또는 궁궁,' 즉 '혼돈의 질서'라는 원형과 패러다임의 인식에 의해 비로소 적극적으로 해명·전개될 것이다.

그 관계의 역, 간역의 예언이 감옥에서 밖으로 내보낸 동학 최수운 선생의 두 구절 시 속에 선명히 드러난다.

등불이 물 위에 밝으니 의심을 낼 틈이 없고
기둥이 다 낡은 것 같으나 아직도 힘이 남았네.
(燈明水上無嫌隙 柱似枯形力有餘)

사실 오늘 우리의 개인적·지역적·민족적·문명적·지구적이고 우주적인 삶, 그 총체적인 삶이 처해 있는 과학적 형편은 주역과 정역 사이에 양쪽에 다 걸치며 끼어 있다. 기둥은 낡았으나 아직도 힘이 남았고(先天周易) 등불이 물 위에 밝으니 의심 낼 틈이 없다(後天正易).

둘 다 유효한 것이다.

그렇다.

그 이중적 교호 관계 사이에 끼어 있는 지금 우리의 삶 자체의 생명학, 우주생명학, 즉 새 역학이 필요하다. 그것이 한국 태극이고 그 창조적 해석의 주체가 붉은 악마다. 그들이 동아시아 태평양의 새 지구 및 우주 문명을 후천개벽할 주역들, 바로 여기 앉아 있는 여러분이다.

새 문명은 천·지·인의 세 가지 조건이 맞아야 탄생한다.

동북공정, 고구려사 문제로 인해 민족 역사에 지금 큰 대중적 관심이 일어나는 까닭은 무엇인가? 천시(天時) 아닌가!

한국이 동북아, 동아시아 물류 중심(허브)이 된다는 얘기는 왜 나오는가?

또 대륙과 해양, 유럽과 아시아 사이의 부두가 된다는 얘기는 지리(地利)가 아닌가!

동아시아뿐 아니라 아메리카에까지도 불고 있는 한류 열풍은 그럼 또 무슨 조짐인가?

그 천시와 지리를 문화 속에서 통합하는 것, 즉 '인화(人和)'를 뜻하는 개인적 또는 집단적 주체라고 내가 지금까지의 강연을 통해 내내 지적하고 있는 붉은 악마 세대, 즉 여기 앉아 있는 당신들은 도대체 누구인가?

바로 이 물음!

새 세대의 공부는 바로 이 물음에 대한 답변에서부터 시작될 것이다.

제2부 다시 길 위에서

생명과 평화의 길에 관하여
— 계룡산 갑사 모임에서

「생명과 평화의 길에 관하여」란 글을 좀 읽겠습니다.

지금 우리는 생명에 관하여 그리고 그 생명의 원리 위에 터 잡은 평화에 관하여 깊은 관심과 지속적인 논의의 장을 트려고 한다.

생명은 온전한가?

우리는 과연 살아 있는 것인가?

현실은 어떠한가?

세계는 병들고 삶은 위태롭다. 인간 내면의 도덕적 황폐와 지구 생태계의 전면적 오염, 그 위에 세계 경제의 위기, 테러와 전쟁, 속수무책의 기상 이변, 그보다 더욱더 심각한 전 인류의 깊이 모를 절망과 문명에 대한 회의가 우리를 지배하고 있다. 이른바 대혼돈 Big Chaos이다.

평화!

이라크를 제외한 지역에서의 그마나 이름뿐인 평화가 지속적인 현실로서 지켜질 수 있을 것인가?

인류는 그 누구도 미국과 러시아, 중국과 일본, 그리고 유럽연합 등 저 거대 제국들에 의해서 나아가 국제연합에 의해서도 세계 평화가 현실적으로 지켜지리라는 낙관을 전혀 갖지 못하고 있다.

시정의 사회 생활과 지구적 현실에 밝은 일상인들의 불안은 물론 이거니와 심산유곡에서 수도에 매진 중인 승려들마저도 전쟁의 가능성을 감지하고 그것을 막을 대책에 목소리를 높이고 있다.

과연 평화는 아프간처럼, 또 이라크처럼 그렇게 허술하게 무너져 버릴 것인가?

과연 인류가 찾고 있는 평화는 현존의 지구 생명 질서 위에서 참답게 지켜질 수 있는 것인가?

병들고 위태로운 황폐와 오염, 경제 위기와 함께 지속되고 있는 테러, 전쟁 그리고 기상 이변이라는 대혼돈 속에서 생명은 진실로 자기를 지켜낼 수 있으며 더욱이 평화를 유지할 수 있을 것인가? 과연 아프간과 이라크의 참극은 체첸을 비롯한 아시아 전 대륙과 전 세계로 번지지 않을 것인가?

인류 중 그 누구도 현존하는 세계 질서가 참으로 깊은 생명의 진리에 토대를 둔 평화의 길을 가고 있다고 자신하지 못한다.

인류 중 그 누구도 현존의 문명권들이 스스로 생명과 평화에 대한 상투화된 자기의 오류를 깨우치지 않고는 넓은 우주 생명의 파장에 연속될 수 있는 진정한 평화를 구축할 수 있다고 생각하지 못

한다.

　인류는 이제 참으로 생명은 무엇이며 평화가 참으로 무엇인지를 생각하기 시작했다. 겸손되이 제 가슴에 손을 올려놓고 이제까지 모든 인류의 문화와 문명에 오류가 없지 않았음을 생각하기 시작하였다.

　여행 중에 있는 그 어느 나그네를 붙들고 물어도 세계의 남과 북 중에 사상의 동과 서 가운데에 완전하고 참다운 진리는 없다는 대답을 듣게 될 것이다. 밭을 갈거나 나무를 손질하고 있는 그 어느 시골 토박이를 붙들고 물어도 이 지상에는 완전하고 오류 없는 생명과 평화의 지혜는 아직 오지 않았음을 확인할 것이다.

　우리는 이제 분명히 확인한다. 현존의 세계 문명은 명백한 오류에 빠져 있다. 우리는 지구 생명의 진면목을 아직도 모르고 있으며 아직도 그 면목 위에서만 가능한 살아 있는 영구 평화를 깨우치지 못하고 있는 것이다.

　어찌할 것인가?

　유럽과 아메리카의 지식인들은 동아시아를 바라보기 시작했다. 동아시아의 지식인들은 동아시아에서 참다운 대혼돈에 대한 대안이 나올 것이라고 자부하고 있다.

　그러나 우리는 우리가 지금 제기하고 있는 '생명과 평화의 길'은 바로 이 같은 쓰라린 현실 인식의 산물일 뿐 전혀 우리의 전통적 문명과 문화를 과시하거나 과장하려는 조그마한 오만과도 무관함을 강조하는 바이다.

　인류는 크게 깨달아야 할 때가 되었으며 지구는 이제 바야흐로 깊이 자기의 진실대로 움직여야 할 때가 된 것이다. 우리는 문화의 동과 서, 문명의 남과 북의 차이와 울타리를 훨씬 넘어서고 참다운 생명의 진리를 현실화하며 그 진리 위에 진정한 영구 평화를 구축하기 위한 목적 의식으로만 이 길을 갈 것이다.

그렇다.

생명과 평화의 길. 이 길은 한반도의 남쪽으로부터 작은 소리로 시작되었지만 이 길은 바로 동아시아의 연대의 길이요 지구 인류 전체의 길이며 생명, 무생명을 넘어서는 인격-비인격의 우주적 공동 주체가 그 자신들의 참다운 자유의 만개와 눈부신 만물 평온의 질서를 세우기 위한 길, 이른바 대혼돈을 극복할 진리의 길임을 확신하며 그 길로 함께 갈 것을 제안하고 그 길에서 한잔 진리의 생수를 나누어 먹자고 발의하는 바이다.

그렇다.

생명과 평화의 길.

이 길밖에는 우리, 그리고 온 인류의 온전한 길이 없음을 확신한다.

우리가 인식해야 될 대상과 우리가 공부해야 될 내용과 우리가 걸어가야 할 방향에 대해서 한마디가 없을 수 없으므로 말하겠습니다. 아시다시피 지금 전쟁, 테러에 겹쳐서 기왕의 소위 유럽과 아메리카의 대언론들이 중요한 때마다 지적하는 지구 사태, 지구의 현실인 빅 카오스, 대혼돈이 더욱더 혼돈해지고 있습니다. 인간의 내면적 황폐화, 신자유주의 세계화로 인한 세계 시장 전체의 실패, 빈부 격차가 이전보다 훨씬 더 심각해졌고, 그 결과를 우리는 IMF를 통해서 쓰디쓰게 경험했습니다. 나아가 생태계 오염과 기상 이변까지 겹쳐서 참으로 현대 문명은 대안이 없이 점점 더 나쁜 성질의 대혼돈에 빠져들고 있습니다. 따라서 우리가 지금 말하고 있는 '생명과 평화의 길,' 생명과 평화의 문명, 생명과 평화의 길에서 우리가 획득하는 원형 archetype, 또는 패러다임에 의해서 비로소 나타나기 시작할 탁월한 통합적 과학에 의해서만이 이 대혼돈이라는 문명의 병은 치유될 것이고 지구와 인류가 살아날 것으로 봅니다.

중국 문헌으로 알려져 있지만 갑골학(甲骨學) 이후 최근에 많은 학자들에 의해서 연구 검토되고 있는 『산해경(山海經)』, 산해경은 요동의 동이계의 방사, 술사, 점쟁이나 무당들에 의해서 만들어진 경전이라는 것이 이젠 확실해졌습니다만, 『산해경』 안에 이런 말이 있습니다. 예맥, 숙신은 원래 "호생불살생(好生不殺生), 산 것을 좋아하고 죽이는 것을 싫어하며, 호양부쟁(好讓不爭), 양보하기를 좋아하고 서로 다투기를 싫어한다. 그래서 불사군자지국(不死君子之國), 죽지 않는 군자의 나라다." 본디 우리의 민족 사상이 바로 인류 문명이 요구하고 또 부딪히고 있는 대혼돈에 대한 대안, 생명과 평화의 삶을 강령으로 하는 참으로 교양 있는 성숙한 나라, 즉 '군자의 나라'라는 이 말에서 '생명과 평화의 길'이 우리 전통 안에 있음을 확인하고 자부심을 가져야 되겠습니다. 어떠한 운동도 자기가 가고 있는 길에 대한 자기 동의, 즉 자기 긍정의 자부심이 없이는 얼마 가지 못하는 법입니다.

『부도지』와 같은 고서에는 1만 4천 년 전에 마고성(麻姑城), 그러니까 중앙아시아에 있었다는 마고성에 인간과 지구 사이에, 그리고 지구와 주변 우주와의 사이에 질서의 평온, 즉 근원적인 우주 평화가 깃들어 있었다는 신화가 있습니다. 이와 같은 우주 구조의 평온함으로부터 우리는 많은 것을 배워야 합니다. 세 성단, 별의 큰 무리, 즉 자미(紫微), 태미(太微), 천시(天市)라는 세 성단이 고구려 「천상열차분야지도(天象列次分野之圖)」에서 파악되는데, 바로 이 대 성운군들의 움직임으로부터, 특히 천시원(天市垣)의 움직임으로부터 오는 율려, 즉 우주 음악, 우주 질서의 율려, 소(巢)라는 높은 대 위에 올라가서 측정했다고 합니다만, 바로 이 율려에 따라서 조직된 것이 천시(天市)이고, 이 '천시'를 후에 회복한 것이 '신시(神市)'였고 그 이후의 신시가 고조선 이전의 인간의 신령한 경제 생활과 사회 생활의 표준이 되었다고 합니다. 우리 민족의 표어가 되어 있는 다물(多勿), 고토 회복이란, 잃어버린 영토의 회복이라는 뜻이 아니고 바로 저 아득한 마고성 1만 4천 년 전에 누릴 수 있었던 지상과 천상, 그리고 인간계의 평화, 이 끊임없는 평화를 다시 회복하겠다는 평화 회복의 절규인 것이지 영토의 확장을 의미하는 것이 전혀 아닙니다. 따라서 우리 민족 전통에 대한 존중, 즉 오늘의 '다물'은 바로 보편적 생명 화육(化育)과 태평의 세계 질서를 새롭게 세우기 위한 '생명과 평화의 길'을 시작하는 첫걸음이 되어야 합니다. 민족을 무시한다든가 또는 반대로 세계를 무시하는 양극단의 사상을 다 경계해야 합니다. 1만 4천 년 전만이 아니라 6천 년, 3천 년 전, 그리고 19세기 후천개벽 사상 안에서도 우리는 우리가 반드시 현대적으로 재해석하고 재창조해야 될 전환기의 원형 또는 패러다임을 발견할 수 있습니다.

최근 동학 얘기가 시끄럽게 난무하는데 동학을 기학, 중국의 기철학쯤으로 좁혀 보는 것은 물론 동학의 한 단면으로서는 인정할 수 있습니다. 왜냐하면 동학에는 외유기화(外有氣化)라는 근본 원리가 있으니까요. 그러나 이 외면의 기화, 기의 움직임, 기의 복잡화, 진화와 함께 오히려 그보다 더 근본적이고 더 중요한 것은 내유신령(內有神靈), 내면에 신령(神靈)이 있다고 한 맨 첫 구절입니다. 내면에 신령이 있다는 것은 이 신령이 물질 내지는 생명 질서 안에 주체로서 자리 잡고 있어서 이 신령이 원하는 바에 따라 자기 조직화하는 것이 바로 진화고, 생활 양식 life form의 자기 조직화 과정으로서의 물질 연관이라는 것입니다. 이것은 오늘날에도 진행되고 있는 자유의 진화론, 자기 선택이나 자기 조직화의 진화론의 원리이기도 합니다. 지금 첫번째 촛불 시위니 그 이전의 붉은 악마기 바로 자기 조직화의 진화 원리에 의해서 이루어진 운동들입니다. 이른바 내부 공생, 즉 '엔도심비오시스 endosymbiosis'입니다. 환원주의 원리에 의해서 조직이 촉발되고 확장되고 직접 의도적으로 강압되어졌던 예전의 그런 조직 활동이 아니라 자발적 과정에 의해서 우연히 그리고 유연하고 다양하고 자유롭게 모여서 어느덧 700만이라는 군중이 그 요란하면서도 질서정연한 역설적인 분권적 융합의 모습을 창조했던 것입니다. 이것이 다 새로운 진화론에서 설명하는 개체적 분권 융합, 누군가의 말처럼 '밀실들의 네트워크'입니다.

이 새로운 진화론을 지적한 것이 동학에서는 시(侍), 즉 '모심'에 대한 설명으로서, 안으로는 신령, 즉 의식, 정신이 있고 밖으로 기의 흐름 또는 복잡화, 사회화, 조직화, 창조적 진화, 기의 진화가 있다는 것입니다. 그리고 각각 개체가 먼저 태어나되 그 개체 안에 숨겨져 있는 저마다의 우주적 전체성을, 저마다의 소사회, 저마다의 소집단을 자기 조직화 과정에서 만들어가는 것, 이루어가는 것이 바로 동학의 '일세지인 각지불이(一世之人 各知不移)'입니다. 한세상 사람이 서로 떨어질 수 없는 존재임을 각각 스스로 깨달아 자기 나름나름대로 실현한다. 또 혜강 최한기가 뭐라고 했습니까? 철학적으로는 일신운화(一身運化), 대기운화(大氣運化)라 해서 자기 한 몸에 우주의 원리를 받아들여 자기가 크게 깨달은 뒤에는 스스로 교접운화(交接運化), 자기 주변에서 만나는 친구들 사이에 조그마한 소사회를 구성해 나간다고 그랬습니다. 이래서 19세기의 철학자가 오늘의 진화론을 먼저 일찌감치 얘기한 셈입니다. 수운만이 아니라 혜강이 그러했고, 또한 주역을 새로운 시대의 역으로, 역학 즉 동양 과학입니다만, 그것을 1879년에서 1885년 사이에 창조, 공포했던 충청도 논산의 김일부 선생의 정역(正易)에 의하면 바로 이와 같은 교접운화나 소사회 구성 활동, 또 개체가 먼저 나오되 전체를 나름나름으로 실천해 깨달았던 것들이 바로 오늘날의 젊은이들이 요구하는 촛불이나 붉은 악마나 또는 소위 밀실의 네트워크와 똑같은 원리인 것입니다. 개체가 먼저 중요하고 개체 안에서 안으로 내면적으로 소망하는 자기들 나름의 사회를 스스로 만들어 나가는 개체를 잃지 않는 분권적 융합(퓨전), 즉 자기 조직화에 바로 연결됩니다.

  기이하고 또 기이한 일입니다. 벌써 19세기, 백여 년 전에 요즘 한 20년 전부터 일기 시작한 자기 조직화의 진화론이 그때 이 반도에서 시작되었다는 겁니다. 아주 이상한 일입니다. 김일부 선생 같은 분은 역학, 즉 주역이라는 전통적 동양 과학에 입각해서 이러한 정역 사상을 발표합니다. 정역에는 십오일언(十五一言)과 십일일언(十一一言)이라는 부분들이 있습니다. 십오일언은 우주적으로 자각한 성인, 아주 훌륭한 지식인들, 이 사람들은 정치나 경제, 사회에 절대로 관여를 안 한다고 되어 있습니다. 문화, 종교, 또는 영적인 가르침에만 종사하고 정치, 사회, 경제 등은 십일일언으로 민중들이 스스로 알아서 고대 태양 정치와 같은 이상적인 무위(無爲) 정치를 해나간다고 되어 있습니다. 이것의 핵심 원리가 여율(呂律)입니다. 율려(律呂)가 무엇입니까? 남성적인 코스모스 질서가 율이고 여성적인 것, 카오스, 혼돈이 여입니다. 동양의 주역에서는 그렇습니다. 그런데 먼저 이 남성적이고, 질서정연한 코스모스가 앞장서 있던 지난 3천 년간의 동양 과학, 동양 철학의 핵심은 율려였습니다. 그리고 이 시대에는 여성을 비롯한 오랑캐, 민중, 소인, 또 생명 없는 물건들, 동식물들 전부가 율, 즉 남자, 그중에서도 군자, 제후, 천자, 귀족들보다 억압되어야 할, 다스려야 할 못난 것으로 되어 있습니다. 이 관계를 김일부 선생은 1879년에서 1885년 사이에 공포된 정역의 체계 안에서 거꾸로 여율로 뒤집어버립니다. 여율, 카오스가 먼저고 코스모스가 뒤에 있는 '양을 고르게 하고 음을 춤추게 한다(調陽律陰)'입니다. 음을 누르고 양을 떠받든다(抑陰尊陽)의 주역 질서와는 정반대입니다. 동학계 사상사에서 이 지점이 굉장히 중요한데 잘 들어주시기 바랍니다.

동학에서 이와 비슷한 소리는 원래 최수운으로부터 시작되죠. 김일부보다 20년 전이니까. 뭐라고 했느냐. 지기, 하느님을 지기라고 불렀습니다. 지기(至氣), 지극한 기운. 그것을 설명해서 '혼원지일기

(混元之一氣)'라고 합니다. 혼돈한 근원의 태극 질서, 일기(一氣)는 주역에서 태극을 말합니다. 태극은 주역 2,800년 동안 동양 세계관 위에 드높이 자리 잡고 지배했던 코스몰로지, 질서정연한 우주론의 상징, 원형입니다. 음양이 돌아가면서 태극을 이룹니다. 그 태극이 일기, 한 기운입니다. 그런데 그 태극, 그 일기 앞에 혼원지(混元之)가 붙어 있습니다. 혼돈한 근원의 우주 질서란 말이니 역설이요 모순 어법인데, 이 말이 뭐하고 연결되냐 하면, 후세에 들뢰즈와 같은 후기구조주의자가 자기 사상의 핵심으로 보고 있는 카오스모스, 카오스적 코스모스에 일치합니다. 이 혼돈의 질서가 무엇을 의미하느냐. 혼돈까지는 유럽의 철학이나 과학이 다가갔습니다. 20년 전에 노벨 화학상을 받은 것은 열을 가했을 때 발생하는 물의 혼돈 상태, 기의 비평형, 산일(散逸), 흩어지는 상태에서 물이 어떻게 자기의 물질적 존재를 변화시켜 나가느냐. 액체가 기체로, 대류로 변화시켜 나가기 위해서 물방울 사이에 우리는 잘 알 수 없는 커뮤니케이션이 진행된다. 이상한 화학 과정이 있다. 그런데 일리야 프리고진은 바로 이렇게 이 카오스가 곧 현실의 세계 질서라는 것을 강조해서 인류를 놀라게 했지만 다음에 그 카오스를, 예를 들어서 경제적인 시장의 전환과 발전, 도시의 난개발 같은 곳에 이것을 전부 적용합니다. 그러나 그뒤에 요구되는, 요청되는 그 혼돈 나름의 독특한 질서에 대해서는 대답을 못 하고 있다가 한 10여 년 전에 그 카오스로부터 발전한 그 나름의 질서, 카오스코스모스를 설명하기 위해서 이미 죽어서 생명력이 다한 헤겔 변증법의 합명제를 끌어들여서 지금 막 진행되고 있는 우주 질서와 지상의 카오스적 팽창, 과거의 팽창, 또 여러 복잡한 지구

의 카오스를 봉합해버리고 맙니다. 여러분 봉합이라는 말의 뜻은 진정한 결합 또는 통일이 아닙니다. 계속 모순이 진행되고 갈등이 진행되고 있는 것을 우격다짐으로 봉합해버리는 것, 이것은 동양 특히 중국 사람도 수십 세기에 걸쳐 마찬가지로 그러했지요. 이미『장자(莊子)』에는 혼돈에 관한 얘기가 나오고 있고, 선불교(禪佛敎)와 화엄학에는 혼돈한 깨달음의 경문들이 가득 차 있습니다. 그뿐만이 아니라 유학의 꽃이라고 불릴 수 있는 주역(周易), 역의 여러 가지 발전 과정은 상당한 정도로 카오스에 그 토대를 두고 있습니다. 그러나 수직적인 군자 중심, 제후 중심, 천자 중심의 농본주의 사회, 가부장제와 천원지방(天圓地方)의 한계 안에 있었던 세계관, 하늘은 둥글고 땅은 모나다는 농업 중심주의. 이 중국의 2,800년의 세계관을 담당했던 지식인 관료들, 지칭 공지의 제자들은 이 카오스를 유럽보디는 조금 더 교묘하게 유럽보다는 훨씬 더 유연하고 능청스럽게 봉합해버리고 맙니다. 이것을 잘 기억해두시기 바랍니다.

우리가 만약 동아시아로부터 새로운 문명, 새로운 문화 또는 새로운 철학과 과학을 새 해석으로 정립시키려면 동학이 제기한 혼원지일기, 혼돈한 태극, 혼돈의 질서 또는 수운 선생이 계시를 통해서 보았던 부적, 즉 새 삶과 새 세계의 원형인 태극궁궁, 그 모양이 태극이고 또 그 모양이 궁궁(其形太極 又形弓弓)인 하느님의 이 영부(靈符), 이 천부(天符), 하늘의 부적에서 첫 실마리를 찾아야 합니다. 이는 문명 전환기의 새 삶과 세계를 결정하는 원형입니다. 그 부적이 바로 원형입니다. 아키타입, 패러다임. 그 모양은 태극이고, 또 그 모양은 궁궁이다. 태극은 주역의 핵심 원리입니다. 즉 코스몰로지, 동양 코스몰로지의 상징입니다. 우주론, 질서들, 그 남성 중심, 제후와 군자 중심의 질서를 나타내는. 수학도 역시 음양 태극의 전개 과정에서의 여러 수리적 질서들, 태극인데 동시에 궁궁(弓弓)이라 했는데, 활 궁 자 두개, 이 궁궁이 무엇일까요? 여기에 수운의 사회 혁명가로서의 천재적인 자질이 있다고 보는데, 수운 자신의 설명에 의해서 보다라도 자기가 도를 깨닫기 이전에 그 반세기 동안 동아시아는 혼돈에 빠집니다. 이양선(異樣船), 서양배가 서해상에 끊임없이 나타납니다. 여러분도 아시다시피 코쟁이들이 남연군 그러니까 대원군 아버지 묘지를 도굴하기까지 합니다. 베이징을 침략해 이화원을 불 지르고 아편전쟁에서 중국을 패퇴시킵니다. 더군다나 예수교를 동양식으로 전개했던 태평천국운동, 태평천국운동은 사실은 한족 혁명이지만 예수의 동생이라 하며 토지와 사회의 전면 개혁을 전개합니다. 그런데 이것도 똑같은 예수를 믿는 서양인들에 의해 실패합니다. 수년에 걸친 콜레라, 수년에 걸친 가뭄, 수십만의 농민들이 전부 농지를 잃어버리고 길바닥에 나앉아 있는 광경을 다산 선생이 여러 군데에서 기록하고 있습니다. 이렇게 혼란스럽습니다. 그때에 돈 있는 자, 없는 자, 또 늙은 자, 젊은 자, 남녀가 모두가 궁궁을 찾아 돌아다녀요. 궁궁만이 살길이다라고 소문이 굉장했지요. 예를 들면 홍경래의 난 때에는 '이재송송(利在松松),' 소나무 밑에 들어가야 산다, 또 어떤 반란 때는 '이재가가(利在家家),' 집 속에 들어가야 산다 그랬지요. 이와 똑같이 이재궁궁(利在弓弓), 이 말이 『정감록』에 나옵니다. 『정감록』은 정말로 원한에 가득 찬 민중 자신의 불만과 환상과 피난과 변혁과 반역을 표현하는 사서(史書) 아닌 사서입니다. 민중들의 어떤 기이한 힘을, 카오스, 대혼돈인 궁궁이 바로 그것을 대표합니다.

오늘 우리가 와 있는 이 계룡산이 궁궁의 가장 대표격입니다. 회룡고조(回龍顧祖), S자로 돌아갔다가 꼬리가 머리를 바라보는, 손자가 할아버지를 바라보는 형상이 이 계룡산입니다. 한편 굉장히 불길하고 한편으로는 동시에 편안한. 그래서 일명 반궁수(叛弓手)라고 부릅니다. 반궁수는 고구려의 벽화에서 말을 동쪽으로 몰고 가면서 활을 서쪽으로 쏴서 짐승을 잡는 바로 그 사법, 사냥법입니다. 이 형국이 바로 계룡산입니다. 어째서 그럴까요? 궁궁, 혼돈이기 때문에 모양도 혼돈입니다. 여기 계룡산을 예로부터 삼태극이라 그랬지요. 산태극, 수태극, 도태극, 산도 태극, 물도 태극, 길도 태극, 태극형인데 이걸 궁궁이라 그러는 이유는 뭘까요? 계룡산은 원래 송도, 고려가 망한 이후 송도에 남이 있던 고려의 왕족, 귀족들이 피난을 온 곳입니다. 송도의 오관산이 똑 계룡산 모양이랍니다. 여기 피난 와서 여기서부터 파생된 게 계룡산 중심의 비결들입니다. 우리의 동학이나 민중 사상의 발생 과정의 전야지요. 전야에 해당하는 계룡산, 모악산, 지리산의 자생적인 민중 사상을 깊이 들여다볼 필요가 있습니다. 왜냐하면 민중 사상, 특히 계룡산의 사상, 궁궁 사상은 피난과 변혁을 동시에 요구합니다. 피난, 즉 반란이라든가 전쟁이라든가 그런 재앙을 피하면서 동시에 새로운 전쟁, 반란을 통한 역성 혁명, 사회 혁명을 요구하는, 이게 역설이고 모순이죠? 평소 서로 다른 이 과정, 예를 들어서 민중의 이중성, 생명의 역설적 이중성을 가장 잘 탐지한 사람들을 민중이라고 부르는 것입니다. 예를 들어서 십 년 전 우리 고영조 씨가 있어서 부안을 드나드는데 내가 참 놀란 게 있어요. 예를 들어서 환경 운동 비슷한 이야기하다가 부안은 어떻게 하는 게 좋겠습니까? 아 자연 보호해야죠. 그 다음에 좀 관청과 관계가 있든가 잘사는 사람들하고 얘기하면 아 개발되어야 한다, 개발 안 하면 우린 못산다. 그럼 똑같은 동네에서 개발, 자연 보호를 동시에 요구하는, 이게 뭘까? 피난과 변혁을 동시에 요구하는 거나 크게 다르지 않습니다. 이게 혼돈입니다. 그러니까 혼돈 나름이지. 태극과 궁궁을 똑같이 태극에서 궁궁, 궁궁에서 태극이라 하는 것이 다름아닌 후천개벽 사상, 동학의 후천개벽 사상의 핵심입니다. 이것을 여러모로 민중사의 관점에서 복합적, 역설적, 카오스모스적으로 이해하지 않고 기를 그저 기철학의 그 기라고 말했다고 해서 유학으로 뒤집어 엎어버리면 아주 무책임한 말이 됩니다. 내가 왜 이 얘기를 하는지를 말씀드리겠습니다. 하나만 봤지 둘은 모른다는 얘기입니다.

그러면 이 얘기가 아까 여율까지 갔습니다만 19세기 사상에서만 나오느냐, 19세기 사상이 후천개벽인데, 후천개벽이 뭡니까. 수운이 말한 선천개벽인 5만 년 전에서 1만 4천 년, 1만 년 전, 혹은 6천 년 전에 걸쳐서 내려오는 사상의 비밀, 고조선에서부터 흘러오는 고대 사상 속의 어떤 우주 질서에 관한 비밀을 다시 회복하는 겁니다. 그래서 수운이 이 주역의 복괘(復卦), 무왕불복(無往不復)을 말한 것입니다. 한 번 간 것이 다시 돌아오지 않음이 없다. 이것이 곧 처음이 다시 회복한다는 뜻입니다. 이것이 후천개벽입니다. 또 강증산의 원시반본(原始返本)은 뭐냐. 5만 년, 1만 4천 년, 1만 년, 6천 년 전의 상고, 고대가 다시 회복된다는 것입니다. 그러나 주의할 것은 반드시 새 차원에서 창조적으로 회복되는 것이지, 단순 반복이 아닙니다.

이른바 차이와 반복이 같이 있습니다. 『부도지』에서는 이런 이상한 우주 질서를 팔려사율(八呂四律)이라고 부릅니다. 나는 이 개념을 보면서 등골에 소름이 쫙 끼쳤는데 왜 소름이 끼치느냐? 아주 지독한 과학적 탐구나 철학적 모색에 의해서 겨우 유럽의 주류 사상인 존재론, 실체론, 즉 코스모스론으로부터 떨어져 나오는 새로운 핵심 원형이라고 부르는 사상, 예를 들면 들뢰즈가 카오스모스라고 부르는 것, 카오스에서부터 빠져나오는 민중의 내면적인 우주 생성의 그림자로서의 카오스 문화라고 부르는 것, 민중의 내면 생성의 그림자라는 건 뭘까요? 우리는 이런 말을 생각할 수 있습니다. 여율, 즉 여성성과 카오스가 더 중요시되고 남성성이나 코스모스, 질서가 오히려 배합적, 보완적 요소로 부분 결합되어야 한다는 것이 여율론입니다만, 이 반대가 3천 년 전의 중국 우주론인 율려(律呂)입니다. 그런데 이것들의 근본을 따져서 이 근본을 더욱더 격렬하게 카오스 중심으로 강조한 기우뚱한 우주 원리가 팔려사율입니다. 여성성이 8이며 카오스가 8이고 남성성이 4요 코스모스가 4란 얘기입니다. 왜 이런 얘기를 하느냐, 우선은 당연합니다. 왜냐하면 마고가 주인입니다. 지리산의 산신이 마고할미죠. 우리 민족의 할머니는 마고입니다. 이 마고할머니가 남편 없이 딸을 낳습니다. 궁희(穹姬)와 소희(巢姬)입니다. 궁희와 소희 역시 결혼하지 않고 네 천인(天人)과 네 천녀(天女)를 낳습니다. 3대, 4대 동안 모계가 지속됩니다. 이건 뭘 의미하는 거냐. 즉 남성 지배의 문명 사회 이전에 있었다는 모계 사회가 과연 진짜냐, 가짜냐? 바흐오펜 Bachoffen은 모계 사회가 실재했다고 주장합니다만, 그것은 아마 카오스가 지배했던 사회, 소위 우로보로스 Uroboros

사회, 뱀이 제 꼬리를 물고 빙빙 돌아가는, 이게 원시와 고대의 세계 질서, 즉 원시간(原時間)입니다. 이게 동서양이 같습니다. 그럼 어디서부터 이 시간이 깨지느냐. 시작하는 쪽으로 다시 돌아가는 이 시간이 깨어지는 것이 문명의 시작이죠.

우린 탈춤에서 이걸 고리라고 해요. 환(環) 또는 환중(環中)이죠. 기승전결(起承轉結), 소위 아리스토텔레스적인 시학(詩學)의 원리가 아닙니다. 일어나고 전개되고 전환되고 반전이 있고 클라이맥스가 있고 그 다음에 카타스트로프가 있고. 그런 것을 소위 드라마투르기 dramaturgy라 그러죠. 그것이 전부 세계를 지배하는 유럽의 시간관입니다. 그래서 지금보다는 내일이 낫고 모든 유토피아는 내일에 있고 하느님도 내일에 내려오는 묵시록의 예루살렘이고. 이걸 반대로 하면 동양에서는 120년 내지 60년마다 순환하는 완성된 모습 가운데서 예컨대 주나라 시대로 가자, 삼대, 즉 하·은·주 시대로 가자, 삼황오제 시대로 가자, 전부 상고입니다. 옛날로 돌아가는 것. 이것은 과거가 바로 또 미래입니다. 즉 낙원입니다. 심지어 공자 제자들은 수사학(洙泗學) 시대로 가자 그러지요. 그 공자 시대를 수사학(洙泗學) 시대라고 합니다. 그러니까 미래든 과거든 간에 하나의 낙원을 형상하는 것, 그러므로 지금은 아니에요. 현대는 이런 시간관이 지배하는 것이 아니지요. 혼돈과 함께 새로운 시간이 시작됩니다. 탈춤의 시간입니다. 탈춤은 전부가 시작하는 데로 다시 돌아가죠. 그러면서 그것이 또 그 다음 마당하고 연결이 되면서 숭덩숭덩 자르듯이 분산돼요. 따로따로 열두 마당. 이게 뭘까요? 카오스모스. 카오스죠. 질서가 없어요. 그러나 그 안에서의 움직임은 유기성을 갖는다. 서로 생명 있는 연결성을 갖고 있다. 이게 다 근원이 우리 민족 내지 동아시아의 전통 사상에서부터 내려오는 겁니다. 이것이 카오스모스고 그 카오스모스의 가장 결정적, 웅변적 표현이 팔려사율, 여성성 카오스, 혼돈이 팔이면 남성성 코스모스, 질서가 사, 배수인데, 팔과 사의 관계를 역(易)에서는 예컨대 팔풍사위(八風四位)라고 해서 아주 어렵습니다. 그러나 하여튼 이런 것이 카오스모스인데 이것이 이제야 후기구조주의자 들뢰즈에 의해서 혼돈론, 혼돈 문화 이론으로 나오는 것입니다. 그러나 들뢰즈의 경우는 혼돈으로부터 이제 비로소 태어나는 카오이드, 즉 질서 지향의 카오스로부터 나오는 것이지 애당초부터 카오스이면서 코스모스인 그런 생동하는 사상이 아닙니다. 이것을 주의해서 보십시오. 이제 프리고진도 결국은 헤겔에서 합명제를 빌려다가 그 혼돈을 봉합합니다.

이게 앞으로 동아시아, 특히 한민족이 세계의 새로운 문예 부흥, 문화 혁명, 문명 건설에 있어서 내놓을 수 있는, 또 내놓을 것이 틀림없는 창조적 원형 제시의 역할, 성배(聖杯)의 민족으로서의 소명입니다. 그리고 이런 철학에서의 부분부분은 중국의 자칭 공자 제자라는 관료 지식인들이 봉합했던, 통치 철학의 수직적, 체계적 코스몰로지로 봉합했던 장자의 혼돈 같은 것, 알지요? 혼돈이라고 하는 중앙의 왕인데 주위의 왕들이 달려들어 전부 귀를 뚫고 머리를 뚫고 하니까 죽어버리죠? 공자 제자라는 떨거지들에 대한 장자의 혹독한 풍자입니다. 또 『화엄경』은 뭐예요. 8만 4천 가지의 법문을 우주의 그 그물, 그물코마다 서 있는 보살들 전부가 법문하는 겁니다. 얼마나 요란스럽습니까? 8만 4천 가지의 법문이 한꺼번에 들린다면 시끄러워서 견딜 수 없을 것입니다. 이게 카오스입니다. 그러나 그 안에는 아주 지독한 진리가, 코스모스 이상의 코스모스가 들어 있어요. 그리고 그 숱한 선학(禪學)의 법문과 게송들은 다 뭡니까? 제멋대로인데 그 안에 오묘한 진리가 들어 있지요? 이게 바로 카오스모스입니다. 주역은 뭡니까. 보세요. 효(爻)와 괘(卦)로 이루어지는 그 주역의 질서 전체가 하나의 과정이고 변화이고 생성이고 생명이자 혼돈인데 이것이 이상하게도 음과 양, 양과 음으로 빙빙 돕니다. 한 번 음하면 한 번 양하고 한 번 양하면 한 번 음하고 낮이 밤이 되고 밤이 낮이 되고 이렇게 돌면서 중용을 찾으니 천지인(天地人) 셋이 됩니다. 중용이 곧 코스몰로지입니다. 중국인들은 본디 동이계로부터 삼수분화론의 천지인 삼태극(삼극과 음양이 함께 작동하는 우주론)을 받아들였으나 겉에만 내세우고 실제로는 이수분화론인 음양과 일태극만 강화했지요. 그러니까 봉합했다는 얘기가 여기서 나오는 것입니다. 이 봉합을 풀어야 소위 동아시아의 살아 생동하는 혼돈 나름의 독특한 질서의 전통 사상이 문자 그대로 살아 생동하는 세계에 대해서 기여합니다. 세계는 아까 뭐라고 했습니까. 빅 카오스에 빠져 있기 때문에 대혼돈을 치유할 수 있는 혼돈 나름의 질서, 즉 혼돈의 질서, 카오스에 빠지면서 즉 카오스라는 질서를 인정하면서 동시에 그 카오스로부터 빠져나오는 것, 즉 그 카오스를 극복하는 그런 민중의 내면성의 생성, 그 그림자로서의 문화를 말합니다. 조금 어렵게 얘기한 것 같기는 한데 그것이 이제 우리가 토의하고 연찬하고 사유하고 실천해야 될 새 문화 창조의 역할이고, 이것을 요즘 말로 표현하면 '생명과 평화의 길'로 나타난다는 것입니다.

그 얘기를 조금만 더 하겠습니다. 예를 들면 루돌프 슈타이너 Rudolf Steiner 같은 사람은 죽기 20년 전, 자기 제자들한테 유언을 남겼는데요. 루돌프 슈타이너는 오늘날 독일의 녹색 운동, 유기 농산물 운동, 영성 운동, 소위 발도르프 학교의 창설자로서 새로운 교육 운동의 선구자입니다. 아무튼 유럽의 대신비주의자인데 이 사람이 제자들에게 유언한 것이 다음과 같습니다.

"인류 문명의 대전환기에는 반드시 새로운 삶의, 혼돈한 삶의 새로운 원형을 가르쳐주는 성배(聖杯)의 민족이 꼭 태어난다. 로마가 지배했던 지중해 문명이 쇠퇴할 때 새로운 삶의 원형을 제시해준 것이 이스라엘 민족이었다. 그러나 오늘날 지중해 문명보다 더 혼돈스러운 대전환기, 에포크, 인류 문명사 전체의 전환, 심각한 이 전환기에 성배의 민족이 필연코 나올 텐데, 그 민족이 어디에 있겠느냐. 극동에 있는 것만은 틀림없다. 찾아봐라."

슈타이너의 일본인 제자 다카하시 이와오(高橋巖)씨가 이 이야기를 나에게 하고 또 가끔 글에도 쓰는데, 이 얘기를 반드시 기억할 필요가 있을 것 같습니다. 다카하시 이와오는 10여 년간, 일본이 바로 극동에 있으니까 일본이 그 민족일 것이다라고 짐작하고 끊임없이 책을 읽고 일본을 검토했습니다. 그 결과 창세의 신화에서부터 일본 역사는 피가 흥건히 고여 있습니다. 『고서기』『일본서기』, 신들 사이에 질투가 있고 투쟁이 있고 간계가 있습니다. 이와오는 그 성배의 민족이 일본이 아니라 한민족임을 발견한 것입니다. 그리고 그 원형이 동학이라는 것. 내가 너무 자꾸 이러니까 쇼비니스트라고 하는데 쇼비니스트면 또 어떻습니까? 오히려 이스트 터닝 east turning이 아메리카나 유럽의 지식인층에서는 대유행입니다. 그 사람들은 오히려 우리한테 큰 기대를 하고 있는데 우리는 우리 자신을 개 뭣만도 못하게 알고 도무지 모를 뿐 아니라 공부도 안 하니 이게 어떻게 된 겁니까? 그렇다고 유럽 학문을 완전히 포기하자는 얘기 아닙니다. 내가 보기에는 베르그송, 그 이전에 라이프니츠나 스피노자, 그리고 베르그송으로 모인 생명철학이 곁길로 나갔죠. 로젠베르크 Alfred Rosenberg를 통해서 파시즘 철학으로 나갔죠. 딜타이도 그렇죠. 파시즘의 철학도 생명철학입니다. 다 기(氣)에서 나갔지요. 그러니까 다시 이게 그레고리 베이츤 Gregory Bateson 같은 생물학자, 데이비드 봄 David Bohm 같은 물리학자로 들뢰즈와 지금 살아 있는 미셸 세르까지 그러니까 이 흐름은 플라톤 이후 유럽의 존재론, 실체론의 주류 철학이 아니라 비주류인데 유럽의 비주류인 생성철학이 오히려 한국의 고대 사상에서부터나 19세기의 최한기, 최수운, 김일부, 강증산의 흐름에 연속되는 것 같고, 중국의 봉합된, 죽어 있는 혼돈의 우주론 등과도 연결될 것 같습니다. 반대로 말하면 소위 공자 이후의 중국 철학의 대부분이 유럽의 주류 철학과 비슷하다는 겁니다. 실체론, 존재론 하면 하이데거 아닙니까? 하이데거 하면 또 데리다. 문제가 많습니다. 왜 그러냐 하면 들뢰즈 같은 사람이 왕따 당하잖아요. 왕따 당하고 하도 화가 나니까 자살해 죽어버린다고. 그런데 그의 카오스적인 사상의 흐름이 이상하게도 우리나라 사상의 흐름과 가깝고 소위 화이트 헤드하고 가깝단 말이지요. 이게 무슨 조짐일까요? 중국의 이른바 주류 철학은 현대의 모습으로는 유럽의 플라톤 이후 존재론, 실체론과 같다는 겁니다.

그러면 우리나라의 철학은 뭐라 그러느냐. 생성론, 생명학, 과정론, 변화와 혼돈의 사상. 이것이 우리가 찾고자 하는 '생명과 평화의 길'에서 성취되어야 될 새 학문이지요. 말로만 떠들어서는 안 됩니다. 학문, 어떤 독특한 인문학으로서 나타나야 되지만 생명학이 우주생명학으로까지 발전함으로써 지구 질서라든지 살인적인 기상 이변에 대해서 탁월한 통합적·과학적 처방을 내놓아야 됩니다. 어떤 인문학적 비전과 패러다임이 나와야 유럽과 미국의 나날이 달라지는 과학적 분석력, 추론 능력, 수리적 전개 능력들하고 결합해서 지구의 이 빅 카오스를 해결할 수 있는 아주 탁월한 통합적 과학이 나오게 될 것이라고 나는 믿습니다. 그러니까 한국의 19세기 내지는 고대, 상고대, 그리고 우리가 다시 찾고 있는 생명학, 또는 평화에 대한 희망이나, 카오스모스, 혼돈의 질서라는 원형을 가지고 이것을 생명학이라는 새로운 해석학적 촉매로 발전시켜 동아시아 고대 르네상스 운동 과정에서 중국 철학의 봉합을, 소위 선비, 관료 지식인들이 씌워놓은 낡은 질서 위주의 또는 수직적 구조 위주의 또는 남성 위주의 가부장제, 봉건제, 천원지방적인 이 철학의 봉인을 뜯어내야 합니다. 뜯어냈을 때 거기서부터 터져 나오는 동아시아의 숨겨진 카오스모스 사상 문화가 전 세계인에게 천지가 모두 놀랄 내용들을 끊임없이 발신, 발화, 방송을 할 겁니다. 이때 유럽 지식인들이 자기가 갖고 있는 기술적 능력, 과학적 탐색 능력을 가지고 이것과 탁월한 통일을 이루었을 때 지구의 회생이 가능하지 않을까? 이것도 '생명과 평화의 길'의 한 주제입니다.

생명학의 기초 위에 세워진 평화가 한시적인 평화론의 한계를 넘어서야 된다는 게 평화를 추구하는 사람들에게 숨겨져 있는 테마입니다. 아직도 칸트주의의 평화론이 주류입니다만 그보다 아까 우리가 얘기한 혼돈, 혼돈은 인정하되 혼돈을 넘어서고 극복하는 그런 카오스모스적인 새로운 생명의 질서, 생명학 또는 우주생명학에 기초한 인간과 인간, 민족과 민족, 문명과 문명, 그리고 지구와 주변 우주를 인간이 조정할 수 있느냐. 글쎄 이렇게 되면 나보고 미친놈이라고 얘기하는 사람들이 자꾸 생길 터인데, 그거 해야 됩니다. 김일부 선생한테 1879년 이전, 1830년 40년 전까지 한 예언자가 다녀갔습니다. 참판까지 한 분인데, 연담(蓮潭) 이운규(李雲圭)라는 기이한 사람이 있었습니다. 이분이 최수운과 광주 쪽에 남학(南學)을 창립한 김광화, 그리고 김일부, 이 세 사람의 제자를 두었다고 합니다. 전설 같은데 이분이 김일부한테 준 수수께끼, 화두가 무엇이냐면 영동천심월(影動天心月), 그늘이 우주를 바꾼다, 그늘이 우주의 핵을 움직인다. 우주의 핵을 움직인다는 말은 우주 질서를 바꾼다는 말인데 우주핵, 곧 신의 마음이 천심월입니다. 하늘 천, 마음 심, 달 월. 이게 우주의 핵, 하늘이고, 황중월(皇中月), 왕이라고 할 때 황, 가운데 중, 달 월, 이것이 인간의 존재핵입니다. 마음. 후천개벽이란 무엇이냐. 19세기 후천개벽은 천심월이 황중월이 되는 것을 말합니다. 『정역』에 나오는 얘기입니다만, 하늘의 중심이 사람의 중심으로 되고, 사람의 마음이 하느님의 마음을 깨닫고 부분적으로라도 하나님의 창조 행위를 한다. 이럴 때 우주 질서가 바뀐다. 이것을 역학에서는 주역의 '참찬론(參贊論)'에 대해 '역수성통원리(易數聖統原理)'라고 합니다. 이때 중요한 게 그늘입니다. 영(影), 이 영이 무엇이냐. 여러 가지 뜻이 있습니다. 그런데 인간의 고통이 심하여 극에 이르면 마침내 하늘을 움직인다고 그러죠. 그러니까 그것이 소위 판소리나 탈춤이나 정악이나 풍물에서까지도 가장 중요시하는, 민화에서까지도 중요시하는 그늘, 그 신산고초를 다 겪은 사람의 마음, 온갖 독공을 다 해본 예술가의 그 껄껄한 수리성, 바로 그 그늘이 귀곡성, 귀신 울음소리를 낼 수 있으니 그게 바로 하늘을 움직인다는 말입니다.

　지금 테러와의 전쟁 어찌 생각합니까? 기왕의 평화론의 한계를 넘어서기 위해서 우리는 그 새로운 토대로서의 생명학에 깊이 매진해야 됩니다. 우선 논리나 생활 감각 자체에서부터 평화를 지켜나가야 합니다. 말로는 평화를 많이 떠들고 소위 칸트류의 영구평화론을 어느 강단에서나 더 이상 없는 진리처럼 이야기합니다. 그러나 실제 삶에 있어서는 일상적으로 갈등, 테러, 전쟁 상태입니다. 너는 내가 아니고 나는 네가 아니다. 이것은 저것이 아니고 저것은 이것이 아니다. 이것이 소위 자본주의적인 배제론, 배제 논리입니다. 또 하나는 변증법입니다. 변증법은 반은 맞고 반은 틀립니다. 이것과 저것 사이의 관계를 상호 움직이는 기우뚱한 균형으로 보는 것은 맞습니다. 그러나 이것과 저것 사이에는 항구적으로는 투쟁밖에 없다는 겁니다. 이것과 저것, 너와 나 사이에는 투쟁밖에 없고 또 평화나 통일이 있다 하더라도 그것은 잠정적이고 투쟁은 항구적이라는 겁니다. 투쟁을 해서 내가 이길 때 또는 네가 이길 때 너에 의해서 혹은 나에 의해서 너와 내가 통일된다. 이게 변증법입니다. 변증법처럼 어려운 것이 없습니다. 넘어서기가 말입니다. 아편 같지요.

그러나 이것을 극복해야 합니다. 어떻게? 서양에는 이것을 극복할 수 있는 논리가 있습니다. 옥시모론 oxymoron, 모순어법입니다. 너희들은 비둘기처럼 순결하고 뱀처럼 슬기로워라. 이게 모순어법입니다. 연금술이나 신비주의 안에는 많습니다. 이것은 무엇을 생각나게 하느냐? 불교죠. 색이 공이고 공이 색이다. 이게 또 어디로 갈까요. 중국의 역학, 즉 주역은 생극론, 즉 상생과 상극을 동일하게 보는 거죠. 상생했다 상극하고 상극했다 상생하고. 음이 양으로, 양이 음으로, 낮이 밤이 되고 밤이 낮이 되는 것과 마찬가지로 너와 내가 만났으면 헤어지고, 헤어지면 또 만나고. 이게 또 불교와 가깝습니다만 역 또한 마찬가지입니다. 그런데 이것이 가장 현실적으로 깊이 생명학과 관련된 것은 그레고리 베이츤에서입니다. 베이츤이 'No-Yes'의 생명의 차원 변화의 철학을 제기합니다. 노·예스, 예스·노 이렇게 왔다갔다하는 관계를 그렇다·아니다, 아니다·그렇다, 그런데 바로 이것이 1863년에 발표된 수운 선생의 논리입니다. 진화론의 논리입니다. 불연기연(不然其然). 아니다·그렇다의 논리입니다. 이 아니다·그렇다의 논리를 통해서 눈에 보이지 않는 영적 차원과 눈에 보이는 생명의 전개 과정, 양쪽을 서로 관계시키면서 보는 것이 동학적인 인식론입니다. 바로 이 이중성, 이진법, 더블 바인드를 원리로 하는 뇌 원리, 뇌 원리를 모방한 컴퓨터, 컴퓨터는 능숙하게 하면서도 그 원리가 동일한 동학은 모릅니다. 동학의 신기(神氣), 안으로는 신이 있고 밖으로는 기가 있다는 이 이중성을 젊은 사람들이 파악하지 못합니다. 그래서 자꾸만 동학을 유행 쪽으로 가져가는 것은 일단은 나도 좋게 봅니다. 왜냐하면 그나마 우리 동학을 너무 모르고 있고,

거기에 대한 많은 지적이 있어야 되고 많은 공부가 필요하기 때문입니다. 그러나 동학의 핵심은 무엇이냐. 동학은 부적과 주문, 즉 원형과 주문(呪文)을 빼버리면 아무것도 모릅니다. 말 몇 가지 정리한 것 가지고 기철학(氣哲學)의 신비화, 종교화 정도의 인식 가지고는 어림도 없습니다. 천만의 말씀입니다. 경전 자체에서 나오듯이 동학은 '아는 것이 아니라 닦는 것'입니다. '운수는 좋거니와 닦아야 도덕이다(수덕문).' 그것이죠. 동학은 머리로 이론적으로 아는 게 아닙니다. 부적(원형)과 주문(율려와 자기 조직화의 원리)을 끄트머리로 해서 평생 닦아야 하는 것입니다. 지식이 아닙니다. 실천이지요. 그러면 우리가 실천해야 할 요체는 한 세 가지로 정리됩니다.

2003년 겨울 수원, 세계 생명 문화 포럼에서 호주 사람 발 플람우느 Val Plumwood, 이 사람이 끝까지 물고 늘어진 요구가 있습니다. 인류의 인식이 우주의 인격, 비인격을 다 같이 공동 주체로 인정하자. 인격, 비인격을 막론하고 공동의 우주 주체로서 인정할 수 있는 그런 문화 운동이 있어야 한다. 그게 무엇이냐? 예, 몇 년 전에 시작했다가 하도 어렵다고들 하는 바람에 내가 꼬리를 사렸던 것이 율려 운동입니다. 율려, 율 여섯 개, 여 여섯 개. 또는 네 개가 율, 여덟 개가 여, 팔려사율. 하여튼 율려라는 것이 다름아니라 인격, 비인격을 모두 공동 주체로 들어올리는 것입니다. 『부도지』라는 우리 옛 책에는 모든 물건에, 모든 직관과 모든 생각하는 것 안에는 다 제 나름의 율려가 있다고 되어 있습니다. 이것을 오늘날 어떻게 적용하느냐. 이것을 인정하지 않으면 참다운 우주론은 안 나와요. 우주론이 없이는 병든 지구, 기상 이변 어찌 못해요. 지금은 봄철에 여름철 꽃까지

다 피어버리죠. 봄인지 여름인지 잘 몰라요. 이상해요. 감기가 들었다 빠졌다. 저는 아침에는 콧물이 흐르고 저녁에는 코가 바짝 마르고 그래요. 반은 죽은 거 아니에요? 아까 영동천심월이라고 그랬는데 인간의 과학적 노력에 의해서 우주 질서를 조정할 수 있으려면 율려를 알아야 해요. 왜? 그늘의 과학이 율려니까요. 아니 조그마한 황사 안에도 조그마한 오염된 물방울 안에도 율려가 있다면 이것을 어떻게 과학화할 것이냐. 이 과학화하는 과정에 정역과 정역의 원리에 대한 또 다른 역사상 등에 의해서 주역이 해체, 재구성되고 새롭게 해석되어야 된다. 그러기 위해서는 아까 얘기했듯이 봉합을 풀어야 된다. 주역에 들씌워진 그것 말입니다. 무슨 봉합? 남성, 가부장, 제후, 선비, 군자, 임금, 중국에 의해서 지도되는 수직적인 통치 철학, 그래서 그 밑의 소인, 물건, 여자, 오랑캐 이것들이 군자에 의해 다 통치받고 구원 받는다 이거예요. 이 질서 아래, 그 위대한 주역의 진리를 전부 묶어버렸어요. 그러나 필요할 때는 한두 개 꺼내 써요. 아 그러니까 유럽 지식인들이 중국 보고 놀랍다 그럽니다. 사실 다 봉합해버린 것 중에서 몇 가지만 보고도 놀라요. 그러나 사실 전부가 교묘하고 기이하게 산 채로 봉합돼 있어요. 이걸 제대로 살아 생동하도록 풀어야 됩니다. 누가 풉니까? 바로 정역이지요. 더 정확하게는 주역과 정역의 관계에 대한 또 하나의 역(易), 간역(間易), 즉 '그늘의 역' '흰 그늘의 역'입니다.

  주역은 아직도 효력이 남아 있고, 정역은 이제 막 머리를 들기 시작해 이 선후천 과학의 이중성을 함께 파악하는 원형이 곧 '태극궁궁'일 것입니다. 이것은 새로운 신세대 문화 운동으로서의 '태극궁궁' 원형 운동과 직결되고, 더 발전하면 혜강 최한기와 수운 최제우 사상 사이의 이중적 교호결합 또는 통합이라는 한국학 최고 최대의 명제에 연결될 것입니다. 바로 이 선천 후천 사이의 관계에 대한 간역의 예언이 수운의 옥중시에서 나타납니다.

등불이 물 위에 밝으니 의심을 낼 틈이 없고,
기둥은 낡은 듯하나 아직도 힘이 남았네.
(燈明水上無嫌隙, 柱似枯形力有餘)

이 '간역'의 출현과 파지(把知)가 동학의 완성태인 '만사지(万事知)'입니다. '만사지'는 '수의 많음(數之多)'이니 '역수지각류(易數之各類)'와 주역 이외의 나른 역의 출현을 빌하고 '지(知)'는 '그 역의 진리를 공부해 알고 동시에 그 앎을 계시로 받는다(知其道而受其知)'고 했으니 바로 정역의 출현과 주역의 상존 사이의 관계의 이중성(不然期然)의 '간역'을 말합니다.

아시아 고대 문예 부흥, 한 3, 4년 전부터 문예 부흥 얘기를 하는데 나보고 모두 미친놈이라고 그랬지만 중국에서 동북의 고구려 역사를 저희 거라고 딱 빼앗아버리니까 한국의 지식인이라는 자들은 속이야 어떨망정 껍데기라도 아 고대에 대해서 연구해야 된다 그래요. 고구려사 연구에 50억 원이 나왔습니다. 이 돈을 차지하려고 또 출토질이 났는데 하여튼 간에 백제사 하던 사람도 신라사 하던 사람도 고구려사로 막 덤벼들어요. 앞으로는 더할 것입니다. 돈도 더 나오고 정부도 더 떠들고. 그러니까 가만히 놔두어도 고대사 연구하고 고대 문예 부흥 되게 돼 있어요. 물론 가만 놔두어서는 안 되겠지. 그럼 이것은 또 과학적으로는 뭐냐. 아까 비인격, 인격 간의 문제는 자기 조직화의 사상 문화로 오히려 귀의합니다. 나는 붉은 악마 현상을 해석하지 못해서 쩔쩔매는 후배 사회과학자들보고 유럽에 가서 좀 제대로 공부하라고 합니다. 예술 하는 내가 벌써 다 읽어버린 에리히 얀치의 책 『자기 조직하는 우주 The Self-Organizing Universe』도 제대로 안 읽고 뭐 하는 거예요? 오히려 기업체 간부들이 훨씬 더 자기 조직화를 잘합니다. 그게 뭡니까. 유연성, 자기 관리, 창발성, 우발성 그러니까 그게 '에머전스 emergence'라고 하죠. 창발성, 자발성, 유연성, 아까 얘기했다시피 엔도심비오스 endosymbiosis, '내부 공생'입니다. 공생은 공생이되 개별적으로 다 달라요. 각각의 개별성, 아이덴티티를 인정하면서 공생하는 걸 말합니다. 10대, 20대, 30대 초반이 전 인구의 78퍼센트인데, 전부가 제 자신밖에는 몰라. '방콕'이야. 방에서 콕 박혀 나오지를 않아. 혼자야. 그런데 어디론가 신호를 보내. 인터넷을 통해서. 밀실의 네트워크라고 하는데 개체적이면서도 융합하고 융합하는데도 개체적이야. 다만 분권적 융합이죠. 개체성을 잃지 않은 채로 아이덴티티 그대로 가진 채 분권적 융합. 이런 현상이 갑자기 확확 일어나는 거예요. 어디서부터 시작됐죠? 1999년이 씨앗이에요. 세계무역기구 WTO 반대하는 시애틀의 반세계화 운동 있었죠? 이게 처음에는 누가 오라, 가라 해서 된 게 아니에요. 인터넷 보고 모여들기 시작한 인구가 몇 천 명이 되어버렸다고. 그게 반세계화 운동, NGO 운동의 새로운 시발점이 된 거예요. 새로운 반세계화 운동. 우리나라도 하고 있죠? 이 원리가 뭘까. 아까 얘기했죠. 자기 조 직화입니다. 마음이 있어서 조그만 물건 하나에도 그 안에 마음이 있어서. 그 마음이 뭘까요. 물질 단계에서는 핵입니다. 인간 단계에서는 영혼이죠. 이것이 스스로 생명 원리에 맞도록 살기 위해서는 주변에 있는 자기 외피, 껍데기, 물질, 가시적인 생명권, 생명 조직, 그리고 옆에 있던 컵, 물 이것도 함께 수십 년에 걸쳐서 자기 조직화합니다. 이렇게 해서 나타나는 게 이러저러한 생명 형식입니다. 즉 무엇이라 이름하든 어떤 물질이거나 무슨 동물이거나 식물이거나 간에 이게 다 자기 조직화입니다.

아시아 고대 문예 부흥에 대해 반대하며 나를 '복고주의'라고 욕하는 자들이 한국만 아니라 일본 진보주의자 중에도 있어요. 날더러 비과학적이라 하니까 내가 과학적으로 대답했지요. 재진회(再進化), 리에볼루션 re-evolution이라는 말이 튀어나왔습니다. 『네이처 Nature』라는 영국의 과학 잡지죠. 마이클 위팅이라는 과학자가 보고한 것입니다. 수천만 년 전에 없어져 퇴행해버린 곤충의 겨드랑이 날개 하나가 다시 나오기 시작했다는 보고입니다. 30종을 관찰했다는데, 그러면 한번 봅시다. 인간의 도덕적 황폐와 빈부 격차, 생태계 오염 그리고 기상 이변. 끝없는 헤지펀드에 의한 소위 후진국 자본과 기업체들의 붕괴. 헤지펀드가 아침에 엄청난 돈을 주식에 집어넣었다가 오후, 아니면 그 이튿날 빼내면 그 자본 액수가 어마어마한 액수이기 때문에 그 돈을 가지고 있는 놈들은 끄떡없는데, 제3세계 조그만 기업체들은 하루아침에 무너지는 겁니다. 이게 집중적으로 나타난 게 우리 IMF입니다. 이걸 견디고, 이걸 극복하기 위해서 인간들이 생명의 원리에서부터 시장 원리를 다시 검토해보자든가 하는 문제가 복잡경제학이고, 우리 한국의 경우 '호혜(互惠)'론입니다. 교환과 호혜를 재분배와 함께 이중적으로 교호결합해야 한다는 얘기입니다. 옛날 시장에 교환만 아니라, 호혜 시장도 있었다지요. 이것이 '재진화'입니다. 교환만으로는 못살지요. 어치피 시장이 불가피하다면 호혜 시장, 서로 인격 교환, 상호 혜택, 생태계 존중하는 호혜 경제가 교환과 이중 교호 작용해야지요. 이게 고대 부흥입니다. 진화론, 생명 발생사에서도 개체가 전체보다도 먼저 나오기 때문에 개체 나름나름으로 소사회를 구성할망정 옛날처럼 민족을 위해서 죽어라, 대중을 위해서 죽어라, 국가를 위해서 죽어라 이거 안 됩니다. 전 인구의 78퍼센트가 10대, 20대, 30대 초반, 중반입니다. 이 친구들, 이 개인주의자들 어떻게 할 거예요? 르네상스의 주체가 그 친구들인데 어떻게 해야 돼요? 곤충의 날개보다도 인간이 자기 생명을 구하려 하고 지구를 구하려 하고 이 빈부 격차의 질서를 넘어서려 하고 새로운 시장 질서, 새로운 호혜 경제를 찾으려고 하는 것도 역시 필연입니다. 필연. 생명과학입니다. 이런 갈망으로 옛날을 새롭게 담대하게 해석하려는 노력, 이것을 반대할 이유가 없습니다. 과학인데 재진화, 리에볼루션을 인정 안 할 이유가 없습니다. 곤충 날개보다 인간 생명과 지구 생명이 훨씬 더 고급한 생명과학적 필연의 요구입니다.

우리 전부가 어떤 정신적인 질환에 빠져 있다는 진단은 이미 프로이트부터 시작됐다는 것은 만인주지의 사실이고 라캉, 융까지도 전부 일종의 질환으로 봅니다. 요즘에 사회적 구성체 전체의 모순의 증가라든가 대립 문제, 갈등 문제 같은 것을 하나의 질병 현상으로 바라보는 사람들이 늘어나고 이것이 곧 생명학이 과거의 역학(力學), 물리적 관계, 다이나믹스 이런 것들을 극복하는 징조입니다. 에이즈 같은 것, 에볼라, 사스 이런 것이 있는 반면에 국제적으로나 국가주의적으로나 뭐라고 할까요, 관료주의라고 불러봅시다. 고질적 관료주의, 고질적인 재벌 중심의 질서, 또는 고질적인 귀족들, 네오콘, 신보수 이들의 전 세계적인 압박과 지배를 싸움이 아니고 새로운 과학, 새로운 인문학, 새로운 철학에 의해서 극복하는 노력이 없으면 인류는 가망없다는 겁니다. 그래서 나는 이것을 문화 혁명이라고 불렀습니다만, 혁명이 너무 무섭다고 해서 문화 혁신으로 하자. 세계적인 규모의 문화 혁신이 우리 반도 안에서부터 먼저 시작되어야 하지 않겠느냐. 또, 중국과 함께 일본과 함께 베트남과 함께 또 아메리카와 함께 또 유럽인들도 초대하고. 이 르네상스 과정이 곧 중국의 고대사 강탈을 드러내고 극복하는 가장 어른스런 방법입니다.

제가 아까 시민방송하고 잠깐 인터뷰를 하면서 얘기한 사람이 백낙청 교수입니다. 백낙청 교수가 『21세기 한반도 구상』이라는 논문집 맨 앞에 전 세계 체제를 결정적으로 변화시킬 것은 동아시아의 전통 문화에 대한 새로운 해석이다. 그런데 그 해석 기능 가운데 가장 주동적이고 창의적인 역할을 할 부분이 한국이고 한반도다. 그런데 이 한반도에서 창의적이고 주동적으로 밀고 나올 소위 동아시아 전통 문화에 대한 해석학, 또는 앞으로 지향해야 될 인류의 미래, 이것이 어떤 스탠더드에 서 있느냐? 지속 가능한 발전이냐? 아니다. 그것을 수정해서 생명 지속적 발전을 스탠더드로 삼아야 한다. 생명 지속성,

또는 생명 지속적 발전이 한국이 동아시아를 통해서 전 세계에 놓아야 되고 역할을 하게 될 주동적인 창의력의 방향이다. 이렇게 백낙청 교수가 너무 멋진 논문을 써서 우리 '생명과 평화의 길'이 잘되리라는 예감이 있습니다. 생명학의 평화를 찾아가는 것이 오늘 제 얘기인데 2004년에는 한국 내의 문제로 가을에 생명학 중심으로, 2005년에는 동아시아 생명과 평화, 특히 평화 문제가 중점이 될 것 같습니다. 2006년에는 세계 생명과 평화의 길을 다시 상당히 차원 높은 경지에서 취급을 하겠다는 것이 우리의 계획입니다. 생명학, 우주생명학, 평화의 명제를 생동하는 반석 위에 올려놓고 그 내용의 대중적 문화운동을 크게 강화할 것입니다. 도리어 대중적인 생명 평화 운동으로 중심이 넘어갑니다.

아시아 고대 문예 부흥에 있어서 우리가 뭘 어떻게 할 것인가에 대해서 세 가지만 말씀드리도록 하겠습니다. 하나는 경제, 하나는 정치, 하나는 문화입니다. 각설하고 경제가 지금 이대로는 가지 못한다. 그러면 자본주의는 40년 안에 끝난다는 건데 그것을 대체할 경제는 복잡계 경제다. 즉 카오스 경제다. 그런 얘기입니다. 그런데 일본의 시오자와 요시나리(塩沢吉成) 같은 간사이(關西)의 대경제학자는 소위 복잡계 경제를 내놓았습니다만, 이게 헤지펀드, 7만 명이라고 하는 대다수 유대인 자본인데, 이들의 어마어마한 속성 자본의 전횡, 이것 하나를 제어하지 못하는 걸로 보아, 전 세계 자본 시장을 제어하지 못하는 걸 보면, 그래서 새로운 카오스 경제는 실패작입니다. 그러면 교환 시장이 없어질 것인가. 나는 그렇게는 안 봅니다. 그러나 그 대신 교환 시장에 대해서 보완적인 이중 시장이 구성되어야 할 것입니다. 호혜 시장과 교환 시장의 이중성이 보장되지 않는 미래의 경제는 암담하다. 호혜는 어떤 것이냐. 일종의 인격 교환과 생태적 공경 위에 기초한 협의 경제입니다. 노동자와 사용자 또는 경영자와 생산자, 또는 소비자와 생산자가 협의에 의해서 생산량을 결정하거나 가격이나 생산 방향이나 생산 시스템을 결정하는 것으로 이미 나카무라 히사시(中村尙司)라는 경제학자가 간사이 지방의 지역 발전 생명 경제론으로 들고 나옵니다. 다만 거기에 탈상품화와 상품화의 반대 일치의 관계를 들뢰즈의 탈영토화와 재영토화의 철학에 대응해서 또는 음양론에 대응해서 얘기한 것이 내 생각입니다만, 이 이중 시장을 모색해야 되지 않겠느냐. 그러기 위해서는 고대 아시아의 문예, 또는 사회, 역사, 사회 구조 등을 연구해야 되지 않겠느냐. 최소한 360개의 기관을 다스렸다고 한다면 360이라는 숫자가, 지금 이름은 잊어버렸습니다만 경주 사회학자인데, 360가지의 사회 기구가 있었다는 거예요. 고대에 360가지 종류의 사회적 사건을 다루는 기구가 있었다는 것은 굉장히 세련되고 그 나름대로 아주 발전된 사회가 아니었을까 생각합니다.

나 고등학교 때, 그러니 지금부터 50년 전인가요. 화백(和白) 이야기를 학교 수업 시간에 들었습니다. 나는 정치학자가 아니니까 지금까지 이대로 있습니다만, 내가 4, 50년 동안 문리대에서 수없이 만나 술 먹고 떠들고 같이 놀아도 정치학자란 사람들 중에 화백에 대해 연구한 사람은 한 사람도 없더라 이겁니다. 왜 그럴까요? 그 무수한 정치학자들, 그 무수한 입바른 사회주의자들, 그 똑똑한 마르크스─레닌주의자들 중에 단 한 사람도 없어요. 화백에 대해 말하는 사람이 아무도 없어요. 그렇다고 해서 미국 민주주의가 제대로 된 것입니까? 지난번 부시하고 고어 선거 때 어떻습디까? 만화 아닙니까? 저 독일식 정당명부제, 너무 복잡합니다. 절충입니다. 그러면 완전히 소수 또는 다수를 양자택일할 것인가? 지금 민주주의는 다수결 패권주의예요. 5분도 못 되는 투표 한 번에 4년, 5년 동안 소수는 입을 다물고 있어야 하고, 다수의 의견이 횡포합니다. 근본적으로 이기주의적 민주주의입니다. 그리스에서 나온 겁니다. 그리스에서 나올 건 다 나온 건데 다 실패작입니다. 공유제 사회? 공산주의 실패죠. 자본주의? 이 모양이죠. 뭐 실패란 말조차 할 것도 없어요. 고통스러운데. 그 다음에 소통민주주의, 즉 아고라 Agora 민주주의죠. 이것도 NGO가 대표하는데 이 힘이 팽배하지만 그들이 주장하는 것 안에, 진정한 진리에 가까운 거대 담론은 전혀 담겨 있지 않아요. 전국에 NGO가 2만이 넘는데 뭐가 뭔지 모르겠어요. 그리고 그것을 대표한다는 시민운동 리더들은 오만불손하기 짝이 없고 뭘 하는 건지 잘 몰라요. 이렇습니다. 그러면 정치학자나 철학자들 화백에 대해 좀 진지하게, 깊이 생각해봐야 되는 것 아니에요? 앞으로 온다고 하는 전자민주주의, 소위 사이버민주주의, 이거 잘못하면 정치 사기꾼들이 막 날뛸 거라고 하는데 어떨지 모르겠습니다. 토플러에도 이 얘기가 있고 『제4의 물결』에도 이 얘기가 있는데 이런 것들도 전부 감안을 해서 우리가 하나의 대안으로서 겸손하게 더 공부하고 토의하고 발표, 실천해봐야 하는 게 화백이 아닐까요?

다음, 수운 선생의 시 가운데 좋아하는 「산상지유수혜(山上之有水兮)」가 있습니다. '산 위에 물이 있음'이여올시다. 무슨 뜻일까요?

산 위에 물이 있다. 신시(神市), 신시는 인격 교환으로서의 물질 교환인데 거기서 화백, 공동체의 정치 문제가 검토되었답니다. 1주일 넘게. 소수와 다수 사이에 소위 대의(代議)를 감당하는 사회적 유공자들과 군중으로서의 민중, 민중들은 발언권이 조금 약하고 대의 기능을 가진 소수 유공자, 원로들이라든가 이런 쪽이 간섭할 수 있는 많은 발언권을 가지고 끊임없는 발언과 대답들이 이루어졌다는 것이죠. 소위 이것을 어떤 이들은 팔정사단(八政四檀)이라 그래요. 나중에 유교 정치에서까지 발전하는 정치 원리인데 이 팔정사단이라는 얘기는 민중의 발언이 '팔'로서 야단법석이라면 이것을 접수하고 대답하는 단(壇) 위의 기능이 '사'라는 배합이지요. 이걸 앞으로 어떻게 봐야 하는지. 아까 팔풍사위라는 말이 있었습니다. 또 팔려사율이라는 말이 있었습니다. 이런 것들을 이제부터는 '생명과 평화의 길' 안에서 이루어지는 워크숍이나 포럼 등을 통해서 접근을 해야 합니다. 그래야 우리 뒤에 오는 후배들한테 뭘 만들어주고 가죠. 난 정치학자가 아니라서 못 했습니다.

이 신시와 화백을 진행하는데 완전한 화백의 전원 합의에 도달하는 것은 풍류라 불리는 문화에 의해서라고 합니다. 맨 먼저 나오는 것이 풍류, 처음 시작할 때 풍류를 치고 신시, 즉 물건을 교환하고 서로 안부를 묻고 제사 지내고 그 다음에 화백, 그 공동체의 정치적인 일을 막 떠들어가지고 문제점을 짚고 난 뒤에 그것이 거의 합의 결정될 만할 때 풍류가 일어난다고 합니다. 풍류를 통해서 소수자든, 다수자든 정착민이든 유목민이든 공급계, 수요계 간에 같이 춤을 추고 긍정이든 부정이든 정신적으로 마음 안에서부터 완전히 일치된다고 합니다.

이거 무섭죠? 소수, 다수가 없죠? 열등자와 우등자가 없죠? 그러면 그 사회가 잘 풀려갈 수밖에 없지 않겠어요? 모든 것이 나는 어떤 점에서 보면 이러한 진정한 민주주의 절차에서 온다고 봅니다. 너무 지나친가요? 나는 이 풍류야말로 생명과 평화의 문화라고 봅니다. 수운 선생의 시 구절에 이런 게 있습니다. "바람이 숲 속의 호랑이를 이끌어 가는데 그 호랑이 뒤를 바람이 또한 따른다(風道林虎故從風)." 이것이 그것 아닌가요! 우주생명학이 겉으로 갖춰야 될 예술적인 모습이 바로 이것이 되는 게 아닐까요.

제 개인적인 얘기입니다만, 우리가 '생명과 평화의 길'을 가면서 또 고대 르네상스와 동북공정 이야기도 나왔습니다만 2008년에 중국에 베이징 올림픽이 있습니다. 내가 갖고 있는 소식으로는 2008년 올림픽이 중국의 애국주의를 자극하는 문화 올림픽이 될 겁니다. 그러니까 문화적 애국주의의 깃발을 올리는 겁니다. 지금 뭐 벌써 중고등학생들에게 사서삼경을 암송을 시킨다고 그러는데 일률적인 것은 아닌 것 같지만, 이것을 암송시키면 대학 과정에선 뭘 해야 될까? 해석을 해줘야죠. 우리 어렸을 때 그렇게 공부했어요. 암송시키고 그 다음에 해석해주고. 아주 고리타분한 방법입니다만, 그러나 머릿속에 잘 들어가요. 그러면 그 베이징 올림픽이 지금 몇 년 남았어요? 4, 5년? 이 기간 안에 고구려가 저희 나라고 그 다음에 발해도 저희 거고 그리고 어디로 올라가냐 하면 부여로 올라갑니다. 부여로 올라가면 당연히 고조선으로 올라갑니다. 그렇게 되면 문화의 원류입니다. 그러니까 고조선에서 나타났던 신비주의적이고 애매모호한 채로 나타났던 일들이 자칭 천손족이었다는 고구려족에 의해서, 굉장히 확실한

다민족적인 복합 문화 속에서 꽃을 피웠습니다. 해양과 대륙에 걸쳐서. 그런데 그것을 우리가 잃어버리게 되는 겁니다. 그리고 밑으로 발해, 고려까지. 위로 부여, 고조선까지 모조리.

역사에 나타나는 영토는 현재 살아 있는 민족의 정신이지 토지가 아닙니다. 우리 정신의 깊이, 크기가 고구려의 역사인 것이지 고구려 찾으러 가자고 연고권 발동해서 군대 출병하고 그런 사회로 가야 됩니까. 우리는 그리로 절대로 안 갈 겁니다. 아주 소수의 또라이 같은 꼰대들이나 그런 생각을 하지, 대중, 특히 젊은이들은 그런 식이 아닙니다. 중국, 얼마 전에 중국 조선족들 만났습니다만 그 사람들도 그런 생각 안 하고 나도 도움말 줄 때 그런 얘기 안 했습니다. 그것은 뭘 의미할까요. 수나라, 당나라하고 고구려하고 싸우던 것 생각해 가지고 중국이 그런다는데 친민의 말씀입니다. 그러니까 제가 생각하는 건 한 2, 3년 동안 우리가 노력을 열심히 하면 고대에 대해서, 현재에 대해서, 미래에 대해서 얘기하면 그것들이 도로 공사판에 보면 빨간 삼각형 표식 있죠. 그게 공사가 여기까지 되었다 하는 의미, 표식인 것 같아요. 그 빨간 깃대를 한 서너 개만 이렇게 딱 꽂아놓으면 우린 중국하고 그렇게 싸우지 않아도 돼요. 중국 사람들이 애국주의를 떠들 때 너희 주장하는 건 인정한다. 그러나 우리 쪽에서 보면 그것이 아니고 이거다. 이렇게 충고할 수 있어야 합니다. 또 그렇게 가는 게 전 아시아와 인류의 미래일 것입니다. 사실은 신농(神農)씨로부터 시작해서 정치는 순임금을 통해서 철학은 복희(伏羲)씨를 통해서 중국화된 역사의 봉인을 뜯어내고 다시 재해석해야 합니다. 그뒤 19세기 동학, 정역, 혜강 또 이런 사람을 통해서 새 시대 해방 이후엔 누구입니까? 해방 이후엔 김범부(金凡父)나 한동석(韓東錫)이라는 천재가 있습니다. 우리가 여기까지 나아가야 됩니다. 김범부의 사회주의, 자본주의 다 넘어선 제3휴머니즘은 누구나 다 아는 얘기고, '최제우론'과 '음양론'도 다 아는 이야기인데 '한동석'은 잘 몰라요. 이 한동석이란 사람은 주역과 정역, 이제마의 사상의학을 현대적으로 해석한 사람이에요. 너무 어려워요. 그런데 지금 서른을 갓 넘은 한 여자가 한동석을 읽고 거기서 아주 계란 노른자에 해당하는 부분을 인용하는 것을 봤어요. 난 이제 죽는다 해도 억울할 것 없어요. 한동석을 본 30대 초반의 여자 분이 또 추사에 대한 관점이 너무 정당해서……

하여튼 내가 이렇게 떠드는 건 죽기 전 한 4, 5년 안에 친구들, 후배들과 함께 인류와 아시아의 길 옆에 빨간 깃대 3, 4개만 꽂아놓으면 중국이 아무리 문화적 애국주의 나팔 불어도 우리 민족은 우리 민족 나름으로 동아시아 사상 문화와 고대에 대해 핵심적 사항에서 할 말이 있지 않겠느냐 이거예요. 중국에 대해서. 우리 할 말은 이제부터는 아니다거나 그렇다거나 한 면만이 아닙니다. 아니다이면서 그렇다. 그렇다이면서 아니다 이야기합니다. 계룡산이 뭐라 그랬어요? 도망가면서 혁명하는 것. 고구려 무사들, 서쪽으로 말을 달리면서 동쪽으로 활을 날리는 반궁수(叛弓手). 이게 민중적 삶의 핵심이고 우리 민족의 뼈대가 되는 사상입니다. 이게 아니다·그렇다. 그렇다·아니다. 불연기연(不然其然)입니다. 이것을 우리가 깨달으면 2008년에 중국에서 아무리 떠들어도 우린 우리 길 갈 겁니다.

이게 내 얘기만이 아니라 다 상식입니다. 상식. 지금 컴퓨터의 이진법, 이중성. 컴퓨터는 뇌를 모방한 것이기 때문에 더블 바인드지요. 참선해보면 하였다 까맸다, 까맸다 하였다 이게 이중성입니다. 생명은 이중적이다. 영성, 무의식도 이중성이다. 정신병, 뇌와 생명의 질병은 뭐냐? 더블 바인드지요. 그러니까 밥 먹을 때 똥 생각하고, 똥 쌀 때 밥 생각하는 게 이게 미치는 거죠. 여기에 대한 처방은 더블 메시지밖에 없습니다. 이중성. 그게 뭐냐. 밥과 똥, 똥과 밥을 같이 균형을 잡아서 생각하는 겁니다. 왜 이런 병이 걸렸느냐. 하나를 하나에 의해서 추방하기 때문에 이런 일이 생깁니다. 뒤집어집니다. 하나를 하나에 의해서 추방하는 거. 세계로부터 민족을 추방하고 민족으로부터 세계를 추방했을 때 정신병에 걸리는 겁니다. 뒤집어집니다. 이걸 치료하려면 나는 민족의 구성 분자이면서 동시에 아시아인이고 동시에 지구인이고 인류다. 이것이 우리 생명과 평화의 길 앞에 열린 길이라고 말씀드리고 싶습니다.

지역 생명 운동과 동아시아 연대
―한국 시민생활협동 운동 지도자 특별위원회에서의 강연

진화의 3대 법칙

20세기의 우뚝한 진화론자요 유명한 고생물학자인 예수회 신부 테이야르 드 샤르댕 Pierre Teilhard de Chardin은 그의 주저인 『인간 현상』에서 우주 및 인류 진화의 3대 법칙을 다음과 같이 명시하였다.

① 진화의 내면에는 의식의 증대가 있고 inward consciousness
② 진화의 외면에는 복잡화가 있으며 outward complexity
③ 군집은 개별화한다 union differentiates

그로부터 약 백 년 전인 1860년 4월 5일 오전 11시 경상도 경주 땅 언저리 가정면 현곡리 골짜기에 있는 조그마한 정자 용담정(龍潭亭)

에서 수운 최제우 선생에게 5만 년 후천개벽의 계시가 전율 속에 내렸으니 그 내용은 태극과 궁궁의 이중 부적과 함께 스물한 자의 이중 주문인 강령 주문(降靈呪文)과 본주문(本呪文)이었다. 그 내용 중의 핵심은 열석 자 본주문 중의 첫 글자 '모심〔侍〕'에 대한 수운 자신의 세 가지 해설 안에 그대로 압축돼 있다.

① 안으로 신령이 있고(內有神靈)
② 밖으로 기화가 있으며(外有氣化)
③ 한세상 사람이 서로 옮겨 살 수 없음을 각각 깨달아 실천한다 (一世之人 各知不移者也)

앞부분의 ①과 ②는 테이야르의 진화 법칙과 조금도 다름없이 일치한다. 그러나 세번째는 서로 다르니 수운의 계시 내용이 도리어 테이야르의 과학적 내용보다 훨씬 더 최근의 첨단적 진화론인 자유의 진화론, 자기 선택과 자기 조직화의 진화론에 깊이 잇닿아 있다.

현대 진화론의 생명 발생사 Genesis는 군집이나 종(種) 발생을 항상 앞에 세우고 그 선행성(先行性)을 중요시했던 19세기, 20세기 초의 진화론을 훨씬 뛰어넘어 자유, 다양성, 돌연변이 등의 기제(機制)에 의해 생명은 개체부터 먼저 발생하되 그 개체개체마다 제 안에 이미 숨겨진 차원으로서의 전체성을 지니고 있어 차츰차츰 자기의 생활형식 life form을 자기 조직화해가는 과정에서 자기 나름으로 그 전체성을 실현한다고 설명된다.

동학의 경우 그 전체성이라는 것도 군집 union이나 종 species 같은 실체가 아니라 하나의 생성 과정으로서 새롭게 해석된 주자(朱子)의 불이(不移)인데 불이는 불가분리성(不可分離性)이란 하나의 철학적 개념이기보다는 오히려 '우주 총유출 cosmic total flux'로서의 '따로 옮기지 못함'이라는 더욱 생생한 생성 과정으로 해석된다.

말하자면 '불이(不移)'는 주자의 단계에서처럼 만인 일치의 '통일성'을 뜻하는 관념이나 개념이 아니라 온 세상 사람 각각이 다 제 나름나름으로 알게 되는 '각지(各知)'의 대상인 산 우주 총유출이요 산 전 우주 생성인 것이다.

인류는 동학의 계시나 자유의 진화론 발견 이전까지는 명백히 개체보다는 전체, 개인보다는 민족, 국가, 계급, 인류라는 종(種)이나 군집(群集)의 발생이 당연히 먼저인 것으로 믿어왔고 그 가치에 있어서도 개체보다 전체를 훨씬 더 의미심장한 것으로 여겨왔다.

이것은 마치 생협(시민생활협동조합)과 같은 공동체 운동에서 공동체와 거기에 귀속하는 개인 사이의 관계의 진화에서도 동일하게 나타나는 현상이다. 생협 밖의 인간이 생협의 인간으로 되는 과정은 마치 생명 발생사처럼 초기에는 타자와의 공동체성을 발견하고 이를 강조하고 조직하는 과정이었으며 이와 같이 조직화된 개인의 공통적 구매력을 통해 생산과 상품을 변화시켜갔다. 분화적 과정을 거친 이후의 생협 내 인간은 공동체라는 조직으로부터 분화된 자유로운 개인이다.

생협의 이 같은 과정은 어떤 점에서는 테이야르의 제3의 진화 법칙인 '군집은 개별화한다'에 대응한다.

그러나 현재의 생협 활동 내의 개인은 공동체를 통하지 않고 생협과 직접 관계한다. 동학에서 '서로 따로따로 옮겨 살 수 없는 우주 총유출을 개인개인들 자신이 모두 다 각각 자기 나름대로 깨닫고 실현한다(一世之人 各知不移者也)'는 '모심'의 마지막 명제에 대응한다고 할 수 있다.

그러나 면밀히 검토해보면, 생협의 경우 애당초부터 복잡화보다 의식을, 기화(氣化)보다 신령(神靈)을 더욱 중요시하여 비교적 개인의 공동체성보다 생협과의 관계성을 더 강조해온 사실 때문에 생협이 지금 모색하고 있는 생협과 개인, 개인과 개인 사이의 마을, 지구, 지역 생명 모임을 통한 새로운 관계 및 관계망 실험의 명제인 '모심'에 도리어 더 가까이 있는 것 아닐까 생각된다.

중요한 것은 관계다.

존재나 실체가 아니라 관계와 생성과 변화 및 공생의 관계망이다.

참다운 관계(모심)가 모색되려면 존재나 실체가 아닌 생성으로서의 관계망 인식이 중요한 것이다. 동학에서의 '불이'가 주자의 전체성이라는 관념적 이치〔理〕에서 '우주 총유출'이라는 생성〔氣〕과 변화의 관계적 생명 개념으로 변화하듯이, 이때 사람은 분화되기 이전의 지극한 기운, 즉 '혼돈한 근원의 질서(混元之一氣)'라고 하는 '지기(至氣)'로 인식되고, 이 인식에 기초하여 관계, 즉 개인 대 개인의 관계는 바로 '모심〔侍〕'이 된다. 지역 단위에서 인식된 생명 관계, 사람 관계, 개인 관계가 바로 그것이다.

'모심'은 참다운 진화의 원동력이다.

20세기 초 스탈린주의나 나치즘, 파시즘이 횡행하던 때, 진화의 원동력으로 과장된 '집단주의'라는 이름의 '사랑'이 '개체와 개체들 사이의 서로 들러붙는 힘'으로 중요시되었던 것과는 반대로, '모심'은

'틈'과 '거리'를 사이에 둔 동역(同役, '파트너십'), 즉 생태학적 적정 공간에 의해 분리된, 개인들의 최고의 존엄성인 '지기'에 대한 거리를 둔 모심으로써, 그 '모심'은 곧 지역 생명 운동인 '살림'의 원동력으로 작동한다.

이러한 단계에 이르러서야 비로소 모심이 왜 내면, 외면, 그리고 관계의 진화력인지, 왜 동학의 우주적 세계관의 명제가 되는 것인지, 어째서 지역 생명 운동, 즉 '살림'의 원동력인지가 분명해진다.

모심과 포태(胞胎)의 철학

포태(胞胎)는 모심의 극치다.

포태는 그러나 모심과 같은 일반적 수준의 원리는 아니다. 아무나 포태할 수 있는 것이 아니기 때문이다. 포태는 우선 여성의 육체만이 모실 수 있는 모심 중의 모심이다.

포태는 모심과 같은 호혜(互惠)이면서 동시에 호혜를 넘어서는 이중적 교호(交互) 관계이다. 포태는 분화된 개인에 대해 개별화, 상품화, 다양화, 경쟁화의 방향으로만 끌고 가는 자본주의 일변도의 교환 경제와는 달리, 아니 교환 경제와의 이중적 교호 관계로서 호혜 경제를 우리의 삶 안에 창조적으로 보완시키는 무의식적인 생명 행위일 수 있다.

만약 그렇다면 포태는 모심의 극대치로서 협동적 삶으로서의 생명 운동의 한 원리가 될 수 있는 바, 그 원리는 내 안에 모셔진 천지 부모에 대한 깨달음, 천지 부모를 포태한 한 개인을 내 안에 또다시 포태할 수 있다는 신인 합일(神人合一) 사상의 경제적 반영일 수 있다.

이것이 교환 시장과의 이중 교호적인 기능으로서, 호혜 시장을 창조하는 생명 가치와 그 가치를 담지한 생명 과정을 함께 부활시키는 협의(協議)적인 지역 생명 운동인 것이다(일본의 나카무라 히사시의 『지역 자립의 생명경제학』 참고).

교환과 호혜의 이중 시장이라는 이 새로운 문명을 지역 생명 운동을 통해 생성시키는 주체는 분명 여성(특히 주부들)이며 여성성이다. 그리고 가이아나 카오스 쪽으로 기우뚱하게 기울어진 생명경제적 균형이다.

이와 관련하여 새로운 생명 관계로서 비상한 주목을 끄는 김기섭(시민생협 수도권연합회 상무)의 다중적 언어 기능론을 한번 검토해보자.

그것은 다분히 생명의 카오스적 기능으로서 복합위상적 언어 기능인 생명 문화 운동에 있어서의 다중 언어 운동이, 즉 '사투리 부활' '우리말의 확충' '영어 및 공용 외국어의 습득' '세계 사이버 공용어로서의 새로운 결승(結繩), 즉 암호 문자(暗號文字) Kryptogramm의 창조적 언어 기능화'라는 네 개의 위상(位相)을 딛고 생성 질주하기 시작하는 것은 바로 이러한 경제 생활 균형이 지역 생명 운동과 동아시아적 연대 또는 세계적 민중 무역 등으로 실현될 때이다.

언어의 복잡화는 언어를 통한 영성(靈性)의 여성적 기원을 해방하는 것이며, 생협 활동의 경제 기능으로서의 기본적 제약과 한계를 호혜 시장(互惠市場)이라는 새 명제의 보완성에 힘입어 넘어선다. 그것은 지역에서 문명권으로, 다시 전지구로, 그리고 동시에 모든 인간의 심층 무의식에로의 '알파파(波) 접근(명상이나 참선)'까지도 가능케 하여, 결국은 우리가 실현해야 할 생활적 호혜 관계망인 '계(契)'를 가능케 한다.

'계'를 현대 자본주의 교환 시장의 영향권 속에서 가능케 하려면 여성성과 '카오스모스 chaosmos(혼돈적 질서)'적 언어 운동, 그리고 근본주의적인 미적(美的) 교육과 상상력의 변혁을 통해서 바로 '포태의 철학,' 즉 '모심'을 문화적으로 극력 실천하고 익혀야만 한다.

모심과 살림의 과학

이 과정은 지역 생명 운동과 그 '확충(擴充)amplification'으로서의 동아시아 연대를 다음과 같은 세 가지의 철저히 인문적이면서 동시에 철저히 과학적인 '생명과 평화의 길'로 실현함으로써만 가능하다.

첫째, '자기 조직화(自己組織化)self-organization'로서 자발성, 창발성 emergence, '영성 – 생명 운동' '인격 – 비인격의 공동 우주 주체성 확립' 등 이른바 '율려(律呂) 운동'이다.

둘째, '재진화(再進化)re-evolution'로서 19세기 후천개벽 운동의 광범위한 과학적 재평가와 함께, '아시아 고대 문예 부흥'을 인문학과 과학, 양 측면에서 통합적으로 일으킨다.

셋째, '확충'으로서 전지구 사회적 기상 이변과 '대병겁(大病劫, 에이즈, 에볼라, 사스 등등)' 그리고 인류의 사회심리적 고질(痼疾)인

'뿌리 깊은 관료주의(官僚主義)'의 치유 해방 운동인 '세계적 문화 대혁명'을 과학과 교육, 예술, 문화 일반으로부터 시작한다.

'자기 조직화'는 특히 한국과 동아시아 사상사에서 그 중요한 전형(前型)pretypes들을 갖고 있는데, 그 전형까지도 포함한 자발성, 창발성 등을 깊이 검토, 결합시켜야 할 것이다.

그것들은 다음과 같다.

① 홍익인간(弘益人間) 이화세계(理化世界)의 '이화(理化)'

② 최치원의 풍류 개념인 '접화군생(接化群生)'의 '접화(接化)'

③ 최수운의 동학 사상인 '내유신령(內有神靈) 외유기화(外有氣化)'의 '신령기화' 또는 '기화(氣化)' ─ 여기엔 '각비(覺非, 자기 반성)' 기능으로서의 '지화(至化, 극에 이르러 차원이 변화함)'에 대한 검토가 필수적임

④ 혜강 최한기의 여러 가지 종류의 '운화(運化)'

⑤ 김일부의 영가무도(詠歌舞蹈)에 의한 율려(律呂)의 '신화(神化)'

⑥ 고대 유학(儒學)과 역학(易學)에서 강조되는 '생생화화(生生化化)'의 '화화(化化)'

⑦ 노장학(老莊學)의 '아무위이민자화(我無爲而民自化)'의 핵심인 '무위자화(無爲自化)' 또는 '자화(自化)'

⑧ 동아시아의 전통이면서 동학 우주관의 핵심인 '조화(造化),' 즉 '창조적 진화' ─ 창조의 주체인 천주(天主)의 '천'을 '무(無)'로 놔둠으로써 조화를 진화에 연속시킴

이 모든 것은 '지역 생명 운동의 재조직화 re-organization(자기 조직화 · 재진화 · 확충의 세 기능의 과학적 · 인문적 · 실천적 통합)' 과정에서 '모심'과 '살림'의 결합 기능으로서 상세히 검토되어야 할 것이다.

협동 운동의 새 차원

협동 운동은 이제 전환기에 들어갔다.

지난날의 협동 개념이 상당한 정도로 환원주의적 오류와 결합되어 있어서 쉽사리 '개체 – 지기 – 모심 – 포태 – 자발성 – 창발성 – 자기 조직화 – 재진화 – 확충'의 길로 나아가기 어려운 것이 현실이다.

'조합'이 새로운 운동의 거점으로, 그리고 출발점으로 재평가되는 데에는 '포태(胞胎, 임신)'와 '반포(反哺, 되먹임 feedback)'와 '기우뚱한 균형'의 '시중(時中, 양극 사이의 균형이 시점(時點)에 따라 어느 한쪽으로 중심 이동하는 공자 사상의 한 원리)'과 '확충, 증폭으로도 번역되는 바 안팎을 확장 순환하는 치유 방법' 원리 등의 생명학적 여러 특징에 관해 깊이 살펴보고 검토하는 용의주도한 각비(覺非, 자기 반성) 과정이 필요하다.

생협의 특별위원회는 이상의 문제점들에 대한 검토, 즉 '각비'를 기초로 하여 생협 나름의 독특한 '생명과 평화의 길'을 창조해야 할 것이다.

여기에서 몇 가지 결정적인 고리가 풀릴 수 있다.

1) 생활 경제 운동과 생명 문화 운동

생활 경제와 생명 문화는 한 수레의 두 바퀴다. 우리가 개체로서의 인격을 '지기(至氣)'라고 했을 때, 그것은 '근원의 혼돈한 질서'로서 이른바 '카오스모스'이며, 기(氣)와 이(理)가 이미 하나인 '신기(神氣)'인 까닭에 신령(내면)이면서 기화(외면)인 것이니, 기화로서의 경제와 신령으로서 문화는 한 생명의 안팎이다. 이것은 어떤 궤변이나 둔사로서도 분리되거나 고립되지 않는다. 지역 생명 운동은 새로운 협동적 교환과 인격적 호혜의 이중적 교호결합을 실현하면서 동시에 내면과 외면 사이의 이중적 교호 관계를 상시적으로 추구하지 않으면 안 된다.

내면의 명상적 평화와 외면의 생명 질서에로의 변혁의 동시 추구와 교호 성취인 것이다. 그러므로 총체로서의 생협은 총체로서의 생명학과 상시적 교호 관계를 수립해야 한다. 이것이 '생명과 평화의 길'이다. 이러한 이중성 사이의 '아니다·그렇다(不然其然)'의 역동적 모순어법인 생명의 차원 변화 논리 및 영성의 역설적 인식이 확립되어야 한다.

2) 두 개의 시장

교환과 호혜는 두 개의 시장이다. 분립을 뜻하는 것이 아니라 기능의 이중성이다. 유목적 이동과 농경적 정착 사이에, 에코와 디지털, 카오스와 코스모스 사이에 이중적 교호의 삶이 지역적 차원과 지구적 차원 사이에 함께 나타나야 할 것이다.

장 보드리야르가 예언한 바 있는 인디언의 제사 경제, '포트라치 potlatch'를 자본주의 교환 시장과 상호 보완적인 구조로 만들어가고 있는 아메리카 인디언들의 현실을 세심하게 관찰할 필요가 있다.

소수 연구자들에 의하면 동아시아의 고대 '신시(神市)' 체제는 '포트라치'와 흡사하면서도 도리어 그것을 뛰어넘는 여러 가지 특장을 지닌 것으로 보고되고 있다.

신시적 경제에 연속적 관련을 가진 정치로서 전원일치제적 직접민주주의인 '화백(和白)'이, 그리고 이러한 정치와 경제를 싸안은 커다란 우주 종교이며 생명 문화인 선도(仙道)의 풍류(風流)가 동아시아의 고대를 지배했다고 한다.

이러한 대륙과 해양 사이에 형성된 이중 문명과 문화는 지역 생명 운동과 동아시아 및 전지구적 생명의 문명의 앞길에 과연 어떤 열쇠말을 던져줄 것인가?

3) 생협과 계(契)

생활협동조합의 틀 안에서 발전시켜야 할 지역 생명 운동 내부와 동아시아 연대에로의 외부에 공히 비인격적 집단이 아닌 공생체적 생명 형식에 대한 요구와 전통적 계(契) 양식 사이의 창조적 결합이 있어야 할 것이다.

바로 소비와 생산, 수요와 공급, 유목과 농경, 이동과 정착, 생태계적 연관과 인간 중심적 삶 사이에서 바로 교환과 호혜의 이중 시장이 관통되어야 한다면 반드시 여기에는 경제적·일상적 생명 경영과는 다른 심오하고 숭고하며 제의성과 희극성을 함께 지닌 어떤 우주

종교나 뛰어난 유희, 또는 탁월한 예술 문화와 그 문화의 창조, 교류, 소통, 융합 과정이 함께 있어야 하는 것이다.

그리고 그 교류 융합은 동아시아와 그 한계 바깥까지도 겨냥하는 이중 시장의 확대와 함께, 바로 그 교류 융합의 주체로서 '계'의 활발한 창조 활동에 의해 이루어져야 할 것이다.

4) 개체를 잃지 않는 분권적 융합과 계

지역 생명 운동과 '계'의 외면적 생명 복잡성과 내면적 영성의 차원 안에 이미 '지기(至氣)'와 '지화(至化),' '모심'과 '기름〔養天〕,' '살림'과 '포태'와 '반포(反哺),' 그리고 '활동하는 무(無)'와 '기우뚱한 균형' 등의 '콘텐츠웨어'가 '중심 아닌 중심'을 이루고 있어야 할 것이다.

그리고 이것은 개인적이고 지역적이면서 동시에 동아시아적이고 전 지구적인 것이어야 한다.

'생명과 평화의 길'은 아마도 생협 운동이 '계'라는 이름의 새롭고 근본적인 개성주의이며 자유롭고도 호혜적인 '신기(神氣)'와 '지기(至氣)'의 숱한 '이너 서클 inner circle'들을 작동시켜야만 비로소 환히 뚫리는 길, 인간에 의한 인간 이상의 길이 될 것이다.

길은 목사만 아니라 중도, 신부도, 도둑놈도, 이슬람의 이맘도, 혁명가도 다 같이 걸어가는 곳이다. 바로 이 길에서 아마도 가장 활기찬 여행자가 생협과 생명 운동가들일 것이다. 기왕에 동아시아와 한반도는 아주 고집 센 어떤 서구주의자에 의해서까지도 머지않아 의미심장한 대창조적 사건이, 새로운 문명이 일어날 미래의 땅임이 스스럼없이 인정되고 있으니까 말이다.

바로 이 같은 미래의 땅에서 진행되는 동아시아 연대의 민중 무역 이야말로 생명 호혜의 계를 주체로 하는 새 문명의 태동이요 인류와 지구의 참다운 살림의 길, '생명과 평화의 길'일 것이다.

동학의 '각자각자가 전체적 우주 유출을 제 나름나름으로 깨달아 실천한다(各知不移)'는 명제야말로 지역 생명 운동에서 개인을 지극히 존중하면서도 전 동아시아 연대와 새 문명에까지 연결시킬 수 있는 황금의 길, '계'의 심사숙고를 요구하는 것이 아니겠는가!

그리고 바로 '계'가 교환과 이중 교호적인 호혜의 '신시'의 길이 아니겠는가!

신시는 거대한 성운군(星雲群)의 하나인 '천시원(天市垣)'으로부터 관찰된 율려(律呂, 우주 질서)에 따라 조직된 것이라 하니, 현금 지구 주변의 기상 이변 조절에까지 이르러야 할 지구 생명 운동과 우주생명학이 지금 단계에서 착안해야 될 생명 운동의 고리가 곧 신시(神市)의 고리, '계'가 아니겠는가!

먼길을 떠나기 전에는 반드시 큰 꿈을 꾸어야 하고 신들메를 단단히 조여야 한다.

'계'를 연구하라!

명칭과 특단(特斷) 이전에 이 일이 시급한 것 같다.

동아시아에서 미래를 향한 메시지: 시민·여성·생명·평화·호혜
― 일본 사카이 생협 앞에서의 강연

시민

1) 신자유주의적 금융자본주의가 사회주의, 공산주의 내지는 제3세계적 민족주의 등을 결정적으로 압도해버린 오늘의 세계 질서에서 아직도 민중이 살아 있는가? 살아 있다면 그것은 '시민'으로서 살아 있을 것이다. 그러나 '시민'은 나의 관점에서는 이미 새로운 민중, 대중적 민중, 다중적(多衆的) 민중, 그리고 잡계급 연합적인 카오스 민중을 뜻한다. 삶과 세계에 대한 변혁적 입장에서 '시민'을 새로이 이해하려고 하기 때문이다.

그리고 전통적 부르주아지를 이미 넘어선 차원에 오늘의 '시민'이 서 있기 때문이며 그 '시민'은 단순한 '소통(疏通)'과 민주주의, 사회적 공공성(公共性)을 넘어선 '창조'와 신민주주의 그리고 우주 사회적 공공성을 담지하고 있기 때문이다.

오늘의 시민은 천하공심(天下公心)이 아닌 천지공심(天地公心)을 지키는 대중이기 때문이다.

2) '시민'은 이제 정치와 경제가 아닌 새 정치, 새 경제의 씨알을 잉태한 오래면서도 새로운 창조적 문화를 통한 삶과 세계의 변혁을 목표로 하는 사람들의 이름이며 환경이나 생태학이 아닌, 그 둘을 이미 내포하면서 동시에 그 한계를 넘어서며 동양과 서양의 생명 및 생성의 문화를 창조적으로 융합하는 새로운 '생명학'을 자기의 이념으로 하는 사람들, 인간의 내면 생활과 전 세계 질서와 지구 그리고 주변 우주의 문제까지도 대응하려 하는 창조적 대중의 이름이다.

그리하여 '시민'은 우선 동아시아의 전통 문화에 대한 실천적 새 해석에 기초하여 자본주의 세계 질서에 이중적으로 상호 보완적인 호혜(互惠)의 새 경제를, 자유민주주의에 대한 보충적 이념으로서의 전원일치적 직접민주주의 정치 그리고 생명 문화에 의해 새로운 사회 질서를 창조하려 하는 동아시아 민중들의 이름인 것이다.

여성

3) 바로 이 같은 새로운 다중적 민중인 시민의 협동적 삶의 운동 선두에 우뚝 선 것이 바로 여성이다. 인류의 새로운 삶과 새로운 지구 사회를 창조할 사람들은 우선 여성이기 때문이다.

수천 년에 걸친 남성 중심의 문명사는 실패의 역사다. 자기들이 발 딛고 사는 지구 생태계를 스스로 파괴하고 있는 문명이 과연 문명일 수 있는 것인가?

긴 역사 속에서 억압과 학대 아래 놓여 있던 여성이 이제 새 길을 열 때가 된 것이다. 특히 동아시아의 여성들이 담당해야 할 창조적 역할은 크고 깊고 높다.

4) 사회적 여성성, 사회적 모성, 그리고 여성의 생물학적 복잡성과 우월성은 우선 남성이 결핍하고 있는 '모심'의 능력에 있다. 여성만의 '포태'의 능력이 그것이다. 그 스스로 하늘이요 천지(天地)인 사람을 자기 몸 안에 모실 수 있는 여성의 생명 능력은 생명 자체의 신화와 과학을 바꾸고 생성의 세계 전체를 새롭게 전개할 수 있으며 현금 인류와 세계가 결핍하고 있는 호혜와 공경(恭敬)의 실천 능력을 증명할 것이다. 인류 문명사 전체가 지금 갈망하고 있는 내용은 여성성으로서의 카오스다. 바로 이 카오스 지배에 부응하여 남성성으로 대표되는 코스모스가 그 앞길을 닦는 보조적 역할을 하는 카오스적 코스모스, '카오스모스'가 이제부터의 문화요 문명이며 특히 동아시아의 여성이 새로운 시민 운동, 협동 운동을 통해서 성취할 수 있고 성취하게 될 문명의 핵심 원형(原型)이다.

생명

5) 오늘날 전 인류와 지구를 지배하고 있는 서양의 실체론과 존재론은 생명학과 생성론으로 대체되어야 한다. 동아시아 사상사 위에 봉인된 과거의 낡은 코스몰로지를 풀고 그 깊이 숨어 있는 생명학의 뿌리를 현대 사회의 맥락 속에서 드러내야 한다. 여기에 서양의 비주류적인 생명생성론과 한반도의 오랜 생명학 전통 및 여러 동아시아 민족의 근대 사상사 속에 고개를 들었던 새로운 민중적 생명학 사이의 창조적 융합이 시민 운동 속에서 실천적·이론적으로 시도되어야 한다.

6) 동아시아 시민 운동 속에서 생명학이 배태되는 것은 오늘날 새로운 과학으로서의 자기 조직화의 진화론이나 재진화 또는 확충 등 신과학과의 융합을 의미한다. 전지구가 앓고 있는 '대혼돈 Big Chaos'의 병을 '혼돈의 질서 chaosmos'라는 새로운 원형(原型)의 선약(仙藥), 즉 생명학으로 치유하는 것이 한·일 등 동아시아의 생명 운동 특히 시민생활협동 운동이 세계사에 대해서 갖고 있는 책무(責務)요 소명(召命)이다.

평화

7) 지금 세계는 아메리카 신자유주의 전쟁광(戰爭狂)들에 의해 원하지 않는 전쟁의 소용돌이에 휘말려들었다. 인류는 생명과 함께 평화를 갈망하고 있다. 생명의 '살림'을 위해 우선 급속히 평화를 성취해야 한다. 그러기 위해서는 동아시아부터라도 민중 무역 등을 위시한 각국 시민간의 생명 운동과 생명학을 통한 깊은 유대와 결속, 협동이 중요시되어야 한다. 그리고 그 역량은 문화, 정치, 경제 전반에 걸쳐 영향력을 확대해야 한다.

8) 그러나 우리가 찾아야 할 평화는 전쟁의 반대말만은 아니다. 생명학, 또는 우주생명학에 기초한 생생한 항구적 평화를 찾아야 하고 유지해야 한다. 평화는 이제 인간의 내면에서, 민족과 민족 사이에서만이 아니라 문명과 문명, 인간과 자연, 지구와 주변 우주와의 사이에서도 확립되어야 한다.

우선 우리는 사유와 생활 논리에서부터 평화를 찾아야 한다.

'너는 내가 아니고 나는 네가 아니며 이것이 저것이 아니고 저것은 이것이 아니다'라는 자본주의적 배제의 논리와 '너와 나는 항시적으로 투쟁하며 너와 나 중의 하나가 승리함으로써 양자 사이의 통일이 성취된다'는 변증법을 극복하고 '반대되는 것은 서로 보완적이다'라거나 '상생(相生)과 상극(相剋)의 교호 균형적 모순어법'이나 '아니다·그렇다'의 생명 차원 변화의 논리를 생활 속에서 관철해야 한다. 그리하여 말만이 아니라 삶 속에서, 그리고 생각 속에서 이미 근원적 평화를 이루어야 한다. 이 같은 논리와 철학의 성취에 대해 유럽의 '모순어법 oxymoron'과 함께 역(易), 선불교(禪佛教), 동학의 불연기연(不然其然) 등 동아시아 전통 사상의 역할이 매우 클 것이다. 이 방면의 발전을 시민 운동은 애당초부터 자기의 일, 자기들의 협동의 내용으로 성취하도록 노력해야 한다.

그럼으로써만 동아시아 시민 협동 운동은 그 스스로 새로운 문명을 성립시키는 '생명과 평화의 길'이 될 것이다.

호혜

9) 현대 과학의 발전에서 우리가 눈여겨보아야 할 것들 가운데에는 다원주의와 종 발생 중심의 진화론의 쇠퇴가 있다.

현대의 진화론은 자유의 진화론, 자기 선택과 자기 조직화의 진화론으로서 물리 세계의 법칙에까지도 영성(靈性)과 생명, 즉 뇌(腦)와 생물학적 법칙이 관통하고 있다.

19세기, 20세기 초엽까지의 진화론에서 군집(群集)과 종(種)이 먼저 발생하고 개체와 개별성에 대해 상대적으로 우월한 가치를 가지며 개별화와 자유는 군집의 진화 과정에서 비로소 서서히 생성한다는 원리가 무너져버렸다.

생명 발생사에는 돌연변이, 다양성, 그리고 자유성의 기제가 우발성이 전혀 아닌 지배적 필연이며 그에 따라 개체가 먼저 발생하되 그 개체 내부에 숨어 있는 전체적 우주 유출에 의해 서서히 자기 조직화 과정에서 개별성을 동반한 분권적 융합, 여러 형태의 소사회 구성, 즉 독특한 자발적 소규모 군집화가 진행된다는 원리가 세워졌다.

이와 함께 전체주의로서의 파시즘과 코뮤니즘 그리고 각종 전체 우위의 사상들이 쇠퇴하였다.

오늘날은 시민 협동 운동에 있어서도 공동체주의communalism가 후퇴하고 있으며 각종 공동체 실험 등이 거의 예외 없이 실패를 기록하고 있다. 스페인의 몬드라곤 공동체와 이스라엘의 키부츠, 그리고 여러 형태의 생태주의 공동체 등의 쇠퇴가 그것이다.

시민 협동 운동은 따라서 개인과 개인 사이의 생활 협동에 있어 공동체주의가 아닌 어떤 새로운 관계망을 그 관계의 사상과 함께 포착, 실천해야 된다는 숙제에 부딪히고 있다.

10) 우리는 개인과 개인 사이의 관계와 관계망의 사상으로서 여성성과 카오스 사상을 앞세운 '모심〔侍〕respect' 또는 '포태(胞胎, 임신)'의 공경(恭敬)과 생성(生成)의 철학을, 그리고 그 실천으로서 동아시아 고대 문예 부흥을 통해 호혜 경제 및 호혜망인 '계(契)'를 다시 발견해야 한다.

전체 동아시아와 한국·일본 등에 퍼져 있었다는 협의적(協議的) 생명망으로서의 호혜 시장, 즉 계를 기초로 한 공급과 소비 사이의 '개체성을 잃지 않는 독특한 분권적 융합'의 흔적에 대한 연구 붐을 일으켜야 한다. 그것이 곧 '거룩한 시장' 또는 이동 유목적이면서 정착 농경적인 거룩한 솟대를 근거지로 하는 '흐르는 시장,' 곧 '신시(神市)'이다.

신시에 대한 시민생활협동 운동 자신의 연구·토론·실천 운동은 자본주의 교환 시장과의 이중적 교호 보완 작용으로서의 새로운 '호혜 경제(인격 교환·생태학적·생명학적이면서 신령한 경제)'에 의한 세계 시장의 이중화(세계화·지역화의 동시 진행), 복잡계 경제(생명학적 경제학)에로의 이행(移行)을 가능케 할 것이다.

이것은 유럽연합 EU이나 북미자유무역협정 NAFTA보다 훨씬 근원적이면서 선진적이요, 동남아시아국가연합 ASEAN 등이 훨씬 더 발전한 아시아 경제 정치 연대의 참다운 성립을 위해 동아시아 민중의 '각기 그 개체성을 잃지 않는 분권적 융합'으로서의 '동아시아 민중 호혜망'의 건설을 가능케 할 것이다. 그것은 EU 같은 '연합 union'도 NAFTA 같은 '신자유주의 공동체 community'도 아닌 호혜망(互惠網), 즉 '생명 순환의 네트워크'다. 그것이 바로 시민, 여성, 평화의 길이다. 호혜는 바로 그 네 가지 명제의 통합적 핵심이다.

내가 이 자리, 나의 『상처 위에 핀 꽃(傷處に咲いた花)』(金丙鎭 譯, 每日新聞社, 2004. 2. 15 출간) 출판 기념회 자리에서 참으로 희망하는 것은 바로 이 자리를 마련하신 사카이 시민생협이 또 한 번 지혜롭고 용기 있는 창조력을 발휘하여, 생활 협동의 새로운 관계망으로서의 '모심'과 '호혜'와 '협의'의 '거룩한 시장'으로서의 '계'의 전통을 연구하고 창조적으로 '살림'을 실천하는 일대 문화 경제 사업을 한국의 생명 운동과 함께 일으켜줄 수 없겠는가 하는 주문이다.

그것은 아마도 세계사적으로 가장 선진적인 문명을 동아시아에 건설할 것이며 참다운 '생명과 평화의 길'을 제시할 것으로 믿는다.

훈수 몇 마디
―21세기 중국 조선족의 녹색 민족 문화 경제 기반 구축 전략 등에 관한 도움말 몇 마디

2004년(단기 4337년) 6월 남힌 경기도 일선에서 중국 조선족 대표 몇 사람을 만나 중국 조선족의 현재 상황과 형편 및 소망에 대해 간략한 전언을 들었고 그에 관한 임진철 교수의 논문 약간을 읽었다. 그뒤 그분들의 청에 따라 몇 마디 도움말, 또는 앞으로의 계획에 대한 훈수 몇 마디를 적어 보내기로 했다. 조금이라도 도움이 되었으면 좋겠다. 그러나 진정한 연대와 상호 관계는 이 글 마지막에 씌어진 2005년의 동아시아 생명 평화 포럼이라는 행사를 통해서라야 비로소 실현되리라고 생각한다.

녹색에 관하여

1) 중국 조선족 대표의 전언과 임진철 교수의 논문을 통해서 나는 현재 중국 조선족의 미래 계획의 핵심이 '녹색 문화 경제 사회' 건설에 있음을 알게 되었다. 아마도 그 계획은 목전에 박두한 중국 전체 사회의 미래에 연결될 것 같다.

중국 전체 사회의 생태계 오염과 생명 파괴는 심각하다고 들었다. 그러므로 조선족의 녹색 계획은 시기 적절하고 예견성 있는 계획인 듯하다.

다만 여기서 한마디 훈수를 두고 싶은 것은 그 계획이 보다 더 구체적이고 보다 더 전문적인 예상과 견해에 기초해야 한다는 점이다.

이제부터 시작되어야 할 중국과 조선족의 '녹색'이 이미 수십 년 전에 시작되고 경험된 바 있는 유럽과 남한의 이른바 '녹색'을 처음부터 반복할 필요가 전혀 없다는 것이다.

유럽과 남한의 '녹색'은 공공경제학과 공해론에서 시작하여 환경사회학과 환경오염론을 거쳐 근본생태학과 사회생태학의 지구 생태계 파괴론에 이르렀고 벌써 여러 해 전부터 현실 해석과 견해의 근본적 차원 변화가 요구되기 시작하여 오늘에는 동서양 철학과 사상 전반 및 과학에 있어서 새로운 생명학 성립이 논의되고 있는 것이다. 그것은 이미 녹색도 아니고 무지개조차도 아니다. 그것은 바로 '생명과 평화'라는 명제 안에 압축된 새로운 철학·과학과 새 문명 창조의 요구로 변경되고 있다.

새로운 생명학은 물론 환경론이나 생태학의 경험을 참고할 것이나 도리어 그것은 유럽 사상의 비주류에 해당하는 생명과학과 생성철학을 흡수하면서 동아시아와 한국 사상의 전통 가운데 풍부하게 내장되어 있는 생성과 생명, 과정과 변화의 철학 및 사상을 현대화함으로써 동아시아만 아니라 지구 전체를 결정적으로 구출할 수 있는 '생명학' '우주생명학'을 창조하고 그에 따른 참다운 생명과 평화의 새 문명을 건설하고자 한다.

나는 그 씨앗이 동아시아 특히 조선과 중국의 전통 가운데에 풍부하게 숨어 있다는 점을 강조하고 조선과 중국의 이중적 삶과 사유와 감각을 지닌 중국 조선족의 '녹색'이 이미 그 첫 출발에서부터 생명학, 또는 '생명과 평화의 길,' 또는 새로운 문명 창조의 선구적 역할을 지니고 있음을 스스로 인식하고 감당함으로써 현재와 같은 중국과 조선 사이의 경계 상황에서 겪게 되는 피동을 거꾸로 능동적이고 창조적으로 뒤집는 실천과 공부와 논의를 이루어 나가주기를 바란다.

2) 생성과 생명, 과정과 변화의 사상과 과학은 어떤 관점에서 보면 생태학보다는 오히려 혼돈 이론(카오스 과학과 철학 및 미학) 안에 그 정수가 집결되어 있다. 중국을 비롯한 동아시아 전통 문화 안에는 이미 오래전부터 혼돈과 생명의 이론이 유·불·선 및 각종 잡학(雜學, 예컨대 풍수학) 안에까지도 관통되어 있다. 그러나 그러한 내용들은 통치 철학으로서의 유교와 봉건적 관료 지식인들에 의해 유럽의 존재론이나 실체론보다 약간 더 고차적이고 약간 더 유연한 코스몰로지로 교묘하게 '봉합'되어버렸다.

이 봉합을 풀고 그 안에 사장돼 있는 혼돈과 생명의 풍요한 전통을 인류 앞에 드러내기 위해서 중국 조선족이 할 일은 무엇일까?

바로 아시아 고대 문예 부흥을 일으키는 일이다. 중국 조선족이 그 일을 앞장서 하려면 남북한 동포 및 지식인과 재일, 재미, 재로, 재유럽 등 모든 동포와 함께 중국인을 포함한 모든 아시아 민족들을 그 일에 다 같이 참여시켜야 한다. 왜 하필 한국인이, 더욱이 곤란한 경계 상황에 빠진 중국 조선족이 그 역할을 담당해야 할까?

중국 조선족의 역사는 물론 고조선 및 고구려 때부터지만 근대에 이르러 큰 이민(移民)이 이루어진 것은 지금으로부터 약 150년 전쯤으로 소급된다. 그 역사적 시간에 동아시아는 유럽 문명의 대습격에 부딪쳐 흔들리게 되는데 그때 한국과 중국과 일본 등에서 그 충격에 대한 대응으로 새로운 사상과 철학이 탄생한다. 그중에도 고대에 잃어버린 생성과 생명, 과정과 혼돈의 사상들이 다시 크게 부활했으니 그 대표격이 바로 조선의 후천개벽 사상이다. 특히 동학(東學)과 정역(正易) 등은 바로 중국의 관료 지식인들이 봉합해버린 고대 동아시아의 혼돈과 생명의 사상을 근대적인 철학·과학으로 생생하게 부활시켰던 것이다. 그것은 민중 민족 혁명에까지 도달하였으나 이씨 조선 왕조와 연합한 봉건 중국 및 일본 제국주의의 군대에 의해서, 그뒤로는 존재론, 실체론적인 유럽 문명과 문화에 의해서 억압되어버리고 만다.

중국 조선족은 바로 이 같은 19세기, 20세기 초의 후천개벽 사상의 새로운 해석학과 자주력(自主力)에 의해 동아시아 본디의 전통 사상 위에 씌워진 낡은 존재론과 실체론의 봉합을 뜯어낼 역사 지리적, 생활사적 사명을 가졌다고 나는 믿는다.

오늘 현명한 유럽과 아메리카의 과학자와 지식인들은 모두 동아시아를 주목하고 있다. 이른바 '동풍(東風, 이스트 터닝)'이다. 그러나 보다 정확하게 말한다면 그들의 예감의 안테나는 바로 중국이라기보다 중국과 깊은 연결성을 갖되 그 스스로 독자성을 가진 한국과 한국인, 특히 그 연결의 직접적 고리인 중국 조선족의 존재와 앞으로의 그 창조적 역할을 향하여 움직이고 있다고 생각한다.

오늘 중국 조선족이 겪는 고통은 도리어 이 같은 창조적 소명을 숨겨 가진 전야(前夜)의 고통일 것이다.

중국 조선족의 이른바 '녹색'은 '혼돈의 질서(카오스모스)'를 찾아가는 전 세계적 탐색인 것이니 동학과 정역의 새로운 개념인 '생명학'을 그 내용으로 하여 자기 조직화해 나가야 할 것으로 믿는다.

3) 그렇다면 이제부터 시작해야 할 중국 조선족의 교육 문화 운동은 단순한 녹색(생태학)이 아니라 '생명과 평화의 길'이 아닐까? 도리어 '생명학교 운동'이 그 정확한 내용이 되어야 하지 않을까?

생명은 이중적으로 생성한다.

동학과 정역이 혼돈과 질서의 이중적 교호결합, 즉 '태극(太極)과 궁궁(弓弓)' 또는 '율려(律呂)와 여율(呂律)'의 반대적인 상호 보완성을 그 원형이자 '패러다임'으로 하듯이, 생명학은 정착과 이동, 농경과 유목, 농촌과 도시, 외면의 생명과 내면의 영성(靈性), 그리고 '에코 eco'와 '디지털'의 결합을 요구한다(나의 회고록 『흰 그늘의 길』 제3권 227쪽과 300쪽 참조).

중국 조선족의 딜레마, 즉 자본주의적 도시화와 아직도 공동체적인 농촌 생활의 분열적 이중성에 대한 생명 창조적 이중 메시지의 결정적 해답을 얻으려면 단순한 '녹색'을 '생명'으로 전면 개념 수정해야 되리라 믿는다.

동학과 정역은 중국학의 현대적 가능성인 기 사상(氣思想)과 역학(易學), 즉 주역(周易) 등에 대한 조선 문화 쪽의 독자적 해석학이요 후천(後天)적 새 전개 과정인 것이다. 즉 북방 대륙계 유목 문명의 전통인 '삼태극(三太極)의 춤,' 즉 삼수분화론(三數分化論, 天·地·人 삼극 사상을 중심으로 음양 이중 사상을 결합시킴)의 근현대적 부활이다. 이때 학국학 최고 최대의 숙제인 '혜강 최한기와 수운 최제우 사상 사이의 이중직 교호결합 혹은 통합'이 성취되고 이 원형·기준·담론에 의해 동아시아 문예 부흥과 문화 혁명, 후천개벽이 촉발되며, 이 과정에서 동서 과학·인문학의 협력으로 이른바 '대혼돈'에 대한 탁월하고 통합적인 과학의 처방이 가능하게 될 것이라고 나는 예견한다.

동·서양 사상의 통합

4) 새 시대는 동아시아로부터 시작되는 동·서양 사상과 문화의 창조적 통합을 토대로 한 새로운 인류 문명에 의해 열린다. 아시아 고대 르네상스 운동은 생명학을 해석학으로 하는 새 세대와 새 주체에 의한 아시아 전통 문화의 담대한 새 창조이며 새로운 동·서양 사상의 융합이다. 그것은 동학·정역 등에 의해 기철학과 주역 등을 해

체, 재구성하여 살아 생동하도록 하고 그로부터 광범위하고 심오하며 다종다양한 문화 콘텐츠와 새로운 수학(數學), 즉 고차원의 상수론(象數論)과 영성적 신비과학(무의식에 대한 심리물리학 등)의 결합으로 나아갈 것이므로 이 과정이 자연히 하이테크, 하이터치, 벤치마킹과 함께 새로운 생명학적 영농(營農) 및 생명공업을 촉발시키고 광범위하고 고차적인 서비스 산업을 유도할 것이다.

중국 조선족이 기획하는 '선진적 녹색 문화 경제 기반'이라는 것은 그 내용으로서 생명학을 착안하고 연찬·교육하는 것으로부터 자연스럽게 생성될 것이며 사회주의든 자본주의든 속류 유물론과 공리주의, 실용주의, 비극적 문화 혁명의 후유증 등으로 과거 망각에 빠져 문화에 있어서는 더 이상 앞으로 나아가지 못하는 중국 민족에게 도리어 큰 모범과 선지적 모형을 충격과 함께 제시하게 될 것이다.

뿐만 아니라 일본, 아메리카, 러시아 및 모슬렘과 모든 민족들에게 중요한 새 문화, 새 문명의 길을 가르치게 된다. '생명과 평화의 길'은 목하 남한에서 여기저기 새 삶을 갈망하는 민중의 '캐치프레이즈'가 되어가고 있다. 지구 문명의 대전환기에 전 인류 앞에 새 삶의 원형을 제시할 성배(聖杯)의 민족이 곧 한민족이며 그중에도 고난의 역사 속에서 창조적 경계 상황 안에 있는 중국 조선족이라고 나는 거의 확신하고 있다. 이러한 방향은 이미 고착되어가고 있는 중국 역사학계의 '동북공정(東北工程)'에 대한 한민족과 중국 조선족의 슬기로운 대답, '아니다·그렇다(不然其然·no-yes, 최수운의 동학 논리이며 최근 진화론과 생명과학, 뇌과학 및 선〔禪〕, 그리고 뇌를 모방하는 컴퓨터의 디지털적 이진법과 유럽의 모순어법을 다 포괄한다)'의 탄력 있는 대응이 되는 것이다.

동학의 생명 차원 변화의 논리인 '아니다·그렇다'에 의해서만 비로소 중국 역(易) 사상의 '생극론(生剋論, 相生과 相剋의 균형과 상호 보완성)'은 현대적 생명 논리(생명 및 물질의 이중성과 차원 변화의 논리)로 재탄생하게 되는 것이기 때문이다.

공동체와 호혜(互惠)

5) 사회주의, 공산주의의 집체주의가 파시즘과 각종 공동체주의의 전체주의와 함께 현대 과학과 대중 운동 등으로부터 전면 후퇴하고 있는 현실을 예리하게 인식해야 한다.

19세기, 20세기 초의 생물학과 진화론에서 주류를 이루었던 군집(群集)과 종(種) 발생 선행 이론, 즉 개체보다 전체와 집단이 먼저 발생하고 또 그만큼 개체보다 더 중요하게 여길 만한 가치가 있거나 적어도 개체와의 관계에서 변증법적 균형을 이룬다고 보았던 과학 이론은 벌써 수십 년 전부터 각 방면에서 퇴각하고 돌연변이, 다양성, 자유의 원리라는 기제(機制)에 의해 개체가 군집보다 먼저 발생할 뿐 아니라 군집보다 더 근원적이며 더 깊이 존중돼야 하는 방향으로 변해가고 있다. 그 대신 개체는 이미 발생 당시부터 자기의 생물학적인 드러난 질서 안에 숨겨진 질서, 보이지 않는 내적 차원으로서의 제각각 나름대로의 독특한 군집성, 독특한 소규모의 전체성, 더 정확하게는 우주적 총유출의 각각 상이한 벡터를 지니고 태어난다. 그리고 이 숨겨진 차원의 새 질서를 실현하기 위해 진화 과정 전체에서 자기의 생활 형식을 '자기 조직화(自己組織化)'한다.

사회주의, 공산주의, 제3세계형 집체주의, 각종 종교적 공동체와 생태주의 공동체들이 예외 없이 실패하거나 쇠퇴하는 것, 전 인류의 새 세대들 속에서 성장하고 있는 개체를 잃지 않고 자기 조직화에 의해 도달하는 새로운 융합 현상(예컨대 약 2년 전부터 남한에 발생하고 있는 '붉은 악마'나 '촛불' 현상, 또는 1999년 시애틀에서 벌어진 세계무역기구WTO의 세계화에 반대하는 전 세계적 시민 운동, 그리고 멕시코의 마르코스 등 사파티스타에 의한 인터넷 전쟁과 함께 거의 우발적으로 폭발한 전 세계의 반세계화 운동 등)이 일반화되기 시작했으며 자본주의와 사회주의 양극단 사이에서 희망의 표적이 되어왔던 버몬트 숲 속의 근본생태주의 캠프나 스페인의 몬드라곤 공동체, 이스라엘의 키부츠, 동아시아의 광범위한 시민생활협동 운동에서의 공동체 실험 등이 모두 쇠퇴하고 있다.

기이한 것은 19세기 한국의 후천개벽 사상이었던 동학과 정역, 그리고 혜강 최한기의 기철학(氣哲學) 등에서 먼저 스스로 우주적으로 확장된 개체들이 전제되고 그 개체들에 의한 자발적인 새로운 소집단, 소사회 구성 활동의 ① 종교적(동학의 각지불이〔各知不移〕), ② 철학적(혜강의 교접운화〔交接運化〕) 그리고 ③ 과학적(정역의 십일일언〔十——言〕) 전개와 제언들이 나타났다는 점이다. 이것을 현대의 맥락과 형편 안에서, 더욱이 자기 조직화, 자기 선택, 자유의 진화론과 신생물학, 뇌생리학 등의 공세적 확장 앞에서 우리는 과연 어떻게 이것을 생각해야 하는 것일까?

개인과 개인 사이에 공동체가 전제되지 않는다면 우리는 어떠한 새 원리로 협동적 삶을 추구할 것인가?

임진철 교수의 논문을 통해서 중국 조선족의 농촌생태공동체나 도시의 하이테크적 벤처 공동체들이 제안되고 있는 것으로 보아 이는 군집이 개체보다 더 강조되는 공동체주의의 하나라고 생각 안 할 수가 없다면, 최근 유럽에서도 수없이 시도되고 또 수없이 실패하는 생태사회주의자들의 생태 소비에트들, 일본 등의 생활협동조합의 공동체주의 포기 현상들은 어찌 생각해야 할 것인가?

미국뿐 아니라 남한 내에서도 기업 경영의 벤처 흐름들이 사실 뇌 활동이나 생명 발생 및 진화의 주류 개념인 '지기 조직화'와 '유연성' '우발성' '내부 공생 endosymbiosis' 그리고 서부 유럽에서 시작되는 자연과의 공생 계약에 기초한 신문화론 등으로 기울고 있는 현실을 과연 무시할 수 있는 것일까?

만약 그것이 '하이에크 Friedrich von Hayek'류의 신자유주의에서 시작된 과학적 음모에 불과하다면, 그 현상을 대신 설명할 수 있는 새로운 과학 법칙이 제기되어야 할 것인데 그것은 우리 민족의 경우 어떤 원리이며 어떤 사상적 원류를 갖고 있는 것일까? 아니면 아예 그런 것은 없었던 것일까? 바로 내가 우리 민족 전체와 동아시아 민족들, 특히 중국 조선족이 선두에 서는 아시아 고대 문예 부흥을 현실적 대안과 연계해서까지 강조하는 이유는 바로 이 같은 문제점들과 관련되어 있다.

6) 우리 민족과 동아시아 여러 민족들은 4천 년 내지 5천 년 전 지

구 온난화와 함께 남방으로부터 북상한 농경 문화와 그 이전부터 경영해왔던 천신 숭배(天神崇拜)적인 유목 이동 문화의 이중적 교호결합의 한복판에 우주적 생명 문화로서의 '풍류(風流),' 인격 교환과 생태계 및 신령 숭배적인 호혜(互惠)reciprocity 경제로서의 '신시(神市),' 그리고 전원일치적 직접민주주의라고 전해오는 '개체-분권-융합'의 정치 체제로서의 '화백(和白)'을 유지해왔다고 한다. 이러한 문화와 정치 및 경제인류학적 견해들은 남한에서 몇 년 전부터 자생하기 시작한 '생명학에 입각한 고대사 공부 모임'으로부터 시작된 것이다.

개체가 먼저 발생한다는 과학 앞에서 동학과 같이 만약 개인개인을 '지극한 우주 기운(至氣, 이것은 곧 혼원지일기(混元之一氣)로서 '혼돈한 근원의 태극 질서,' 즉 들뢰즈류의 '가오스모스'를 뜻하는 신개념(神槪念)이다. 왜냐하면 일기(一氣)는 주역에서 태극을 뜻하는 우주 질서이기 때문이다),' 즉 '한울'로서 '모심'의 대상으로 본다면 그 모심의 행위는 개인과 개인 사이의 돈독한 상호 혜택, 즉 호혜를 성립시키며 그 호혜는 상고대 아시아와 아프리카 북단에 존재했던 또 하나의 시장(자본주의 교환 시장이나 원시 공유제와 함께 공존했던 또 하나의 인격 교환 시장)으로서 공급과 수요 사이에, 유목민과 정착민 사이에 하나의 복합적 '계'를 바탕으로 한, 마치 아메리카 인디언들의 '포트라치(제사 경제)'와 비슷한 경제 구조로서 지역 단위의 협의(協議)제적인 생명 경제(노동, 토지, 신용 등 생명 과정의 생명 가치를 되찾는 경제, 일본의 나카무라 히사시의 『지역 자립의 생명경제학』 참고)로 발전할 수 있는 전형(前型)의 하나로 기능했다는 것이다.

사실 '신시'는 우리 민족만의 전통은 아니다. 이 '신시'의 호혜 기능이 공동체 대신 공급·수요자 사이에 현대적인 새 해석과 재구성을 통해 다시 성립할 수는 없는 것일까? 인간과 인간 사이, 인간과 자연 사이, 인간과 신령 사이에 '성스러운 시장'으로, '흐르는 시장'으로 '소도' 안에서 행해졌다는 그 '신시'의 호혜 관계망인 '계'는 오늘날 우리에게 아무 의미도 없는 낡아빠진 고대 아시아적 삶의 잔영일 뿐인가?

개인을 하늘같이 공경하면서도 개인과 개인 사이에 개인 내면에서부터 상호 희망하고 필요로 하며 인격과 생명을 존중하는 호혜, 즉 경제적 상호 혜택 관계망은 과연 불가능한 것일까?

도리어 해월 최시형이 후천개벽을 1880년대에 암시하여 말씀한 바 있는 '장바닥에 비단이 깔릴 때'의 그 '비단 깔린 장바닥'은 아닐까?

전 세계적으로 교환과 호혜의 이중 경제, 이중 시장은 불가능할까? 양자의 이중적 교호결합은 불가능할까? 본디의 고대 시장은 호혜성, 교환, 재분배의 세 요소에 의한 구성체 아니던가? 이윤 극대화로 치달린 교환만으로 자본주의는 호혜를 숙청해버렸던 것 아닌가!

또한 화백과 같은 전원일치적 직접민주주의는 앞으로 다가올 사이버 민주주의 체제에서 하나의 효력 있는 대안으로 재구성될 수는 없는가? 생명과 영성과 흥취를 중심으로 하는 이른바 '풍류'의 문화는 오직 전설일 뿐이고 술 취한 조선족들의 굿거리 춤판에만 적용되는 놀이문화에 불과할까?

7) 아시아 고대 문예 부흥이라는 생명학적 지향과 호혜 시스템을

목표로 가진 '21세기 중국 조선족 녹색 민족 문화 경제 기반 구축과 농촌 경제 발전 전략'을 새롭게 구상해보는 것은 과연 망상에 불과한 것일까?

나와 나의 여러 벗들은 2003년의 경기도 '세계 생명 문화 포럼'에 이어 2004년에는 '남한과 한민족만의 생명학 및 생명 문화, 아시아 고대 문예 부흥과 고질적 관료주의에 대한 대문화 혁신의 기획 포럼'을 구성한다. 그러나 2005년에는 광범위하고 이론 – 실천적인 '동아시아 생명과 평화 포럼'을, 그리고 그 다음 해에는 다시 '전 세계 생명과 평화 포럼'을 경기도에서 개최한다.

지금의 계획으로는 2005년 동아시아 포럼 때에 아마도 중국 조선족 대표들이 아주 중요한 손님으로 특별 초대되도록 이미 계획이 서 있다.

그때 우리는 무슨 실천적 과제를 가지고 만날 것인가? 아마도 그 포럼을 전후해서 나의 연길 방문도 실현되지 않을까? 아니 그보다도 중국의 '동북공정'에 대한 한민족과 중국 조선족의 날카로우면서도 미소로 가득한 '아니다·그렇다'의 슬기로운 대답이 이미 그때는 상식선으로 접근하지는 않을까?

다만 나의 이상과 같은 이야기들이 시인의 단순한 상상이나 환상이 아니라 실효성 있는 몇 마디 훈수이기를 간절히 희망하는 나의 마음 자체가 혹시 망상에 불과한 것은 아닐까?

아니기를 비는 마음 간절하다.

8) 기이한 인연으로 임진철 교수와 리동춘 위원장, 그리고 정사장

을 만나 연길의 유한공사(有限公司) '두레마을'을 방문했다.

실제의 녹색 전략 실험의 현장을 둘러보고 주체들의 고민과 구상, 그리고 잠시나마 연변 동포들 및 중국 동북 지방의 구체적 삶을 들여다보고 나서 본디의 나의 견해에 수정과 보충을 가하기로 했다. 긴 시간 토론과 의견 교환을 통해 '삼축(三軸)'과 '이축(二軸)'의 두 방향을 혼성하는 한 계획에 대해 합의했다.

9) 삼축(三軸)

두레마을의 본디 기능인 사회주의적 농업 공동체 기능 위에 도시와의 자본주의적 교환 및 벤치마킹적 상품 경제와 하이테크적 개별체성을 배합하고 그것을 또한 지역 생명 운동(또는 녹색·생태)의 협의체(協議體) 기능을 결합하는 방향으로 내 견해를 수정 보충하기로 결정했다(나카무라 히사시의 '생명의 경제, 공생의 경제' 도입부 '생명경제학'에서 제출된 '혼합생명경제안' 참고할 것). 그러나 '셋은 곧 하나'이니 구체적인 것에 구체적인 태도로 대응하는 것이 핵심이다. 두레마을 나름의 구체적 전략이 서야만 한다.

10) 여섯 가지의 이축(二軸)

첫째, 농촌의 '에코'(농촌, 즉 연화마을의 생태 또는 생명 공동체 전략)와 도시의 '디지털'(도시, 즉 연길과의 관련에서 디지털, 하이테크, 벤처 공동체 전략) 사이의 이중적 교호결합을 동시에 추진한다.

둘째, 공동체적 사유 및 경영과 동시에 비공동체적 사유와 경영을 이중적으로 교호결합(예컨대 개체성을 잃지 않는 분권적 융합)한다.

셋째, 호혜 경제에 의한 부분적 탈상품화(脫商品化)라는 가치 추구를 통해 창조된 '생명 가치'(나카무라 히사시의 『지역 자립의 생명경제학』 참고)를 시장의 교환 경제와의 경쟁에서 부분적 상품화(商品化)한다. 이것은 철학적으로 '탈영토화(脫領土化)'와 결합되는 '재영토화(再領土化)'의 카오스적 전략에 연속된다.

넷째, 이상과 같은 생명 가치 추구의 생명 경제와 생명 문화 운동을 결합함으로써 안으로 의식과 영성(靈性)과 정신의 평화를 추구하고 밖으로 기운과 생명과 물질의 풍요한 변혁을 성취한다.

다섯째, 동아시아 고대 생명성의 문예 부흥(그린 르네상스)을 통하여 동아시아 제민족의 생명과 평화 연대 및 호혜 관계망을 형성한다.

여섯째, 이 같은 이축 운동을 통해 중국 민족과 조선 민족 사이의 긴극과 차별을 인정하면서도 동시에 통합적 연결성과 특수한 독자성을 의식만 아니라 사회적으로도 상호 보완적으로 현실화시키는 명제를 실천한다.

11) 중국 조선족의 녹색 전략은 중국과 함께 조선족 자신의 미래를 세계사적 흐름의 차원 변화뿐 아니라 그들 자신의 인류사적인 소명 성취와 현재의 여러 과제들을 한꺼번에 해결할 수 있는 계획임을 확실하게 선도해야 한다. 이것은 남북한과 동아시아, 아메리카나 유럽 등의 조선족을 통한 인류 전체의 문화·경제적 대비약에 기여할 것이다. 즉 하나의 '한민족 디아스포라'인 것이다. 이것은 매우 크고 깊고 높은 한민족의 역사적 소명(召命)에 연결된다.

12) 역사가 가르쳐주는 바에 의하면 이 같은 문명 전환적 운동은 언제나 그 주체와 지역과 상황에 어떤 지속성을 지닌 '전설(傳說)'이나 '신화(神話)'를 동반하는 법이다. 연화동의 두레마을에 도착하여 내 스스로 본 바로는 풍수(風水)에서 중요시하는 '산곡간개활(山谷間開活)'의 '명당혈처(明堂穴處)'로서『정감록』과 동학에까지 연결되는 궁궁처(弓弓處)로서, 크고 새로운 운동의 근거지로서 훌륭한 조건을 갖추고 거기에 항일 민족 해방 운동의 근거지 중의 근거지라는 결정적 전설과 신화를 동반하고 있다는 것이다. 즉 김좌진(金佐鎭) 장군의 사령부 자리이고 한 골짜기만 더 들어가면 만주의 전설적 영웅인 김일성(金日成) 장군의 유격 근거지가 있다는 점이다.

내 뇌리를 스치는 것은 멕시코의 사파티스타 운동이 30여 년 전의 멕시코의 전설적 농민 혁명가였던 에밀리아노 사파타의 전설과 그 지역을 배경으로 하고 있다는 사실이다.

13) 동서고금의 역사가 언제나 그렇지만 특히 현대적인 문명 조건에서 생명 운동의 가장 큰 충족 조건은 생명 경제와 생명 문화 운동의 융합 전개이다. 나와 나의 벗들이 사단법인 '생명과 평화의 길'이라는 문화 운동을 '한살림'과 같은 생명 경제 협동 운동과 함께 시작하는 것도 바로 그 까닭이다.

그런데 바로 이 두레마을에 문인들의 창작실(創作室)이 버젓이 건설되었고 내가 그곳에 도착한 초저녁에 이미 연변 조선족 작가협회의 주석 및 회원들(시인·소설가·평론가 등) 10여 명과 『연길일보』의 기자가 모여 나를 기다리고 있었다.

나는 내심으로 크게 놀랐다.

그분들과 내내 담화를 나누면서 내 머리를 떠나지 않은 것은 중국에는 종교가 없으므로 문학이 민중 전체에게 마치 종교와도 같은 정신적 작용을 하고 있다는 사실이었다.

밤늦어 연길로 돌아오면서 임교수 및 정사장과, 그리고 이튿날 돌아오기 전 리동춘 위원장과 함께 나눈 긴긴 얘기 도중 나는 우리의 '생명과 평화의 길'과 두레마을의 중국 조선족 녹색 전략 사이에 여러 방면에서 접근점이 드러나고 있음을 발견하였다.

이것은 약 15년 전부터 시작된 한국의 생명 운동 또는 생협(生協)과 일본의 생협 및 생명 생태 시민 운동과의 깊은 동지적 관계 위에 무엇인가 심상치 않은 '플러스' 표지를 얹고 있었다.

돌아오는 비행기 안에서 끊임없이 나의 뇌리에 떠오르는 것들! 안개에 싸여 천지(天地)가 보이지 않는 밤의 천문봉(天文峯) 위에 나타난 불광(佛光, 스님들의 좌선 중 배경에 타오르는 진리의 살아 움직이는 불꽃), 그리고 장백 입구에서 두만강을 옆에 끼고 세 시간을 달린 광평(廣坪)까지의 무인지경, 자작나무 숲에서 어둠 속에 홀연히 나타난 큰 사슴과 함께 천문봉 꼭대기에서 잠들기 전 내내 내 가슴을 흔들던, 두려운 시베리아 허공의 옛 바람 소리 속에서 계속 울리던 '외로운 변화의 신(獨化之神)'의 목소리 — 세계와 인류와 뭇 우주 생명에 대한 한민족의 사명으로서의 새 삶의 원형(原型) 제시의 다짐 — 바로 그것이 곧 이 같은 '플러스' 표지였다.

어찌 보면 이제 겨우 시작된 것이다.

생명 운동, 대혼돈의 현대 문명과 공생의 길

생명이 위태롭다.
지구 생태계 전체가 심각히 오염되어 있다.
그것을 먹어야 하는 인간 생명도 위태롭다.
기상 이변이 계속된다.
앞으로 백 년간의 폭염이 온다고 한다.
대병겁(大病劫)이 올 것이다.
에이즈, 에볼라, 사스 등등.
생명은 죽음과 대립해 있지 않다.
생명은 인위적 살해, '죽임'과 대결해 있다.
'죽임'은 목숨을 끊는 것만이 아니다.
 오염, 생명 파괴, 억압, 세뇌, 부자유, 착취, 과욕과 과식 등이 모두 '죽임'이다.

생명 운동이란 이 모든 '죽임'으로부터 생명을 '살림'이다.

현대 문명을 '대혼돈 Big Chaos'이라고 부른다. 인간 내면의 도덕적 황폐, 신자유주의 세계화 과정에서 세계 시장의 실패로 인한 빈부 격차의 심화, 테러와 전쟁, 지구 생태계의 전면 오염, 북극 해체로 인한 남반구 해수면의 급격한 상승, 지구 저지대 곡창들의 대규모 침수, 이에 따른 식량난과 세계 인구의 급증, 거듭되는 기상 이변, 폭염 등에 의한 전염병 창궐 등이 그것이다.

이러한 대혼돈을 처방할 수 있는 것은 전 인류의 협력에 의한 탁월하고 통합적인 과학의 성립과 그에 따른 처방뿐이라 한다.

그런데 새로운 과학의 성립은 인문학적인 새 담론의 촉발에 의해 가능하고 그 담론은 새로운 기준, 즉 새로운 패러다임에 의해서 이루어지며 새로운 패러다임은 새 삶의 원형(原型), 즉 아키타입에 의해 형성된다.

문제는 원형이다.

"문명의 전환기에는 인류의 새 삶의 원형을 제시하는 민족이 지구상에 반드시 나타난다. 옛날 지중해 주변을 장악한 로마 문명이 전환할 때 새 삶의 원형을 제기한 민족은 이스라엘이다. 이런 민족을 성배(聖杯)의 민족이라 한다."

현대는 로마 시대보다 더욱더 근본적인 인류 문명사 전체의 대전환기다. 성배의 민족이 없을 수 없다. 그 민족은 어디에 있는가?

"그 민족은 본디 개인적으로나 집단적으로 영성이 깊은 민족으로서 삶과 세계에 대한 큰 이상을 간직하고 있으나 끊임없는 외침과 폭정 아래 시달려 그것이 도리어 내상(內傷)으로 간직돼 있다고 한다. 그 민족은 극동에 있다. 찾아서 도우라!"

독일의 대신비주의자, 유럽 유기농 운동과 녹색 운동의 원조요 영성 교육의 창시자인 루돌프 슈타이너의 이러한 예언을 들은 일본 인지학회(人智學會) 회장 다카하시 이와오 선생은 그 민족이 바로 한민족이며 그 원형이 바로 19세기 동학과 정역계 사상이라고 하였다.

동학 사상의 원형, 그 핵심은 무엇인가? 그것은 하느님의 계시 내용으로서 한마디로 '영성과 생명'이니, 현대 과학 용어로는 '혼돈의 질서'다.

역학(易學) 개념과 비결류의 문자로 한다면 '대극 또는 궁궁'이다. 태극은 2천 8백 년 동양 사상사를 지배해온 동양 과학, 동양 우주 질서론의 상징인 주역의 핵심이고, 궁궁은 19세기 서세동점과 동양 문명 붕괴 시기에 신비한 생명의 자리, 『정감록』에 예언된 숨겨진 혼돈의 구멍이다.

선천 시대의 원형인 주역의 태극과 후천 시대의 원형인 궁궁이 합쳐진 '태극 또는 궁궁'이 대혼돈 시대의 새 세계, 새 삶의 원형이다.

왜냐하면 혼돈에 대한 처방은 혼돈 자체에 빠지면서도 혼돈으로부터 빠져나오는 혼돈 나름의 질서, 혼돈적 질서의 원형만이 가능한 것이다.

현대 과학의 한 특징은 혼돈 과학이다. 그리고 그것은 곧 생명학이다. 그러나 그것은 이제 막 관찰된 혼돈과 생명으로부터 태어나는 새로운 질서를 찾고 있는 '해명'의 차원이나 과거의 체계적 우주 질서의 철학에서 빌려온 질서 개념으로 혼돈을 잠재우는 '봉합'의 차원일

뿐 애당초부터의 '혼돈의 질서'라는 원형을 발견치 못하고 있다. 아메리카와 유럽 과학 얘기다.

'혼돈의 질서'는 '공생의 원리'다.

현대에는 '자기 조직화의 진화론'의 발전으로 생명 발생사에서 집단이나 종이 개체보다 먼저 발생하고 더 중요한 것이 아니라, 돌연변이, 다양성, 자유의 기제 mechanism 때문에 개체가 집단보다 먼저 발생하며 전체보다 더욱 중요하다. 개체는 제 안에 숨은 차원으로서 전체적 움직임을 간직하고 그것을 각양각색 개체개체 나름으로 다양하게 실현한다. 이것을 '자기 조직화'라고 하며 '내부 공생 endosymbiosis'이라고 한다. 즉 '개체성 identity을 잃지 않는 분권적 융합 fusion'을 말한다.

공동체나 집단주의는 후퇴하고 있다.

사회주의, 공산주의, 파시즘, 공동체주의가 다 똑같다. 개인주의에 입각한 유연하고 개성을 존중하는 자유로운 기업 경영 방법이 더 효과적이다.

공동체인 이스라엘의 '키부츠'나 '몬드라곤' 공동체, 생태주의 공동체들이 다 쇠퇴하고 '모샤브' 같은 '개체적 융합의 공생체'가 도리어 상승하고 있다.

본디 협동이란 시장과 마찬가지로 '호혜, 교환, 재분배'의 3대 원리다.

농촌에서 품앗이(공동 노동)를 함에도 몫은 개인적(개체성)인 것과 같다. 새 시대의 교환 질서에 이제는 없어져버린 호혜(상호 혜택, 상호 인격 존중, 상호 개인 이익의 존중, 생태계 존중, 신령한 우주 질서의 존중 등등)의 질서가 보완되어야 한다. 호혜와 교환 사이의 이러한 이중적 교호결합이 곧 '공생'이다.

현대 문명의 대질병인 '혼돈'을 처방하고 치료하려면 혼돈 나름의 질서에 따른 탁월한 과학, 생명학, 우주생명학이 나와야 한다.

그런데 그것은 '혼돈의 질서'라는 '패러다임'이나 '태극 또는 궁궁'과 같은 계시에 의한 원형에 의해 촉발되어야 나온다.

혼돈의 질서, 즉 "흩어지며 모이는" 질서가 곧 '공생의 길'이니 '개체성을 잃지 않는 분권적 융합'이다. 그리고 그것이 바로 고대에 있었다는 '신시(神市)'다. '신시'의 기능이 바로 '계(契)'다. 공동체나 집단주의, 전체주의 내신 새로운 협동인 호혜망(상호 혜택을 위한 공생 네트워크)은 '계'의 원리 위에서 생명 운동, 즉 '살림'을 전형하는 것이다.

'한'은 옛 우리말로 우리 민족의 정신과 삶을 가리키는 말이다. '한'은 '하나'만이 아니다. 집단, 공동체만이 아니란 뜻이다. '한'은 '낱개'이면서 '큰 전체'요 동시에 '중간, 즉 관계'다.

'개체성을 잃지 않는 분권적 관계로서의 융합'이 곧 '한'이다.

바로 그런 것을 '내부 공생'이라고 한다. 그래서 '한살림'은 공동체주의가 아닌 '호혜 네트워크,' 즉 새 시대의 '계'인 것이다.

이것이 '혼돈의 질서'요 '태극 또는 궁궁'이니 현대 문명의 '대혼돈'에 대한 과학적 처방을 촉발할 수 있는 유일한 기준이요 원형이다.

한살림이 처음 시작된 20년 전 원주에서 나는 "유기농 생산 소비 경제 운동과 생명 문화 운동이 병합되지 않으면 소비자는 반드시 중산층 이기주의에, 생산자는 반드시 장사꾼 배짱으로 타락한다"고 경계했었다.

지금 그 위험이 현실로 나타나고 있다. 어찌할 것인가?

현재 유행 중인 '웰빙'은 긍정적 측면이 있다. 그러나 부정적 측면도 있다. 우선은 생협과 한살림의 매출액이 대거 신장할 것이다. 그리고 암을 비롯한 성인병이 창궐하는 시대에 먹거리의 '웰빙'이 나쁠 까닭이야 있겠는가? 그러나 여기에 아까 지적한 바로 그 문제점, '중산층 이기주의와 상업주의'의 위험은 더 커졌다. 여기에 또 하나의 치명적 요소가 곧 등장한다.

몇몇 재벌들이 요동성 등 넓은 만주 벌판에 거의 무한정한 양의 유기 농산물을 대거 재배하여 머지않아 국내로 수입할 것이며 그 가격은 파격적으로 저렴할 것이라 한다. '웰빙' 바람은 그런 움직임을 자극하고도 남을 정도다. 어찌할 것인가?

그동안 여러 가지 생명의 사상, 공생의 정신을 외면하면서도 매출액 신장세 때문에 성장을 거듭했던 생협과 한살림에 큰 재앙이 다가오는 것이다. 어찌할 것인가?

다시 '초심(初心)'으로 돌아가야 한다. 그 대신 '혼돈의 질서' '태극 또는 궁궁'이란 패러다임과 원형은 '에코와 디지털의 결합'의 뜻이기도 하다. 농촌의 정착 농업 문명과 도시의 유목 이동 문명의 결합이기도 하다.

다시 생명 운동, 공생의 길로 돌아가야 한다. '약으로서의 곡식'에로 돌아가야 한다. 그리고 생명 운동은 생명 농업과 도리어 '청빈'이나 '자발적 가난'과 모순된 공존까지도 시도해야 하고 그 중심에 신세대를 세워야 한다.

우선 2002년 거리를 휩쓸었던 700만 붉은 악마를 생각해야 한다. 그들의 원형이 '혼돈의 질서'다. 바로 그 패러다임의 원형이 '태극 또는 궁궁'이고 '내부 공생'이며 '자기 조직화'이니 다름아닌 '개체성을 잃지 않는 분권적 융합'이라고 했다.

그것은 '계' 요, '개인 몫을 전제한 두레이며 품앗이'인 것이다.

전 인구의 78퍼센트인 10대, 20대, 30대 초반의 청소년과 젊은 주부들의 이 '혼돈의 질서,' 즉 '붉은 악마'란 이름의 디지털 공생 운동과 손을 잡으라.

'몸 속에서의 에코와 디지털의 결합'은 새 문명의 이름이니 곧 '대혼돈'에 대한 저방이다.

생협, 한살림의 공생 운동은 700만 붉은 악마 운동을 먼저 공부하고 그들과의 상호간 "호혜," 즉 복합적 "계" 운동을 구상하라!

"한살림"의 "한"이 '낱개' '큰 전체' '중간, 즉 관계' (분권과 융합)임을 잊지 말아야 한다. '살림'의 길은 '한'에 있다.

'살림'의 목적은 '한'이지만 '살림'의 주체도 '한'이다. 물론 그 과정도 '한'인 것이다. '한살림'은 우리 자신의 '지금 여기 삶'에서 시작해서 '지금 여기 삶'의 주체인 우리 자신에게로 돌아오는 '고리〔環〕'와 같은 활동이다. 그러나 우리는 이 '고릿속'에서 실현되는 것, 실현하려고 하는 것이 영원한 삶의 가치이고 생명, 우주 생명, 즉 '무궁(無窮)'임을 깨달아야 한다. '고릿속의 무궁,' 즉 '한'을 잊지 않는 것이 한살림 문화 운동이다.

그것이 생협, 이제부터의 '살림'의 조건이다.

제3부 예감과 추억

미래 사회의 새로운 문화 코드를 찾아서

지금 우리의 삶은 정직하게 말하여 '만인의 만인에 대한 투쟁' 상태다. 이러한 상황을 벗어나기 위한 새로운 문화 코드를 문화 예술 방향에서 찾아달라는 것이 특강의 내용이다.

그러므로 내용은 결국 '생명과 평화'라는 포괄적 문명론에 연결된다.

강연 내용을 원고지 10매에 요약해달라는 또 하나의 요청이다. 이 요청대로라면 나의 긴 얘기를 메모 형식으로 압축하는 수밖에 없다.

1. 21세기와 함께 '정보화' 문명은 '창조화' 문명으로 바뀐다. 창조화라는 것은 정보화의 내용, 즉 '콘텐츠웨어' 중심으로 정보화가 리모델링된다는 것이다.

'소스' '리소스'가 중심이 된다는 것이다. 그러므로 데이터 중심에서 아이디어 중심으로, 비트 중심에서 창조적 발상량 중심으로, 컴퓨터 중심에서 컨셉터 concepter(창조적 발상 지원 시스템) 중심으로 중심 이동이 된다는 것이니 문명과 국력의 중심이 경제력에서 문화력으로 중심 이동한다는 것이다.

2. 동북아와 함께 한국의 경제적 장래는 제조업 중심에서 서비스와 문화 콘텐츠 산업 중심으로 전환할 것이며 한반도는 동아시아와 세계의 물류 중심, 유라시아 대륙과 해양 사이의 랜드브리지로 상승할 것이다. 물류(物流)와 함께 전 인류 문명과 문화 교류의 중심이요, 문화 융합의 용광로이며 해방구가 될 것이다.

3. 프랑스 혁명과 러시아 10월 혁명 둘 다 실패작이다. 새 정치와 새 경제의 씨알을 품은 새 문화를 중심으로 세계적 문화 대혁명이 일어나야 하는데 미적 교육과 상상력 전환에 의한 그 대혁명이 한반도로부터 서서히 시작되어야 하고 반드시 시작될 것이다.

4. 그 혁명은 한국의 신세대와 지식인들에 의해 아시아 전 민족들과 함께 시도되고 아시아 고대 대문예 부흥으로부터 촉발될 것이며 이 부흥은 이미 중국의 동북공정(東北工程)에 대한 한국의 역사적 대응으로부터 촉발되기 시작하였다.

5. 한반도와 동북아는 유럽의 생태학, 생물학의 한계를 넘어서는 생명학 또는 우주적 생명학을 창조할 것이며 그것을 새 해석학으로 하여 새 문화로서의 '풍류(風流),' 새 정치로서의 '화백(和白),' 새 경제로서의 '신시(神市)'를 재창조할 것이고 이것은 구미(歐美)의 현존 문화와 민주, 자본주의, 정치, 경제와 더불어 이중적 교호작용을 새로이 시작할 것이다. 차원 변화다.

6. 지난 19세기 한반도를 휩쓸었던 동학과 정역(正易) 등 후천개벽 사상이 새로운 생명학의 도인(導因)으로 부활함으로써 대문명사 전환의 원형(原型)을 제시할 것이다. 그 원형은 '태극(太極) 또는 궁궁(弓弓)' 혹은 '궁궁적 태극(弓弓的 太極)' 또는 '여율(呂律)' 또는 '팔려사율(八呂四律)'이라고 불린다(나의 회고록『흰 그늘의 길』제3권 227쪽과 300쪽 참조).

7. 시간관, 공간관, 육체 또는 인간관이 생명학에 입각하여 새롭게 탐구될 것이며 이 결과가 '자기 조직화 self-organization' '재진화 re-evolution' '확충 amplification' 등의 과학적 방법과 결합함으로써 새 문명의 기초를 만들 것이다. 이 과정은 곧 기학(氣學), 역학(易學), 풍수학(風水學) 및 유불선 전 체계와 민간 전승들을 전혀 새롭게 검토·탐구하는 과정이 될 것이다. 이때 한국학 최고의 숙제인 혜강 최한기와 수운 최제우 사상의 이중적 교호결합이라는 대차원 변화가 올 것이다.

8. 중국의 주역(周易)과 한국의 정역(正易)은 한국 고대의『천부경』에 토대를 두고 서양 과학과 결합되어 머지않아 새로운 우주과학인 '천부역(天符易)'으로 차원 변화할 것이다. 이것은 이른바 '혼돈질서,' 즉 '카오스모스 chaosmos'의 새 과학이 될 것이다.

9. 인격과 비인격의 차이를 넘어서서 우주 만물의 공동 주체성이 새 문화의 형태로 추구되고 이것은 우리 풍류의 핵심인 '접화군생(接化群生)'의 명제 언어로서 실천될 것이다.

10. 이러한 우리의 새로운 문화 코드는 '생명과 평화의 길'이라 불리게 될 것이다. 이 코드는 논리와 철학을 근본 변화시키며 '붉은 악

마'나 '촛불' 등 신세대의 창조적 문화 코드로 연속될 것이다. 이 길은 신화와 과학, 고대적 판타지와 미래적 초미디어, 에코와 디지털, 정착과 이동, 농경과 유목, 중력과 초월, 또는 디지털과 아날로그의 이중적 교호결합을 추구하는 현재 10대, 20대, 30대의 새 문화가 될 것으로 보인다.

11. 이 새로운 세대의 이름은 '요기-싸르 Yoggi-Ssar'로 불릴 것이니 '요기, 즉 내면의 명상적 평화의 수행자'와 '싸르, 즉 외면의 생명적 복잡성의 혁명가'의 결합을 뜻한다. 이 세대와 함께 각 문명들, 전지구 차원에서 변화가 오고 마침내 서서히 주변 우주의 전환이 올 것이다.

12. '그늘이 우주를 바꾼다(影動天心月)'는 19세기 한국의 한 예언이 있다. 그늘이 무엇인가? '그늘'은 '흰 그늘'에서 비로소 확충된다. '흰 그늘'만이 오늘의 대혼돈을 '만년의 진화나무에 천 떨기의 꽃이 피는(萬年地上花千朶)' '대개벽(大開闢),' 후천개벽으로 차원변화를 이루게 될 것이다.

'흰 그늘'은 새 시대 새 세대의 새로운 문화의 이름이다.

'흰 그늘'은 '창조화'의 내용을 압축 상징한다. '흰 그늘'을 역학(易學) 용어로 '신화율려(神化律呂)'라고 부른다. 새 우주 질서요, 새로운 생명 문화다.

새 문화에 관한 예견 · 사실 · 권유

단기 4337년(2004년) 양력 10월 24일 낮, 새 문화에 관한 예견 · 사실 · 권유 몇 마디를 적는다.

새 문화라고 했거니와 그 '새'는 새 시대만도 새 가능성의 장소만도 새 문화의 주체인 새 세대만도 아니다. 그 모든 '새'의 한 묶음이 오고 있으니 이 '새'에 관한 그야말로 '새' 대응이 필요하다.

정부의 문화 정책에서 이 대응을 찾아볼 수 없다. 뭔가 좀 낡았다. 낡은 대로 그렇다고 기조가 튼튼한 것도 아니다.

어찌할 것인가?

예견

다른 나라에 비해 광대역 통신망, 정보화 기반 및 모바일 인프라 등의 디지털 기술 기반이 잘 갖춰진 우리나라에서 새로운 가치 창출의 기회와 이동으로 이어질 수 있는 산업 구조와 그 내적 차원의 혁신적 변화는 단순한 선택의 문제가 아니라 필수다. 언덕 위를 구르는 돌은 멈출 수가 없기 때문이다.

1) 컨버전스 Convergence

디지털 영역의 동종·이종 간의 통합을 뜻하는 '컨버전스'는 이제 눈앞의 과제다. 관련 기술에 의한 서비스와 상품의 확산이라는 '경제력'만이 아니라 관련 법규 제정, 행정 제도 정비 등 '행정력,' 그리고 지속적인 토론과 시민 의식의 성숙에 연계하여 그 방향으로 '상상력'을 마음껏 발휘할 수 있는 '패러다임 변화'가 문화 정책의 기본으로 속히 검토되어야 한다.

2) 컨셉터 Concepter

21세기는 정보화와 함께 창조화의 시대다. 둘은 함께하되 그 중심이 정보화에서 창조화로 이동한다는 것이다. 경제력보다 문화력이, 컴퓨터보다 컨셉터(창조적 발상 지원 시스템)가, 비트보다 창조적 발상량이, 데이터보다 아이디어가 더 중요하게 된다는 것이다.

정부가 콘텐츠 진흥청을 운영한다고 들었으나 무얼 하는지는 아직도 알 길이 없다. 콘텐츠 중심 정책은 좋으나 그것이 '브레인스토밍

brainstorming' 따위 개인의 재능 소모 방향이라기보다 재능을 중심에 두되 그 창발성을 중층적으로 활용하는 프랙탈적인 시스템, 즉 '컨셉터'가 바람직하다.

3) 유비쿼터스 Ubiquitous

'언제·어디서나 발화·수신할 수 있는' 유비쿼터스 체제가 올 때는 반드시 '무엇이든지'와 '좀더 문화적인 것'이 따라서 요구된다. 지나간 동서양 문화·문명의 깊이가 축적된 '아날로그'와 '종이 문화'가 새로운 형태로 디지털에 결합된다. 지금처럼 아날로그나 종이 문화를 외면하면 머지않아 '유비쿼터스·콘텐츠'의 '질(미학적 품질)'은 물론이고 그 '경제력(상품 가치)'마저 급격히 쇠퇴할 것이다. '디지털-아날로그 문화 정책'이 본격화되야야 한다.

4) 에코-디지털

미래 문명은 도시 유목 이동 문명의 디지털적 세계화와 함께 지금은 반(反)세계화 물결에 연계된 농촌 농경 정착 문명의 에코 문화 사이의 이중 교호결합을 중심으로 하는 여러 양식의 복합 문명일 것이다. 문화력의 핵심 철학이 '에코-디지털' '생태학-뇌과학' '생명-영성'의 이중성, 이진법에로 확실히 성큼 이동해야 한다.

5) 카오스모스 Chaosmos

인간 내면의 도덕적 붕괴, 세계 시장의 실패에 따른 속성 자본의 전횡과 빈·부국 간의 격차 심화, 지구 생태계 오염과 기상 이변, 테러, 전쟁 등 현 시대 지구의 상태를 규정하는 개념은 한마디로 '대혼돈 Big Chaos'이다. 이것을 처방·치유할 수 있는 것은 탁월하고 통합적인 새 과학뿐이다. 이 과학은 그러나 탁월한 인문학적 새 담론 discourse에 의해, 이 담론은 새 기준 paradigm에 의해, 이 기준은 새 삶의 새 원형 archetype에 의해서만 촉발되고 성립된다.

문제는 이 담론, 기준, 원형이 유럽과 아메리카에는 '있는 듯하지만 실제는 없다(yes-no, 其然不然)'는 점이다. 유럽과 아메리카 지식계의 '이스트 터닝 east turning(東風)'은 여기에서 비롯된다. 동아시아에는 그것이 있는가? 유럽·아메리카가 주목하고 있는 중국에는 그것이 '있는 듯하나 없고(yes-no, 其然不然),' 한국에는 그것이 '없는 듯하나 있다(no-yes, 不然其然).'

19세기 한국에 출현한 동학(東學)과 정역(正易)은 상고 동북아 사상사의 창조적 부활로서 '태극 또는 궁궁(太極又刑弓弓)' '혼돈적 질서(混元之一氣)' 그리고 '시천주 조화정 만사지(侍天主造化定万事知)'로 압축되는 자기 조직화와 창조적 진화론, 즉 '생명학, 우주생명학'이다.

사실

지금 사단법인 '생명과 평화의 길'에서의 생명학, 우주생명학이라는 이론 구축 과정에서 학술적인 담론과 함께 문화 운동을 통해서 기준과 원형이 천착되고 있으니 이것들은 문화적 사실이다.

1) 태극 또는 궁궁

동학에 계시된 새 시대의 원형인 '태극 또는 궁궁'의 그 태극은 2천 8백 년간 지속되어온 중국 중심의 동아시아 우주 생명의 철저한 질서 체계 주역(周易)의 선천(先天)적 상징이고, '궁궁'은 19세기 서세동점(西勢東漸)과 동양 문명 대붕괴기 당시 민간에 유행했던『정감록』에서 예언된 혼돈한 생명의 자리이니 후천(後天)적 대개벽의 원형이다. '태극궁궁'은 고로 선후천의 이중 원형이며 그 자체로서 우주 질서와 세계 혼돈의 이중적 상징이다.

2) 혼돈적 질서

수운 최제우가 하늘에서 계시받은 새 삶의 기준은 '지극한 기운(至氣)'이니 곧 '혼돈한 근원의 우주 질서(混元之一氣)'이다. 질 들뢰즈의 개념으로는 '카오스모스'다. 이 '혼돈적 질서'를 중심으로 지나간 수천 년의 선천 문화를 해체·재구성하는 것이 후천개벽이니 전 '인류 문명사의 대전환'이다. 동양 과학인 역(易)의 차원에서 바로 이 '혼돈적 질서'를 예언한 것이 1879년에서 1885년 사이 충청도 연산 김일부의 정역(正易) 중의 '여율(呂律)'이라는 문화 개념이고 그 상징적·신비적 우주 집행이 1901년에서 1909년 사이의 전주 모악산 강증산의 '천지굿'과 '천지공사(天地公事)'다.

3) 시천주 조화정 만사지

동학 주문이자 동학 정역계 사상사 전체 담론의 뼈대다. 자기 조직화의 진화론과 그에서 한발 더 나아간 창조적 진화론, 새 시대의 우주 종교, 과학 종교, 즉 '생명학' '우주생명학'이라는 과학적 담론의 첫번째 핵심이다.

여기에 한 가지 꼭 부연할 것이 있다.

2002년 월드컵 때 붉은 악마 700만이 밀고 나온 세 가지 새 문화의 명제다. 이것을 함께 검토하지 않으면 문화 앞에 '새'를 붙일 수 없을 정도다.

① '대~한민국' '따다다 따따': 3분박 플러스 2분박의 '엇박' '혼돈박'이니, 곧 '혼돈적 질서'요 '혼돈 질서적 문화 원형'이다. 한국 예술사, 미학의 과제다.

② 치우(蚩尤)의 붉은 악마 로고: 4천 5백 년 전 동이(東夷) 천황인 치우는 새 시대의 도시 유목 이동 문명의 디지털과 농촌 농경 정착 문명의 에코가 결합된 이중 또는 복합 문명의 현대적 상징 예언이다. 앞으로 동아시아 역사학의 과제다.

③ 한국 태극기: '중국 태극과 한국 태극은 같으면서 다르다(其然不然, yes-no).' 총 64괘의 압축인 네 괘상에서 우주 만물의 변화가 전개되지만 그 민중적·세계적·현대적 의미는 한국 태극기의 그 '다름'을 검토할 때 비로소 나타난다. 이 역시 앞으로 한국 철학의 과제다.

이상 세 가지 명제가 새 과학을 촉발할 수 있는 새 세대의 인문학적 원형, 기준, 담론으로서 '문(文, 문화예술적 원형) · 사(史, 역사적 기준) · 철(哲, 철학적 담론)'의 기막힌 압축이다.

권유

1) 담론에는 반드시 논리가 병행된다.

디지털은 뇌의 모방이며 생명과 물질 운동의 이중성, 이진법의 모방이다. '컴퓨터에는 변증법이 없다(다니엘 벨).' 이중성 · 이진법 · 차원 변화의 논리인 '아니다 · 그렇다(不然其然, no-yes)'의 논리 · 삶의 방법론이 '새' 문화의 창조와 전개에 필수적이다.

2) '새' 문화의 창조적 전개에는 필연코 '변증법'과의 대논쟁이 예상된다. 이 논쟁은 아마도 전 인류 문화사의 대전환점을 마크할 것이다. '좌뇌(左腦) · 우뇌(右腦) · 뇌간(腦幹)'의 연쇄고리인 변증법에 대해서 '우뇌 · 좌뇌 · 뇌간'의 역연쇄 고리인 '당파론법(鐺把論法, '당파'란 옛날 짐승을 안락사시켜 극락에 인도하기 위해 사용했던 길이가 서로 다른 삼치창을 말한다. 논쟁을 통해 큰 깨달음의 길을 열었던 최수운의 「흥비가(興比歌)」의 '각비법〔覺非法〕'에서 기원한다)'이 서서히 출현할 것이다. 참다운 우주 생명 철학의 탄생이다.

정부는 우선 '에코 – 디지털'과 '디지털 – 아날로그'를 내용으로 하는 '콘텐츠 센터'부터 작동시켜라. 그리고 그 센터에서는 '컨셉터'를 일반화하라. '새' 문화의 바로 그 '새'를 열기 위해서 이것은 아마도 긴급 조치일 것이다.

　이른바 한류(韓流) 등 연간 문화 상품 해외 수출 성장비(比)가 28퍼센트다. 헛눈 팔 때가 아니지 않는가!

새로운 문화 코드에 관한 열대여섯 가지 생각들

오늘이 무슨 날인가?

오늘이 총선 바로 전날, 단기 4337년 서기 2004년 양력 4월 14일 오후 5시다.

'논객(論客)'이 원고를 청탁해왔다. 웬일인지 신선한 느낌이 마음만 아니라 몸에까지 다가온다. 무슨 일일까? 마감일이 아직 한 달 반이나 남았는데도 곧 책상머리에 앉아 글쓰기를 시작한다. 예외적이고 이상한 일이다.

머리에 떠오르는 열대여섯 가지 생각들을 소제목 밑에 탈중심적으로 늘어놓는다. 비교적 앞뒤, 위아래, 무거움과 가벼움, 중심과 둘레의 차이가 별로 없는 생각들이어서 보기에 그리 흥하지는 않은 듯싶다.

'확충(擴充)amplification'의 글쓰기여서 밖에서 안으로 들어갔다가 다시 안에서 밖으로 나오곤 하는 것도 특징이라면 특징이랄까?

1. 일본 얘기부터 하자. 약 십여 년 전인 듯하다. 일본 자본주의 문명의 최첨단인 '노무라(野村) 종합 연구소'는 매우 예외적 기획으로 '창조 전략(創造戰略)'이라는 이름의 보고서를 발표했다.

보고서는 21세기의 시작과 함께 지구 문명의 일대 지각 변동이 올 것을 예언하였으니 바로 지금 최정상에 올라 있는 듯 전지구를 휩쓸고 있는 미국의 정보화 문명의 위력이 이제 끝났다는 충격적 선언을 내놓은 것이다.

21세기가 시작되면서 '정보화'라는 코드가 '창조화'로 바뀐다는 것이다. 정보화는 우리가 지금 한창 쓰고 살며 가꾸고 있으니 이해하기 어려울 것이 전혀 없으나 창조화라는 것은 도대체 무엇일까?

창조화는 문자 그대로 창조력과 창의력 중심으로 변한다는 말이겠는데 그것은 어디 엉뚱한 별에서 내리 닥치는 외계의 문화나 사물이 아니라 정보화의 내용, 즉 '콘텐츠웨어'의 '질(質)'을 뜻하는 것이다.

쉽게 풀면 콘텐츠의 질이 하드웨어를 크게 변화시키는 지배적 요인이 된다는 뜻이다. 왜 그런가? 진화 때문이다. 무슨 진화인가? 문화의 진화다. 한 문화의 진화는 처음 단계에서는 내용이 형식을 지배하지만 최정상에 이르면 형식이 내용을 좌우한다. 그러나 그에 잇따라 나타나는 쇠퇴기 또는 전환기에는 다시 내용, 또는 창조적인 내용의 질이 형식을 수정하거나 변경하거나 전복시키는 것이다. 차원 변화다.

결국 지금 진행 중에 있는 정보화라는 문화는 그 내용이 점차 진화하면서 가까운 시간 안에 그 형식을 크게 수정하는 단계가 올 것이라는 얘기다.

바로 지금이 정보화의 절정이다. 전지구가 정보 하이웨이, 소위 '신경망화'하고 있기 때문이다. 그렇다면 '창조 전략'의 예언이 이미 현실적으로 진행되고 있다는 것인가? 그렇다.

모든 디지털·엔터테인먼트에서 '소스 source' 혹은 '리소스 resource'가 중심 부위로 떠오르면서 '데이터'의 비중이 '아이디어' 쪽으로, '비트'의 위상이 '창발량(創發量),' 즉 '창조적 발상의 양적 단위(量的單位)'로, 아직까지도 효력이 있는 '환원적 접근'이 철두철미한 '자발성·창발성 emergence'으로, 그리하여 드디어 '컴퓨터'의 핵심성이 '컨셉터 concepter'의 기기묘묘한 순간적 창조력으로 중심 이동한다. '컨셉터'란 '창조적 발상 지원 시스템'으로 컴퓨터를 포함힌 온갖 첨단 장비와 함께 처음의 그 '소스' '리소스' '콘텐츠'를 제시한 사람 주위에 다양하고 다층위, 다단계적으로 해석·활용·표현하는 수많은 종류의 창조력과 해석력과 표현력들이 둘러싸고 일종의 '브레인스토밍'을 전개하는 시스템이다. 이 시스템의 작동은 중심에 있는 창조적 발상자로 하여금 인간 정신의 최심부에 살아 있는 심층 무의식이나 인류 및 생명체의 최상고대(最上古代)의 여러 가지 기억을 아이디어나 감정이나 환상이나 자기 나름의 재구성의 형태로 드러내게 하는 것이다.

인간의 지극한 창조력이 나오는 코스는 둘밖에 없다. 심층 무의식에로의 '알파파 여행(일종의 명상이나 참선)'과 인류 및 생명체나 물질의 최상고대에로의 르네상스 여행에서 발견하는 내용들이다. '컨셉터'란 바로 이 여행의 조직 과정이다.

'창조 전략'은 21세기 국력(國力)의 기준이 경제력 중심에서 문화력 중심으로 바뀐다고 한다. 미국의 절대적 우위는 과연 어느 나라의 새로운 우월성으로 바뀔 것인가?

하기야 세계 무역의 중심이 유럽과 아메리카의 대서양 루트에서 동아시아와 아메리카의 태평양 루트로 이동함에 따라 한국 경제의 구조가 대륙과 해양 사이의 물류(物流) 중심의 확보 쪽으로 경사되고 제조업 중심에서 서비스와 문화 콘텐츠 산업 중심으로 바뀌어야 한다는 예언적 주장들이 널리, 급속히 번지고 있는 현실에서 물류의 중심을 문류(文流), 즉 '문화 교류'의 중심으로 상승시키는 것이 자연스런 결론이고 그에 연속되어 서비스나 문화 콘텐츠 산업 담론이 요란스럽게 등장하는 것은 당연한 귀결이기도 하다. 이미 문화 산업의 수출 성장률은 28퍼센트에 달하고 제조업을 대신할 산업으로 서비스와 함께 문화 산업, 콘텐츠 부문이 담론이 아니라 국가 경제 정책의 가장 중요한 내용으로까지 이미 상승했다.

그렇다면 바로 그 물류 및 문류의 허브(중심처)에로의 상승을 놓고 일본의 나리타나 간사이 공항, 중국의 상하이와 푸둥, 그리고 싱가포르와 한국의 인천 공항 및 송도 항만, 광양, 부산항 들이 경쟁을 벌이고 있는 지금의 동아시아 경제 흐름은 크게 보아 자연히 경제력 중심에서 문화력 중심으로 넘어가는 과정임을 쉽게 눈치 챌 수 있을 것이다. 과연 이 경쟁은 그 최종 결정이 난다는 향후 5년 안에 어느 쪽의 승리로 끝날 것인가?

이 문제에 대한 국제적 전문가들의 판단이 결국 그 당사국 국민들의 높은 문화력과 콘센서스, 즉 '정신적 합의'에 의해 결정된다는 이야기이고 보면 노무라의 창조 전략이 지금 우리가 다루고 있는 새로운 문화 코드와 어떤 연관이 있는지 쉽게 이해할 수 있을 것이다. 왜냐하면 문류, 즉 문화 교류의 중심이란 전통 문화의 계승과 재창조, 대륙과 해양 및 동서양간의 광범위한 문화 융합(퓨전) 그리고 미학적으로 극히 웅숭스러운 새 문화, 새 문명의 창조 지점이라는 것을 뜻하기 때문이다.

높은 문화력 그리고 정신적 합의 속에 들어 있을 동서양과 해류 사이의 탁월한 문화 융합의 가능성이란 무엇일까? 지금 '한류(韓流)'라고 부르는 문화의 내용은 이 융합력과 무관한 것인가?

적어도 그 속에는 우리가 흔히 문학, 역사, 철학(文·史·哲)이라고 부르는 문화적 창조력, 해석력, 융합력이 들어 있을 것이며, 이는 세계 역사 및 세계 체제와 문명들 사이에서 서로 반대되거나 이질적인 문화들간의 이중적 교호결합의 창의력과 창조적 융합 능력의 한 차원 높은 경지를 뜻할 것이다.

2. 세계의 흐름은 목하 정치나 경제보다 문화, 특히 새 정치, 새 경제의 씨알을 품고 있는 독특한, 그럼에도 그 전통이 깊은 새 문화에로 중심이 옮겨 가고 있고, 정부와 시장보다는 새 정부, 새 시장을 갈망하는 대중적 민중, 다중적 민중, 소위 카오스 민중이라 불리는 제3의 시민 섹터에로 중점이 이동하고 있다.

또한 자연과 도덕, 즉 경제와 정치에 대한 지나친 경사(傾斜)로 결국 살벌한 실패작이 되고 만 프랑스 혁명과 10월 볼셰비키 혁명 역사에 대신하여 유희, 즉 종교와 미적 교육과 상상력에 의해 교양된 새 민중이 이끄는 세계적 문화 대혁명의 요구가 상승하고 있다.

바로 이러한 요구에 대응하여 유럽과 아메리카의 지성은 그 대답을 동아시아, 특히 동북아에서 구하려고 하는 것이 또한 현실이다.

한민족의 전통 문화, 그리고 근대 이후에도 우리가 집중하고 혹은 존중해온 문화 이론(문·사·철) 가운데서 이 대답을 구할 수는 없는 것일까?

우선 정치, 경제, 문화에 대응해서 새 질서를 창조할 수 있는 오래고도 새로운 씨앗은 혹시라도 그 안에 없었는가?

1) 최근 현실적으로는 미국식 자유민주주의와 독일식 정당명부제를 모방하고 답습하면서도 한국을 비롯한 여러 나라에서 근본적인 회의감과 비판이 일어나는 현상은 도리어 새삼스럽다. 더욱이 그것이 이제부터 시작될 전자메커니즘과 연속될 경우 그 부정적인 측면이 전면화되지 않을까 하는 논의조차 있다.

우리 민족과 동북아 고대의 전통 문화에는 철저한 전원일치제이자 철두철미한 직접민주주의 제도인 '화백(和白)' 제도가 있다. 한번 시작해서 완전 합의와 전원일치에 도달하기까지 열흘 가까운 긴 시간에 군중과 대의 기구 사이의 철저한 직접민주제적 토의와 용납 과정을 매우 복합적으로 진행했다는 전설에 대해서 우리는 과연 무엇을 할 수 있으며 어떻게 해야 되는 것일까?

서양의 민주주의가 그 근원에서 볼 때 그리스의 고대 광장에서의 논의 구조에서 비롯되었다는 사실에 대응해서 우리는 이런 경우 과연 아무 느낌도 없는 것인가?

2) 월러스틴 Immanuel Wallerstein은 자본주의의 종말을 40년 정도로 내다보고 있으나 그 대안의 제시는 전혀 못한 채 다만 복잡계 경제학일 것이라는 막연한 예상만 내리고 있다. 일본의 '시오자와 요시나리' 등의 복잡계 경제학은 바로 코밑의 문제인 7만여 헤지펀드의 전횡조차 제어하지 못한 채 대체로 보아 실패에 기울고 있다.

월러스틴이 자본주의 종말에 대한 예언의 근거로서 제시한 생태학적 비용 과다와 국가의 역할 약화, 생산 비용의 증대와 함께 자본주의의 치명적 약점인 인간 동료들에 대한 얼굴 없는 무자비성을 고려할 때, 그 대안으로서 또는 기존 교환 시장과의 이중적 교호 관계로서 보완적 역할을 할 수 있는 경제 제도의 씨앗이 우리의 고대에는 진허 없었던 것일까?

신시(神市)란 도대체 무엇이었을까?

한민족만이 아니라 수천 년 전의 아시아와 아프리카 북단 등에 교환 시장만이 아닌 생태계와 자연의 신령한 영성을 존중하고 인간 동료들에 대한 얼굴 가진 우정을 기초로 한 인격 교환의 상호 혜택적 시장이 있었다는 경제인류학의 암시에 입각해서 국내의 소수 연구자들에 의해 검토된 '신시'라는 '호혜 시장(互惠市場)'을 과연 어떻게 보아야 할 것인가?

장 보드리야르가 이미 자본주의에 대한 청정한 하나의 대안으로 강조했던 바 제사경제인 인격 교환의 '포트라치'가 교환 시장과 함께 아메리카 인디언 속에서 교호적으로 공생하기 시작한 현실을 바라보면서도 우리의 고대에 분명히 존재했던 호혜 시장, 공급계와 소비계 사이에, 유목 이동민과 농경 정착민 사이에 유력한 계(契)의 형태로써 엄연히 존재했던 '신시'의 전설을 망각하는 것이 그리 잘난 일일까? 아메리카 인디언보다 그리도 더 똑똑하고 그리도 더 문화적인 증거라도 되는 것일까?

3) 우리 사회에 지금 막 태어나고 있는 세계적 영향력을 지닌 깊고 넓은 한 문화가 우리의 삶을 이끌고 있다. 그 문화의 이름은 '생명과 평화'다. 그 요동과 요서 지방의 동이계(東夷系) 방사(方士) 술사(術士)들의 노작으로 검증된 바 있는『산해경』에는 "예맥·숙신(東夷族)은 생명 살리기를 좋아하고(好生) 죽이는 것을 싫어하는(不殺生) 덕을 지니고 있고, 또 양보하기를 좋아하고(好讓) 서로 싸우기를 싫어하는(不爭) 덕성을 갖고 있어서 죽지 않는 군자의 나라(不死君子之國)"라고 했다. 바로 생명과 평화의 전통이다.

그 문화는 그리고 한민족의 역사와 전통 안에 그 뿌리를 단단히 내리고 있다. 도대체 무엇에 그 뿌리를 내리고 있는가?

바로 '풍류(風流)'다.

신라의 고운 최치원에 의하면 풍류는 애당초 유불선(儒佛仙) 삼교의 근본 사상을 모두 아울러 지니고 있으며 특히 그 중심 사상은 '접화군생(接化群生)'이라 했다. 뭇 생명과 존재 만물을 사랑하고 감화, 진화시켜 살리며 결국은 물질까지 그 굴레에서 해방하는 사상인 바, 다른 말로는 그 이름이 선도(仙道)이기도 했다. 현재의 개념으로는 바로 '생명학'이니 한반도의 모든 유불선 사상, 심지어 그리스도교 밑에까지도 유유히, 그리고 면면히 흘러 넘치며 유불선을 통일하는 중심인 생명의 문화 그것이다. 19세기의 대생명학, 후천개벽의 생명학인 동학 간역 사상(東學艮易思想) 역시 이 풍류의 부활이었으니 오늘 우리들의 '생명과 평화' 사상의 핵심 근거에는 유불선, 그리스도교와 함께 유럽의 모든 생성의 철학, 생명과학의 통일점인 이 풍류의 문화가 살아 꿈틀거리고 있는 것이다. 그러면 이 문화, 이 사상이 현실과 세계적 자장(磁場)에 맞게 현대화, 과학화할 수 있을 것인가?

우리는 지금 바로 이 독특한 생명학 안에 이미 말한 바 있는 해륙과 동서의 온갖 문화의 융합력과 새로운 창조력이 생동하여 전 민족적 합의와 동북아 및 그 세계적 확장에 도달하기를 기다리고 있다.

4) 이 생명학, 이 풍류, 이 선도는 민족과 인류, 시억과 선시구 및 우주, 개체와 전체, 주체와 타자, 지역화와 세계화를 결합시키며 농경과 유목, 정착과 이동, 에코와 디지털, 리비도와 아우라, 카오스와 코스모스를 경합시키는 원형으로서 동학의 저 유명한 결정적인 새 삶과 새 문명의 묵시(默示)인 '태극(太極)이면서 궁궁(弓弓)'이요 율려(律呂)의 후천 형식인 '여율(呂律)'이니, 1만 4천 년 전 민족의 시원이라 하는 중앙아시아의 '마고(麻姑) 시대'의 우주적 혼돈 질서인 '팔려사율(八呂四律)'의 '기우뚱한 균형'을 생성시키며 품고 있는 참다운 미래 문화의 모태(母胎)인 것은 아닐까?

3. 풍류, 그 오래고도 새로운 우리의 생명학은 천지인(天地人)의 삼축론과 음양(陰陽)의 이축론, 그리고 '한'이라는 이름의 혼돈적 질

서(混元之一氣), 즉 '궁궁태극(弓弓太極)'의 '카오스모스', 이 세 가지 원리를 제 안에 품고 있다.

천지인의 삼축을 따라 우리 민족의 독특한, 또는 19세기 동학 간역의 개벽 사상에 의해 다시금 결정적으로 변화된 시간, 공간, 육체관을 음양의 이축을 따라 『천부경』에 제시된 셋과 넷[三四]의 천부(天符) 또는 영부(靈符)와 함께, 셋과 넷 사이의 '고리의 생성[成環]'이라는 것을 한번 생각해보자.

1) 시간에 관하여

우리 민족의 시간은 알파와 오메가의 시간이 아니다. 히브리나 헬라적 시간도 인도나 중국적 시간도 아니다. 상고(尙古)의 시간도 아니며 목적론적 역사주의의 시간이나 선(線)적이며 미래주의적인 화살과 같은 진보주의적 시간도 아니고 묵시록과 같은 상승주의적 종말론적 시간도 아니다. 그것은 또한 완성된 원 안에서 주기적으로 되풀이하여 고대의 대동 세계로 돌아가려는 순환적 시간, 삼대(夏殷周三代)나 삼황오제(三皇五帝)나 수사학(洙泗學, 공자 시대)에로 복고(復古)하는 그런 시간도 아니다. 질서에서 무질서로 진행되는 엔트로피 최대의 증대 과정에서 결정적으로 파멸되는 팽창 일변도의 비가역적 시간도 아니다.

『천부경』에서 시간은 시작도 끝도 없는 한 시간이며 한에서 시작하고 한으로 돌아가는 시간이자 하늘[天]과 땅[地]이 사람[人] 안에서 작동하고 통일되는 그런 시간이다. 처음이 끝을, 끝이 처음을 맞물고 있는 바 '생성하는 고리[成環]'의 시간이다.

탈춤이나 시나위 등 제사 예술 속의 시간이 똑 그러하다. 열두거리로 해체된 마당들마다 시작과 끝이 '잉아걸이'처럼 서로 맞물리는 고리의 생성을 표준으로 하는, 각각이 모두 독립적인 '연산(連山)' 구조로서 이것은 '지금 여기의 시간'이 과거와 미래로 확산해 나아가며 동시적 또는 계기적으로 과거와 미래가 현재 속에 도리어 수렴해 들어오는 펼침과 접힘, 반복과 차이의 끊임없는 확충(擴充)amplification의 시간이니 프로이트적인 자유연상의 치유가 아니라 상징에 의해 순환 확장하는 집단 무의식의 치유요, '재정위 reorientation'를 포함한 '카를 융'적인 해방의 치유이다. 그리고 그것은 지금 여기에서 사방 팔방 시방으로 끝없이 뿌리고 끊임없이 수렴하며 다층위적인 차원 변화와 함께 과거와 미래를 지금 여기에로 깊숙이 끌어들여 현재적으로 창조 생동시키는, 어떤 점에서는 고대적인 시간, '우로보로스 Uroboros'적 시간이기도 하다.

나로부터 시작해서 차원 변화와 함께 바로 나에게로 돌아오는 시간이니 바로 내 안에 모든 신령과 자유와 '그날'이, 우주 만물과 천고의 시간이 살아 있음을 의미한다.

해월 동학의 '향아설위(向我設位)'는 위패[神位]와 맷밥을 벽 쪽에 진설하는 동서고금의 모든 제사(향벽설위[向壁設位], 모든 동서양 문화와 사상의 공통된 양식)처럼 나, 즉 상제(喪制)의 지금까지의 모든 노력, 삶, 생산물과 소망과 그리움을 몽땅 저 눈앞의 피안(彼岸)이요 미래에 갖다바치고 끊임없이 거기에 대고 절하고 빌고 모시어 지금 여기의 나(喪制)를 없이하는 '없앰(無化)'의 문화가 아니라 신령과 미래와 과거와 모든 것에 대한 모든 것, 천고만물이 살아 있고 조상과 역사가 살아 있는 나, 지금 여기에 제사 지내고 있는 나(喪制) 자신에게 내가 스스로 빌고 절하고 '모심'으로써 나와 우주와 시간 자체를 '살림'으로 들어올리는 '첫 샘물과 스승이 바로 내 안에 있다(自在淵源)'는 사상인 것이다. 이러한 향아설위의 제사를 통해 회복된 삶의 시간은 해월 선생에 의하면 앞으로 5만 년 동안 바꾸지 못할 법이라 한다.

바로 이 시간이 긴 동서 문명사, 특히 현대에 있어서 인류의 거짓된 삶, 목적론, 선적인 시간, 미래주의, 순환적 상고주의, 자동 기계의 유토피아, 속도 생산에 의한 공산주의 낙원, 엔트로피 최대 증대점에서 지구 물질의 붕괴와 함께 그로부터 분리된 소수의 선택된 자들만의 거대한 하나의 꽃인 지구 영권(地球靈圈, noosphere, 테이야르의 비전)의 상승이라는 과학적 거짓말로부터 우리를 해방시킨다.

해월 선생이 향아설위의 큰 법을 선포한 이천군 설성면 앵산동은 지금은 아무도 찾는 이 없는 쓸쓸한 시골 마을이다. 그러나 이 마을 입구 논 가운데 불쑥 솟은 앵봉(鶯峰)에서 1897년 4월 5일 11시에 선포된 향아설위 법설은 이제부터의 인류와 우주 생명계 전체에 참으로 새롭고 개벽적인 문화 중의 문화 코드로서 그 창조력을 발휘할 것이다. 미셸 세르가 자기의 대담집 『해명』에서 '미라보 다리 아래 센 강은 흐른다'는 아폴리네르의 유명한 시 구절을 무식하다고 몰아세운 참 이유를 한번 생각해보자. 센 강은 강 좌우에 역류를 포함하고 있으며 강물 밑에서 무수한 폭발과 상승 회전이 함께 있어서 간단히 '흐른다'고 말할 수 없다는 것이다. 또 프루스트의 『잃어버린 시간을 찾아서』와 제임스 조이스의 『율리시즈』의 구성 형식을 생각해보자.

그러나 그 무엇보다도 우리는 탈춤의 열두 마당, 그중에서도 은은한 향아설위의 '각비점(覺非点),' 즉 '전환점'에 속하는 '미얄할미의 죽음 마당'을 보며 이제 시간 앞에서 우리의 마음의 외투를 벗어야 할 때가 되었음을 절감해야 한다.

2) 공간에 관하여

공간은 시간과 함께 살아 있는 생명체다. 그것은 먼저 풍류의 세계관, 선도(仙道)의 사상에 의해 그 생명성과 그 신선(神仙)적인 '중력적 초월성'이 거듭거듭 강조되어왔다. 공간 특히 '마당'은 탈춤과 마당놀이에 의해 범속한 일터에서 거룩한 신령의 마당으로 차원 변화한다. 또 그것은 함부로 침을 뱉고 오줌을 싸 갈길 수 없는 우리들 어머니의 살결이다. 공간을 거룩하게 볼 수 없는 자는 지구에서 살 권리가 없다. 오직 옷과 마음의 깃을 여미고 조심스럽게 길을 가고 조심스럽게 마당에서 곡식을 타작하는 자만이 이 세상에 살 값어치 또는 권리가 있는 것이다. 풍수(風水), 특히 한민족의 자생 풍수는 지역적 구심성(또는 '생물 – 지역')을 밝히는 형국론(形局論), 숨은 차원인 용맥(龍脈, 산맥)의 기운생동한 연속성과 드러난 차원인 화성(火星, 봉우리)의 비연속적인 '솟음' 사이의 숨은 연속성인 '연산(蓮山)'이라는 용(龍)의 원리는 탈춤의 생성 구조뿐 아니라 마당의 '판' 구성의 원리 노릇까지 해온 거대한 사상이요 참다운 문화 코드다. 우주의 변화나 햇빛 방향과 땅의 대응을 조리화(條理化)한 좌향(坐向) 특히 '24좌향론,' 세론(勢論), 혈론(穴論), 명당론(明堂論)과 무서운 당판(堂板)이나 비수터〔悲愁板〕 등 한없이 깊고 넓고 다양하게 전개되는 자생의 민족 풍수는 분명 새 시대의 공간론, 공간 문화의 새로운 코드다. 제임스 러브룩의 지구의학, 지구생리학이 이제 가설에서 벗어나 공리로 자리매김하는 것을 보며 생각하는 것은 수백 수천 수만 수십만의 지구 전체의 표층과 심층의 수없이 많은 경락(經絡)과 단전(丹田)들, 그 기맥(氣脈)과 수맥(水脈)에 대한 탁월한 기감(氣感)에 의한 공간 치유와 결합되지 않는 지구의학 또는 생리학은, 글쎄, 서양인들에겐 엄청나게 멋이 있을는지 모르나 우리 눈에는 도리어 불모(不毛)의 이론이요 부족한 학설이니 동서양의 참된 지리학이 결합하는 내일을 기다려야만 할 것 같다. 이 지구의 심층 기맥을 열어 표층 기맥을 정화(淨化)하고 또 잇달아 심층 수맥을 걸러서 표층 수맥의 물을 정화하며 동시에 생태권과 대기권에 연속적인 천기(天氣, 우주 공기와 기운)까지 정화하는 자생적 민족 풍수 원리와 서양의 산맥학, 해양학, 산림학, 암석학, 생태학, 대기학의 결합인 지구생리학 사이의 참다운 교호결합에 도달하지 못한다면 지구의 앞날은 그리 밝지 않다. 자연의 자정(自淨) 능력의 한계가 불과 수십 년 안에 올 것이다. 그러니 참으로 공간을 알아야 한다. 그것이 곧 풍수다. 그리고 그것은 마당과 연극 등의 '판'의 원리이기도 하다.

3) 육체에 관하여

메를로 퐁티의 신체학으로부터 들뢰즈의 신체행동학까지, 그리고 지금까지도 소문으로만 떠도는 칸트의 신체학에 관한 유고(遺稿) 등 서양 철학은 몸, 신체 담론으로 집중되고 있다. 철학뿐 아니라 사실은 문학마저 왼통 '몸론(論)'투성이다. 좋은 일이다. 하늘(天)과 땅

〔地〕을 통합한 인간 생명과 무의식의 거처는 인간의 속, 인간의 몸속, 즉 '인중(人中)'이기 때문이다.

그러나 '몸론(論)'이 지금처럼 앞으로도 한도 끝도 없이 유럽 신체학의 인용 이상을 넘어서지 못한다면 '제몸론(論)'이 나타날 수 있다.

'제몸'이란 '몸'은 '몸'이지만, '주체'와 분리되기 때문에 그저 물질일 뿐, '중(中)' 특히 '인중(人中)'이라 불리는 바 '몸이면서도 동시에 마음'일 수는 없는 것이다.

들뢰즈 등의 신체행동학은 마땅히 기학(氣學)과 선도(仙道)의 참동계(參同契)나 태을금화경(太乙金華經) 그리고 경락과 단전에 관한 저 숱한 풍류사상계의 생명학들과 함께 거론되고 통합적으로 토의되어야 한다.

참동계는 특히 세포, 장기계와 함께 주역(周易)을 신체학으로 결합시켜 신체 우주생명학의 뚜껑을 열었다.

이야기는 여기에서 참으로 오묘한 곳에 이른다. 우리 민족의 자랑인 허준(許浚)과 이제마(李濟馬)에 관하여 말해보자. 주역에서는 혁명에 관한 괘(卦)가 있으니 바로 혁(革)괘다. 혁괘에서 '아랫동네,' 즉 민중들의 거처를 물구덩이〔水穴〕에 비유한다. 군자는 반드시 그 물구덩이 깊은 곳에서부터 밑바닥의 물(욕망, 불만, 증오, 원한, 새로운 세상에의 몽상이나 콤플렉스, 정신 질병과 야유 등 그림자들)을 끌어올려(上水) 햇빛 아래 드러내야 한다(陽性化, 개혁). 그렇지 않으면 음산한 피와 복수의 혁명이 터질 수밖에 없다.

이 물을 끌어올리는 두레박이나 사람들, 햇빛 등이 모두 다 의학적으로 보면 세포, 장기류, 내분비계 등 보이는 질서, 드러난 차원의 공공(公共)적 신체의 위계(位階)들이다. 이것이 말하자면 위상(位相)이요 질서요 코스모스다. 19세기 대의학자 이제마의 사상의학(四象醫學)은 이 같은 보이는 질서로서의 세포, 장기류 등에 관한 엄밀학문이다. 여기에 비해 허준의『동의보감(東醫寶鑑)』의 그 경락계를 흐르는 기(氣)에 관한 이론은 마음을 동반한 기운으로서 보이지 않는 질서, 숨겨진 차원의 세계를 포함한다. 그리고 그것은 욕망이요 불만이요 몽상인 불칙흉흉한 마음의 거센 흐름까지도 포함한다. 그것은 역동적 활동이요 혼돈한 기운, 즉 카오스다.

허준의 카오스가 이제마의 코스모스와 서로 다르면서도 어떤 경우 그 카오스가 그 코스모스를 '탄다.' 삶과 세계의 변혁을 치유라고 했을 때 바로 세포와 장기계의 의학이 어두운 물구덩이(아랫동네) 속, 보이지 않는 질서의 카오스를 위로 끌어올려(上水) 햇빛 아래서 양성화(陽性化) 치유·개혁해야 하는 것이니, 이와 관련해서 참동계를 이해하고 선도와 도교(道敎) 및 도가(道家) 측의 전통 사상을 검토한다면 아마도 매우 흥미 있고 새로운 의학, 생리학, 말하자면 지금 우리가 검토하고 있는 생명학의 세계가 나타날 듯싶다. 세계의 사회사상계가 점차 생명학과 영성, 그리고 사회 및 정신질병설을 다시 평가하는 쪽으로 나아가야 하기 때문이다. 통합적 생물학 등이 그런 예감을 증거하는지도 모르겠다. 인간을 육체, 신체로 보는 철학은 그 이전보다야 일보 전진한 셈이다. 그러나 생명에 대한 선도 사상은 본디 인간의 신체(身體, 하단전), 기체(氣體, 중단전), 영체(靈體, 상단전)로 삼분되는데 여기에 비상(非常)한 변화와 병적인 혼돈의 경혈인 회음혈(會陰穴)이 또 하나의 카오스적인 혼돈혈, 비상한 단전으로 나타났다 꺼졌다 한다. 인간의 몸은 몸만이 아닐 것이다.

최소한 보이는 장기계와 안 보이는 경락계 사이의 차원 변화나 간섭, 물꼬를 트는 관계 등으로 복합화하는 이것이 새 시대의 새로운 '몸론(論)'의 기초가 아닐까?

4) 『천부경』에는 기이한 말이 많다. 그중에서도 참으로 기이한 것은 '셋과 넷이 고리를 이룬다(三四成環)'라는 구절이다. 이것을 음양의 이축설로 대응해보자. 셋(三)은 카오스요 역동수, 홀수이며 혼돈, 발전이고 삼분박이며, 넷(四)은 코스모스요 균형수, 짝수이며 안정, 평등이고 이분박이다. 우리 음악에서는 혼돈의 3분박과 질서의 2분박이 합쳐서 혼돈한 질서의 박인 '엇박,' 즉 5분박을 흔히 만든다. 2002년 붉은 악마의 연호였던 '대~한민국'과 '딴딴딴 딴딴'의 장단이 곧 3분박 플러스 2분박의 엇박, 혼돈박, 5분박으로서 곧 혼돈의 질서다. 셋과 넷은 곧 『천부경』에서는 천부(天符)다. 그럼으로 동학에 와서 천부는 영부(靈符)가 된다. 사람의 영성 안에 있는 혼돈과 질서의 상징이므로 그렇다.

서로 음양으로 대척적이거나 대조적인 천부, 영부인 셋과 넷 사이에 일어나는 작용은 어떤 것인가?

5) 천부경의 '셋과 넷이 고리를 이룬다'라는 말에 대해 한번 생각해보자. '고리,' 즉 '환(環)'은 시작과 끝이 맞물리고 끝이 완전히 끝나기 전에 새로운 것이 시작되며 활동이 위상을 타고 흐르고 차이와 반복의 순환 확장으로 『장자(莊子)』에는 강조되어 있는데, 이것은

혜강(惠岡) 철학의 '신기(神氣),' 또는 동학에서는 '지기(至氣)'가 안팎으로 드나들며 접혀지고 펼쳐지는 '확충'의 '치유 과정'을 지시한다. 셋은 활동이며 양(陽)이고 카오스와 역동을, 넷은 위상이며 음(陰)이요 코스모스와 균형을, 그리하여 '고리'는 보이지 않는 활동과 보이는 위상 사이의, 카오스와 코스모스 사이의, 역동과 균형 사이의 순환적 확장, 반복적 차이, 접힘과 펼침, 과거와 미래, 안과 밖 등을 들며 나며 빙빙 돌면서 '미얄의 죽음과 함께 취발이 아이의 탄생'으로 나아가는 빛과 그늘, 즉 이른바 '흰 그늘'의 강력하고 집요한 치유운동이자, 혹은 데이비드 봄의 이른바 '물꼬(과학의 역할)'에 해당한다. 천부(天符)가 우주핵이라면 영부(靈符)는 존재핵이다. 천부가 소위 천심월(天心月)이라면 영부는 이른바 황중월(皇中月)이다. 천부가 무중벽(无中碧)이라면 영부는 천심단(天心丹)이다. 우주의 중심과 인간의 중심을 지시하는 상징들 사이의 관계다. 그리고 데이비드 봄처럼 천(天)과 영(靈)이 숨겨진 차원, 보이지 않는 질서요 우주 총유출이요 총체라면 부(符)는 곧 드러난 차원, 보이는 질서이며 천부의 그 경(經)과 동학에서의 그 형태(其形又形)는 과학이요 '물꼬'의 상징으로서 숨겨진 차원에서 드러난 차원으로 전체적 우주 총유출의 그때마다의 벡터를 방향 잡아주는 것이 될 수도 있다. 그리하여 '고리,' 즉 '환(環)'은 장자의 철학 개념인 '환중(環中)'과 함께 물리학과 생물학에서 동시에 의미심장한 '확충'의 활동을 하는 것으로 볼 수 있겠다.

6) 바로 이 '셋과 넷의 확충(고리)'이 시간에 있어서는 차이와 반

복, 확장과 수렴, 과거와 미래, 안팎의 활동을, 공간에 대해서는 기(氣)와 물(物), 접힘과 펼침, 좌향과 형국, 심층과 표층, 수맥과 기맥, 장풍(藏風)과 득수(得水)의 활동을, 육체에 대해서는 장기계의 드러난 코스모스에 대해 경락계의 숨겨진 카오스, 아랫동네의 물구덩이, 즉 리비도와 원한과 그늘에 대해 윗동네의 햇빛, 즉 아우라와 코기토와 흰빛 그리고 초월성 등 사이의 '고리 생성'이라는 '확충' 활동을 함으로써 살아 있는 '여율' '궁궁적태극'의 상징적 원형으로 집단무의식에 대한 깊숙한 치유 및 개혁 작용을 할 수 있는 기능으로 생각하게 되는 것이다.

4. 우리가 가는 새문화의 길, '생명과 평화의 길'이라는 이름의 새 문화 코드는 과연 무엇일까?

그것은 인문학으로서의 지금 여기에서의 생명학의 요구와 자연과학으로서의 앞으로의 가능한 생명학의 대답이 부딪치는 길, 만나는 길, 왈 후천개벽의 길일 것이다.

1) 인격 – 비인격의 우주 생명으로서의 공동 주체성을 확립하는 문화 창조에 관하여.

인간과 생명 안에뿐만 아니라 물질과 무생물 안에서도 신이 살아 있다. 따라서 우주 생명과 인간을 하느님으로 모시고, 있을 수 있는 죽임, 즉 인위적 살해로부터 살려내는 것은 물론이고 동식물과 물·흙·공기·바람과 빛, 어둠 안에마저도 신은 살아 있으니 경물(敬物)에까지 이르러야 비로소 도덕의 극치에 도달한다고 해월 선생은 가르친다. 인격과 비인격이 모두 다 우주의 공동 주체다. 이것을 불문가지(不問可知)의 사실로 인정하고 우주 만물 일체와 일체 생각, 일체 느낌까지 모두 내 안에 공손히 모셔야 하는 것이니 이것이 사실은 환원주의(還元主義)의 낡아빠진 반생명학을 버리고 순전히 자발성과 창발성(創發性)emergence에로 나아가는 생명의 참다운 길이다. 고대에로 돌아가는 판타지와 미래로 나아가는 과학적, 영성적 투시(透視)의 쌍방향 통신, 그리고 '에코'와 '디지털'의 상호 통합의 성취는 개체들이 자발적으로 전체를 이루어 '창조적 개혁'에 도달하는 길, 곧 '자기 조직화 self-organization'의 길이다.

'붉은 악마'와 '촛불'의 웅숭깊은 감동은 바로 다름아닌 '자기 조직화'에서 나온다. 약육강식이나 환경 적응, 도태 따위의 눈에 언뜻 보이는 데로만 생명을 규정하는 유사과학을 힘차게 넘어서는 자발성과 상부상조, 보이지 않는 차원의 기본 질서인 공생(共生)은 바로 '자기 조직화' 그것이다. 어쩌면 문화 문제에서 가장 먼저 인식되고 성취되어야 할 과학적 진리는 '자기 조직화'일 것이다. 생명과 생명 이외의 온갖 우주 물질의 내면적 의식이 주체가 되는 것은 그 물질의 '자기 조직화' 과정이 진화이기 때문이다.

2) 아시아 고대 문예 부흥

한민족은 이미 19세기에 동학 간역 사상사(東學艮易思想史)라는 후천개벽을 경험했다. 그것은 바로 '한번 간 것이 다시 돌아오지 않음이 없음(無往不復)'의 진리에서 나온 것이지 전혀 작위적인 것이 아니다. 지금 '이른바, 인간, 사회, 자연 전체의 혼란인 대혼돈 Big

'Chaos'에 빠진 우리 인류에게 절대적으로 필요한 것은 혁혁한 미래의 길, '생명과 평화의 길'을 가기 위해 아시아 고대 문예 부흥을 과감하게 일으키는 것이다. 그런데 자칭 진보주의자들은 대체로 이것을 두려워하며 기피한다. 퇴행이며 복고라는 것이다. 그러나 근대주의의 철벽 앞에 부딪히자 고대 그리스로 돌아갔던 마르크스나 니체, 푸코와 한나 아렌트가 과연 퇴행했는가? 그들은 복고를 통해 미래를 창조했다. 이른바 추사(秋史)의 '옛날로 들어가 새로움으로 나온다(入古出新)'인 것이다. 자칭 진보주의자라는 그들은 문예 부흥이 비과학이요 신비주의라고 입에 거품을 문다. 오늘 그들에게 들려줄 말이 바로 '재진화(再進化)re-evolution'라는 이름의 과학적 발견이다. 수천만 년 전에 이미 퇴행하여 자취를 감춘 곤충의 옆구리 날개들이 최근 30여 종에서 동시에 다시 돋아나는 사건이 관측되었다 한다. 『네이치 Nature』지(誌)'에 이를 보고한 것은 영국 과학자 '마이클 위팅'이다.

재진화!

생명은 필요와 자연에 의해, 생명의 원력(願力)과 질긴 소망에 의해 다시 진화할 수도 있다!

그것이 다름아닌 생명이란 것이다. 어쩔 텐가?

고구려 역사와 발해사를 강탈한 중국은 머지않아 부여사와 고조선사 역시 강탈할 것이다. 이러한 날조에 대응하는 우리의 역사 전쟁은 싸움이 아니고 곧 모든 동아시아와 동북아, 양심과 양식을 지닌 중국인들까지도 포함한 일체 아시아 민족들의 아시아 고대 문예 부흥의 서막인 것이니 이 어찌 절박한 생명의 요구가 아니랴!

고대로 가는 이 부흥은 문헌 사료에 대한 독특한 해석학과 더불어 신화나 구전에 대한 참으로 '귀신도 놀랄' 만한 깊은 해독법을 찾아 고대를 읽어내는 길일 것이다. 생명학이라고 부를 수밖에 없는 이런 방법들이 도대체 어디에 숨어 있을까?

해방 직후, 동방 르네상스를 강조한 바 있는 김범부 선생은 사고(史庫)가 불타고 사료(史料)가 약탈당한 민족 현실에서, 가능한 증거 방법으로 구증(口證)을 포함한 사증론(四證論)을 제시했다. 그것도 우리는 받아들여야 한다. 그러나 고대의 증거 중의 증거가 19세기 후천개벽사, 동학 간역 사상사 안에 풍부하게 숨어 있다. 어찌할 것인가? 문예 부흥은 곤충의 날개보다도 훨씬 더 과학적인 역사 행위 자체인 것이다.

3) 세계적 문화 대혁명

오늘과 미래 세계에 필요한 것은 정치와 경제의 혁명이 아니다. 심오한 미적 교육과 광활한 상상력에 의한 세계 문화의 대혁명이니 곧 '정신 개벽'이다. 세계적 규모에서 문·사·철(文·史·哲)의 대변혁이 와야 한다. 이것은 우선 지리멸렬, 부패, 무기력, 퇴행의 대명사인 '관료주의'와의 질기고 평화적인 장기적 싸움을 뜻한다. 관료나 정부가 올바르고 개혁적, 협조적일 때는 개혁에 의해 문화 변혁이 가능하다. 그러나 그렇지 않을 때는 문화 혁명이다. 문화 혁명에 의해 일어서는 세계적 신사고·신문화·신정신 안에 새 정치, 새 경제의 씨앗이 이미 자라고 있기 마련이다. 문화를 통해서 이윽고 자연과 도덕, 즉 새 경제와 새 정치의 변혁으로 다가가야 한다. 관료주의는 한마디로 인류의 집단적 정신질환이다. 콤플렉스요 좌절된 욕구이며 원한이자 그림자다. 그리고 '굳어버린 오류'요 '사물화된 문화'다. 관료주의는 용의주도한 문화 창조력에 의해 장기적으로 치유되어야 한다. 즉 세계적인 연쇄로서의 문화 대혁명이라는 '대치유'이니 한마디로 '이화세계(理化世界)'다. 이 치유가 곧 '확충'이다. 확충은 프로이트의 '자유연상'이라는 기계론적 방법을 대체하는 참으로 생명학적인 내상(內傷)의 치유법이다. 그것은 상징에 의한 집단 무의식의 치유이니 차이와 반복, 확장과 순환에 의해 안에서 밖으로, 밖에서 안으로 빙빙 돌면서 현재 안에서 과거, 미래를, 미래에서 현실과 과거를 질문하고 검토하며 접힘과 펼침으로 정신 차원을 변화시켜가면서 새로운 각 방면에서 창조적 비약을 이끌어 올릴 것이다. 치유로서의 문화 대혁명이야말로 대혼돈 시대의 황폐한 인간 문화에 대한 본격적인 성신 개벽이다.

증폭(增幅)이란 뜻도 가진 '엠플리피케이션'!

무서운 정신의 과학이다.

5. 이와 같은 문화의 길, 새로운 문화 코드는 새 세대만이 성취할 수 있다. 왜냐하면 신화와 과학, 고대와 미래, 에코와 디지털, 또는 디지털과 아날로그, 정착과 이동, 농경과 도시 유목, 중력과 초월 등 쌍방향 통행이 가능한 세대는 역사적으로 지금의 10대, 20대, 30대 초반의 네트워크 세대뿐이다. 쌍방향으로 아시아 고대 문예 부흥과 미래를 향한 문화 대혁명을 동시에 성취시키는 새로운 문화 코드를 창조할 수 있고 창조하고 있는 유일한 세대이기 때문이다. 그러므로 그만큼 더 열심히 '창조화의 길'을 가지 않으면 안 될 것이다.

6. 문학, 예술, 철학, 과학 등에 관하여

신화나 판타지 이외에 괴기와 심오(深奧), 골계(滑稽)와 축제, 환상과 리얼리즘 등의 이중적 교호결합이 문학 예술에서 시도되고 철학에서는 주체와 세계화란 이름의 타자, 인간 생명과 우주적 물질 세계, 홍익인간(신인간)과 이화세계(후천개벽)의 실천적 융합이 성취될 것이며 과학에서는 심리(관찰 주관)와 물리(관찰 대상)의 통합 과학의 등장, 동양 역학(역학, 주역과 정역, 『천부경』)과 서양의 고도의 상수학(常數學)의 통일 등이 미래의 새로운 천부역(天符易)을 통해 이루어지고 천부역에서 우리 민족의 『천부경』의 수리 체계의 괘효 전개와 현대적 계사(繫辭)의 새 철학 체계에 대한 '묘연(妙衍)-해독(解讀) 집행'이 이루어질 것이다. 또는 달력〔曆〕과 역사〔歷〕와 과학 철학〔易〕이 천부역을 기초로 새로운 '지기학(至氣學)'으로 통일 성립될 것이다. '지기학'의 다른 이름은 혜강의 '신기학(神氣學)'이요 '혼돈학'일 터이다. 신령(神靈) 컴퓨터가 창안되고 제2의 컨셉터 시대가 열릴지도 모른다. 그것은 일종의 새로운 대중적, 과학적 참선이 될 것이다. 선도 이래의 생명수련법이 보다 대중화되고 그 수련 과정에 컴퓨터가 도리어 매우 유용해질 전망이다. 또한 디지털과 아날로그가 한 차원을 바꾸며 새로운 창조 과정에서 결합된다. 따라서 가상 공간과 현금의 문학, 문화의 차원이 상호보완적으로 될 것이다.

미학과 수학의 결합(영화역〔映畵易〕의 출현)에 의해 컴퓨터 게임이나 디지털 영화가 엔터테인먼트를 통한 깨달음과 높은 수준의 영성과학 교육의 도구가 될 수도 있다.

7. 선도(仙道 · 風流)의 생명학과 선불교(禪佛敎)의 심층심리학이 교호결합함으로써 새로운 우주과학을 융합 창조하는 새 우주 종교가 출현할 것이 기대되며 이 우주적 과학 종교는 대중 속에서 드넓고 깊게 생활화될 것이 기대된다. 바로 이 같은 융합의 과정은 쉽게 문화 자본이나 문화 권력에 의해 지배당할 수 있다. 그러나 인간사의 상고대와 인간 무의식의 심층에는 창조력이면서 강력한 '항체(抗體)'가 있다. 이 '항체'가 문화 자본이나 문화 권력, 문화 관행, 문학 이론 따위 모든 잘못된 하드웨어를 수정, 변화, 전복, 개벽한다. 이것을 믿어야 한다.

8. 우주와 생명과 인간과 신령의 진화 과정은 '지화점(至化点) omega point'을 통과하며 내면의 명상적 평화와 외면의 사회 생명적 변혁, 그리고 개체개체마다 모두 자기 나름의 우주적 총유출(不移), 즉 전체를 실현하며 저마다 소규모의 사회 공생체 symbiosis를 창조할 것이다. '율려적 여율(律呂的呂律)'을 기축(基軸)으로 한 새로운 우주 생명적 대중 음악에 대한 '본청(本淸)의 미학'이 성행할 것이며 신인간(新人間)이 출현하고 '요기-싸르 Yoggi-SSar'(내면적으로는 수행자, 외면적으로는 혁명가)가 나타날 것이다.

지구에 거대한 차원 변화가 온다. '그늘(影)-그늘이 우주를 바꾼다(影動天心月 · 蓮潭)'란 이름의 이 문화적이면서도 과학적인 변화는 지구 주변의 우주 질서를 재조정하는 '지화점의 성스러운 과학 omega point science'으로서 물질을 영성화하고 엔트로피를 거슬러오르는 '네겐트로피'의 '가역(可逆)' 진행에 의해서 물질의 유기화 과정이 유기공업, 생명공업으로 부활하고 기타 서비스 기업 등에서도 영성적 문명 형성이 가능해질 가능성이 있다. 인간 내면의 심오한 영성적 항체(抗體)와 고대로부터 독특하게 해독된 새로운 '신령기화(神靈氣化)'의 힘이 문화 자본과 문화 권력을 근원적으로 변혁할 것이다.

인류의 초월적 영성과 지구의 물질적 중력 체계는 상호 이탈하지 않는, 그러나 종말의 진보적인 단 하나의 거대한 꽃이 피는 변증법적 지양(止揚)이 아닌 그야말로 '얽힘〔結繩〕'이라는 논리 형식의 '이중적 교호결합'으로서 '만년의 진화나무에 천 떨기 꽃이 피는(최수운의 진화 비전인 萬年枝上花千朶)' 모든 개인, 모든 민족, 모든 문명과 만물중생의 대해탈, 다종 다양한 자유의 만개에 도달할 가능성이 있다. 어찌 보면 이미 지금부터 오기 시작했으니 그것은 '그날'이라는 유토피아가 전혀 아니라 '오늘·여기'의 비전이요 변화다. 동아시아의 핵인 한반도에 '생명과 평화의 길'을 개척하는 (붉은 악마와 촛불 세대의) 10대, 20대, 30대의 새 세대가 현실적으로 삶의 현장에 이미 와 있기 때문이다.

9. 미적 교육과 상상력의 원리는 대체로 다음과 같은 것들이다.

1) 협종적 황종(夾鐘的 黃鐘)을 민중적으로 실현하는 새 세대의 본청(本淸)의 미학 창조.

2) 여율적 율려(呂律的律呂)로서의 생명 문화, 풍류(風流)의 새

발견.

3) 신비주의와 역(易)수학의 결합.

4) 5감 통합과 깨달음의 길의 연관 창조.

10. 새로운 문화 코드는 문화에 있어서의 새 세대에 의해서만 가능하다. 2002년의 '붉은 악마'와 그해 겨울 소파 개정 시위에 선구적이었던 '촛불'의 기축 세력이 그 주체이며 그들의 3대 명제는 그대로 이 새로운 '생명과 평화'의 문화, 문명의 중심 명제가 될 것이다. 왜냐하면 그것은 곧 동학 간역 사상사에 대한, 그리고 새 문명과 새 지구적 삶에 대한 개벽적 원형이요 치유제요 패러다임이기 때문이다.

그것은 기이하게도 문·사·철 세 방면에 걸쳐서 눈부시게 나타났다.

1) 문학 예술적 원형

'대~한민국'과 '짠짠짠 짠짠'의 3분박 플러스 2분박의 엇박, 5분박. 이것은 혼돈의 질서(동학의 지기[至氣], 즉 혼원지일기[混元之一氣])로서 3분박의 카오스와 2분박의 코스모스의 결합인 '카오스모스'의 한국적 원형이다.

2) 역사적 원형

'치우(蚩尤)'는 중국인의 조상이 아니다. '치우'는 중국의 '화하족(華夏族)'의 '농경 정착 일변도의 문명(장자 세속제, 가부장제, 봉건제, 천자 왕권 중심제, 천원지방[天圓地方]의 세계관, 유학 중심주의,

군자 중심주의 등등)'에 대항하여 북방 이동 유목족인 환웅족과 남방 정착 농경족 웅녀족의 결합을 중심으로 한 동이(東夷)족 및 중국 이외의 여러 소수 부족들의 연맹체 국가의 리더인데 유목 이동 문명과 농업 정착 문명의 이중적 교호결합을 주장함으로써 74회에 걸친 피비린내 나는 문명 전쟁을 치러 마지막의 탁록(涿鹿) 대전에서는 피가 백 리를 흘렸다고 한다(『장자(莊子)』). 중국인들은 고구려 역사를 강탈하듯이 우리의 조상마저 훔치려 든다(그들은 북경 외곽에 삼조당〔三祖堂〕을 짓고 황제〔黃帝〕, 신농〔神農〕, 치우를 모셨다). 왜냐하면 치우의 역사는 현재의 그들의 탈출구인 소위 애국주의와 팽창주의의 의도를 가장, 위장, 과장하는 데에 꼭 필요하기 때문이다.

젊은 세대가 치우의 붉은 로고를 깃발로 내건 것은 일단은 스포츠에서의 승리를 축원하는 응원의 성격이었지만 우연인지 필연인지 도시 유목 이동 문명과 생태계 보전 및 농업 재생을 위한 농촌 정착 농경 문명의 이중적 교호결합, 그리고 그에 기반한 새로운 지역적 세계화의 명제를 내건 하나의 문명사적 제안을 담은 사건이 되는 것이다. 자크 아탈리나 질 들뢰즈마저도 일방적으로 인류의 미래를 유목 사회만으로 예견함에 비추어 유목과 농경을 이중적으로 높이 내건 이 신선한 제안의 사건은 다음 차례의 새 문명과 그 문화의 내용을 '다양한 정착적 노마디즘'으로 결정하는 선구자적 역할을 하였다.

3) 철학적 카오스모스

붉은 악마는 태극기를 거의 한 달 내내 전면적으로 클로즈업하였다. 태극기는 동양 철학의 집약이다. 특히 한국의 옆으로 누운 붉고 푸른 태극은 중국의 바로 선 흑과 백의 태극(흑점·백점 포함)과 그 뜻이 '비슷하면서도 전혀 다르다.' 네 귀퉁이의 괘상(卦象)도 중국의 경우는 동서남북의 정방(正方)인데 비해 한국은 각기 간방(間方)에 그것이 있으니 그 뜻을 해석하면 '비슷하면서도 전연 다른 뜻이 되는 것'이다. 이것이 중국과 한국의 비교학이 지닌 '다이나믹스(서로 주고받는 역동 관계)'의 내용이 '그렇다(其然)'이면서 '아니다(不然)'인 이유이다. 그러나 태극 음양의 중심으로부터 네 방위의 처음 1, 2번의 건곤괘(乾坤卦)에서 마지막 63번과 64번의 '수화기제(水火旣濟)'와 '화수미제(火水未濟)'까지의 전 괘상을 다 압축한 점에서 볼 때 동아시아의 기본 철학과 우주관을 중국이 아닌 한국식 관점과 철학 아래(태극과 네 괘의 위상을 해석할 때 이것은 분명해진다. 한마디로 후천개벽적인 역이요 우주관이라는 말이다) '접은 채로 펼쳐놓고' 있다는 뜻이다.

이것이 한민족의 철학이다. 그런데 그것은 분명 태극은 태극이로되 후천적 괘상 속에서의 태극이다. 그러니 그것은 곧 이제껏 강조해온 19세기 동학 간역 사상사의 핵인 새 문명의 원형 계시(原型啓示)로 나타난 '태극궁궁(또는 궁궁적 태극)'의 의미가 아니겠는가? '궁궁적 태극' '태극궁궁'은 곧 '카오스모스(질 들뢰즈와 펠릭스 가타리)'로서 동서양 공히 참다운 철인들이 거의 목숨을 걸다시피 탐색하고 있는 새로운 문명의 그 원형, 새 우주관의 패러다임이자 새 삶의 상징이니 새 시대의 철학이 아니겠는가! 동학의 『동경대전』에서 '지극한 기운(至氣)'을 일러 '혼돈한 근원의 태극(混元之一氣)'라고 밝히지 않았는가! '일기(一氣)'란 태극의 다른 말이다.

아아!

이 기이하고 기이한 일을 어찌 다 말로 표현하랴!

다만 20여 년 전 유럽의 대사상가, 대신비주의자이며 독일 유기농 운동과 생태주의 및 현대 영성 운동의 아버지인 '루돌프 슈타이너'가 말하기를 인류 문명의 대전환기에는 그 새 삶의 원형을 제시하는 성배(聖杯)의 민족이 반드시 나타나는데 이 민족은 개인적으로나 집단적으로나 심오한 영성(靈性)과 세계에 대한 오묘한 이상(理想)을 제 안에 지녔지만 끊임없는 외침과 폭정으로 그 뜻을 표현하지 못하고 내상(內傷)이 깊어진 민족이다. 옛 로마의 지중해 문명 말기엔 그 민족이 이스라엘이었으나 그때와는 비교도 할 수 없는 근원적 대전환기인 오늘날엔 그 민족이 극동에 있으니 찾아가 경배하고 배우며 도우라고 했었다는 말을 슈타이너의 일본인 제자인 일본 인지학회(人智學會) 회장 다카하시 이와오로부터 듣고 또 그 민족이 다름아닌 한민족이라는 말을 들었다는 사실만을 오늘 여기에서 말하고자 한다.

그런데 나까지 포함해서 우리가 어찌해서 그 성배의 민족이 오늘 우리들 한민족이 결코 아니라고 우겨야만 정당하고 순수하고 옳다는 말인가? 이 또한 쇼비니즘일 뿐인가? 여기에 우리 세대는 대답해야 한다. 치우의 신세대, 엇박의 신세대, 태극궁궁의 신세대, 그리고 붉은 악마와 촛불의 신세대는 자기 자신만의 대문명 전환기의 명제와 길을 찾아 나서기 바란다. 이제 유럽 사상은 들뢰즈나 세르 등 몇 사람을 제외하고는 이미 그 현실적 의미를 상실했다.

그 길은 우선 가장 현실적인 것으로 다음 다섯 가지 눈앞의 과제와 그 다음 또한 다섯 가지 손끝의 숙제를 해내는 과정에서 차츰 열릴 것이라 믿는다.

처음 과제
① 남한 사회의 '창조적 개혁'
(동서양 통합과 19세기 동학 간역의 후천개벽론에 입각한 혁명적 생명 – 영성학)
이는 '생명과 평화의 길'이다.
② 평화적 남북 통일
(동서 해륙 물류 중심, 문류 중심이라는 민족 공통의 비전 추구 과정에의 창조적 남북 공조)
③ 동아시아 새 문명의 주동적 창조
④ 지구 생태계와 주변 우주의 과학직 재조징의 과학 딤구
⑤ 생명학에 입각한 탁월한 미학과 탁월한 과학의 통일, 생명 및 영성학에 입각한 심오한 과학과 심오한 종교의 통일

다음 숙제
① 각 지방 사투리의 회복
② 한글과 우리말을 더욱 풍부히 할 것
③ 한자 공부와 동양 고전 해독력을 기를 것
④ 영어와 기타 공용 언어의 습득 대중화
⑤ 전지구적 · 우주적 암호 문자(暗號文字)의 발견 · 창조 · 보급 · 활용 – 새 문화 코드를 사방 팔방으로 발신(發信) · 발화(發話)하기 위하여

새로운 문화와 문명의 창조에는 반드시 주역과 함께 파트너와 주변의 여러 코디네이터들이 둘러싸고 있는 법이다. 이른바 '컨셉터'이다.

내가 그동안 강조해온 동학 간역(東學艮易)의 그 간역(간[艮]은 산을 뜻하며 간방[艮方]은 한국으로 간역[艮易]은 한국 역학인 김일부의 정역[正易]을 말한다) 안에는 '간태합덕(艮兌合德)'과 '진손보필(震巽輔弼)'이란 두 돌출 명제가 보인다.

'간태'는 정동(正東, 한국)과 정서(正西, 미국)의 '합덕,' 즉 한·미의 협동적 새 사회 창조와 문화 개벽('禮三千과 義一')을 뜻하고 '진손'은 진방(일본)과 손방(중국)이 간태의 협동적 개벽을 좌우에서 필연적으로 보필하게 된다는 것이다.

그런데 지금의 세계와 우리의 삶은 어떠한가? 대혼돈 Big Chaos이다. '혼돈의 질서'라는 독특하고 보편적인 새 삶의 원형, 새 우주 변화의 과학, 탁월한 처방을 하지 않으면 안 된다.

유럽과 아메리카는 동아시아를 보고 있다. 그 과학 성립을 촉발하는 원형 또는 패러다임을 찾는 것이다.

주역(周易)인가? 주역이다. 그러나 아니다.

정역(正易)인가? 정역이다. 그러나 아니다.

주역은 아직 그 효력이 있으나 정역이 조금씩 머리를 든다. 동학의 최수운 선생은 옥중시(獄中詩)에서 다음과 같이 읊었다.

등불이 물 위에 밝으니 의심을 낼 틈이 없고

기둥이 낡은 것 같으나 아직도 힘이 남았네.

(燈明水上無嫌隙 柱似枯形力有餘)

선천(先天)의 주역과 후천(後天)의 동학 및 정역이 서로 얽혀 이중적 교호결합하는 관계와 역설의 시대가 우리 시대이다. 우리 시대의 새로운 원형은 무엇일까? 역시 '태극 또는 궁궁'이다. 이 시대 나름의 '새로운 팔괘(복희나 주문왕, 정역의 팔괘도 아닌 제4괘도)'가 나타나 '중국 태극과는 같으면서도 다른 한국 태극'의 그 기이한 철학이 새로운 태극으로 유행하고(나의 회고록『흰 그늘의 길』제3권 300쪽 참조), 동학의 시천주(侍天主) 주문을 앞세운 사단전수련(四丹田修練)법이 '궁궁(弓弓)'모양과 그 생명학적 상징으로 널리 퍼질 때 (『흰 그늘의 길』제3권 227쪽 참조), 비로 그 동학의 원형(세 문명의 상징)인 '태극 또는 궁궁'이 현실화할 것이다.

그것은 곧 온다. 이때 한국학 최고 최대의 숙제인 혜강 최한기와 수운 최제우 사상 사이의 이중적 교호결합이 이루어진다. 붉은 악마 700만은 '엇박' '치우'에 이어 '중국 태극과는 같으면서도 다른 한국 태극'을 스티커로, 바디페인팅으로, 블라우스, 스커트, 망토로까지 밀고 나왔다. 확실한 조짐이다.

중국 태극은 흑백으로 좌우에 나뉘어 서 있고 흑 안에 백점, 백 안에 흑점이 있으며 주역의 우주생명학 64괘가 모두 압축된 네 괘상이 동서남북 정방(正方)에 서 있다(立). 한국 태극은 청홍(靑紅)으로 상하에 나뉘어 누워 있고 우주생명학 64괘를 다 함축한 네 괘상이 동서남북 간방(艮方)에 누워 있다(臥). 같으면서도(期然, yes) 다른 것이다(不然, no).

역(易)은 같은 뜻이라도 위아래, 앞뒤, 중간, 방향, 위치 등등에 따른 각각 독특한 읽기(讀易 또는 推衍)에 따라 매우 다른 철학적·과학적 의미를 갖게 된다. 이른바 주역, 정역 사이의 관계역(關係易) 또는 간역(間易)이다.

우리는 같으면서도 다른 이 철학, 이 사관(史觀)으로 동북공정 따위 중국의 '중화주의'에 대결하여 그를 패퇴시켜야 한다. '태극 또는 궁궁'의 원형은 또한 중국 철학, 과학의 '말로는 삼극이지만 실제로는 일태극·음양론의 코스몰로지'의 한계를 뛰어넘는 북방 샤머니즘에 연계된 한민족 나름의 '삼태극의 춤(우주 근원의 에너지요 셋을 품은 하나이며 음양을 이미 제 안에 포함하는 원사상〔原思想〕)'의 흐름을 혼돈의 질서(붉은 악마의 '3분박 플러스 2분박'의 '엇박')로 되살리고, 주역의 '여율(呂律)론'이라는 카오스모스적 새 해석학의 촉매로 주역·기철학을 전면 해체·재구성해야 한다.

거기에서부터 비로소 중국 관료 지식인들의 통치 철학의 봉인 아래 '산 채로 죽임당한' 유불선의 생성, 생명, 과정, 혼돈, 변화의 사상 문화를 되살려내고 유럽 비주류의 생성·혼돈학과 통합함으로써 이른바 전지구·우주의 '대혼돈'을 처방하는 탁월하고 통합적인 과학, 즉 우주생명학·생명학을 촉발할 것이다.

이것이 곧 '태극 또는 궁궁'이니 '붉은 악마'의 세 가지 명제와 한국 태극에의 새 해석은 이것의 원형이다. 그리고 이때가 곧 올 것이니 이 구체화된 '태극궁궁'이 '간태합덕' '진손보필'의 새 문명의 기준(패러다임)이다.

한번 깊이 생각해보아야 할 일이다.

"'미 제국'을 활용하라."

하영선(河英善) 교수의 말이다. 미국이 아니라 미 제국이라고 한 국제정치 전문가의 뜻을 잘 짐작해야 한다.

"중국에 대해서는 항상 '아니다 · 그렇다'로 나가라."

한 노인의 말이다.

"일본 해방은 여성과 소수 피차별 민중 중심의 광범한 변동이며, 그 첫 물결이 한반도로부터 온다."

일본의 대 철인의 말이다.

그런데 동학에서는 이 후천개벽의 시기를 구체적으로 어떻게 표현하고 있는가?

전리도 익산 사지암(盆山 獅子庵)에 해월 최시형 선생이 숨이 게실 때다. 남계천(南啓天)이 묻되,

"후천개벽 후천개벽 하는데 그놈의 후천개벽은 언제 오는 겁니까?"

해월 선생 왈,

"만국의 병마(兵馬)가 다 이 땅에 왔다가 만국의 병마가 다 이 땅을 떠날 때."

병마(?)가 다(?) 이 땅을 떠날 때?

남계천이 또 묻는다.

"후천개벽 후천개벽 하는데 그놈의 후천개벽은 언제 오는 겁니까?"

해월 선생 왈,

"장바닥에 비단이 깔릴 때, 장바닥에 비단이 깔릴 때."

장바닥(?)에 비단(?)이?

신시(神市)? 신령한 시장?

마지막 병마는 어느 나라 병마이며 장바닥은 또 무엇이고 어디인가?

다 떠날 때는 언제이고 장바닥의 비단은 도대체 무엇인가?

덕(德)은 합(合)하되 병마는 떠난다? 무슨 뜻인가?

그렇다면 '간태합덕'이 표현된 『정역』 속의 시 구절.

'동쪽산 첫째 봉우리 3·8봉에 서쪽 요새의 백로가 푸드득 날아든다(東山第一三八峯 西塞山前白鷺飛)'의 숨은 뜻은 과연 무엇이란 말인가?

그리고 '신시(神市)'는 현대의 비단 깔린 장바닥 아닌가?

신시의 율려의 모형이었다는 천시(天市)는?

하늘의 거대한 성운군(星雲群)의 하나인 천시원(天市垣)은 지금 어디에서 어떤 모양으로 눈이 시리게 빛나고 있는가?

탐라(耽羅), 즉 제주에는 북방대륙계 신화가 아닌, 남방해양계 신화가 있다. 그것이 '신당,' '당(堂)' 신앙이요 신화다. 산꼭대기의 '신(神)'들이 내려오고, 해변에서 '사람〔人〕'들이 올라와서 함께 새 창조를 진행하는 중간 산 지대의 삶, 또 하나의 '신시'다. 북방계 신화인 '신시'와 함께 우리는 이것을 사회경제사와 문화인류학에서 어찌 보아야 하는가?

글을 끝내니 4월 15일 밤이다.

선거는 문자 그대로 양당의 '기우뚱한 균형' 위에 민노당이란 양념까지 얹었으므로 국민들이 대체로 안심하는 듯하다.

새로운 시작이다. 상투적 개혁이 아닌 '창조적 개혁'이 구상되어야 한다. 자격이나 경륜이 있건 없건 할 일은 하는 척이라도 해야 한다. 그것은 선거와는 관계없이 여기저기서 나부끼기 시작한 '생명과 평화의 길'이라는 깃발의 구체적 아젠다이다. 그것은 문명사 전체, 적어도 새 문명 창조의 길이니 그 길에서 민족 통일도 동아시아의 새 차원도 한 파도로 몰려올 것이다.

이 글의 퇴고가 끝나던 날은 내가 탐라에서 돌아온 22일 뒷날 23일 오후였다. 떠나오던 23일 낮 한라산 허공 위에 오색채운(五色彩雲)의 찬란한 무지개가 서렸다는 보도가 신문 지상 여기저기에 나오고 있었다. 큰 경사가 있을 조짐이라는 옛부디의 이야기를 탐라 사람들이 수군대었다.

무슨 조짐일까?

정역의 대가 이정호(李正浩) 선생의 '한라 예언'? '생명과 평화의 길'? 그것의 현실적 전개 형식인 '창조적 개혁'론?

이 길 위에 비추는 오색채운이라고 나는 확신한다. 그것이 아니라면 상서(祥瑞)의 영역에 들어가기는 힘들다. 왜냐하면 상서란 적어도 커다란 새 문명의 길에서나 나타나는 것이기 때문이다.

모심 · 고리 · 살림

생명 운동은 이제 환경 운동만큼 대중화되었다. 생협을 모르는 사람이 별로 없다. 생협 중에서도 '한살림'을 모르는 사람은 거의 없다. 그리고 '한살림'의 모토가 '모심과 살림'이라는 것 또한 거의 대중적으로 알려진 내용이다.

최근의 '웰빙' 바람은 생협, 한살림, 모심과 살림을 거의 식탁 언어로까지 몰고 간다.

2003년 경기도 수원에서 열린 세계 생명 문화 포럼의 로고는 '아름다운 모심, 힘찬 살림'이었고 한살림 연구소 이름이 '모심과 살림 연구소'인 것은 환경, 생태, 생명 운동 관계자들에겐 이제 상식이 되었다.

그런데 막상 이 '모심〔侍〕'이 동학의 핵심 사상이라는 것을 아는 사람은 매우 드물고, 더욱이 그 '모심'이 다윈 이후 가장 현대적인 진화론인 자기 조직화와 자유의 진화론, 자기 선택의 진화론의 핵심 사상으로 발전한 저 유명한 진화의 '3대 명제,' "안으로 영성 혹은 의식이 있고(內有神意), 밖으로 생명의 자기 조직화가 있으며(外有氣化), 사람 및 생명이 서로 떨어질 수 없는 전체 유출임을 각자각자가 자기 나름대로 깨달아 다양하게 실현한다(一世之人 各知不移者也)"라는 내용을 가졌다는 사실을 아는 사람은 거의 없는 형편이다.

왜 이렇게 되었을까?

원인은 두 가지다.

하나는 동학을 모르거나 우습게 아는 것이요, 둘은 진화론을 아직도 다윈 단계 정도밖에 알지 못하기 때문이다.

동학은 다윈의 『종의 기원』이 발표된 바로 그 다음 해인 1860년 4월 5일 11시에 경주 언저리 용담 골짜기에서 수운 최제우 선생에게 내린 하늘의 계시다.

동학은 동양 초유의 진화론이면서 동시에 그 한 해 전에 발표되어 전 유럽을 흥분시킨 다윈 진화론을 전면적으로 전복시키는 현대의 첨단적인 자기 조직화의 진화론이다. 그러나 동학은 여기에서 멈추지 않고 유불선과 기독교는 물론 동양 역학(易學)과의 관계를 새롭게 지시함으로써 후천개벽 시대의 생명학, 우주생명학의 성립을 예감시킨다. 즉 '살림'의 명제를 창조한 것이다.

그러나 참으로 놀라운 것은 '살림'의 명제에 이어지는 다음과 같은 사건이다.

모심과 살림은 곧 '한울' '한울님' 또는 '신(神)'과의 관계에서 한 차원을 크게 비약하여 자기 조직화로부터 '창조적 진화론'으로 나아간다.

유럽 신학이나 과학철학이 희망과 예감만 앞세웠지 감히 어찌할 수 없었던 바로 이 창조적 진화론을 '에리히 얀치'가 『자기 조직하는 우주』를 발표하던 2, 30여 년 전도 아닌 벌써 140여 년 전에 궁벽한 한반도에서, 그것도 『종의 기원』 발표 직후에 계시와 독공의 합발로 성립시킨 사실을 알고 나서도 놀라지 않는 사람은 동서양을 물론하고 그것이 왜 중요한가를 전혀 모르는 사람에 불과한 것이다.

현대 문명의 가장 큰 질병의 이름은 '대혼돈 Big Chaos'이다. 인간의 도덕적 황폐, 신과 주체와 휴머니즘의 죽음, 신자유주의 세계화에 의한 세계 시장의 실패와 각 민족간의 빈부 격차의 심화, 지구 생태계의 전면적 오염, 끝없는 기상 이변, 거기에 테러와 전쟁까지 가세하고 있는 지금 여기 지구의 현실은 '대혼돈'이라는 말로밖에는 설명할 수 없다.

그리고 이 질병에는 참으로 인류 역사상 가장 탁월하고 통합적인 과학의 처방밖에는 치유의 길이 없다는 것이 서구 지성계의 일반적 중론인데 바로 이러한 과학을 촉발시키는 것이 생명학, 우주생명학으로서의 자기 조직화와 창조적 진화의 '담론'인 것이다. 그리고 그 담론의 기준, 즉 '패러다임'이 '혼돈의 질서(동학의 혼원지일기〔混元之一氣〕)'요 그 패러다임의 원형(原型), 즉 '아키타입'이 또한 동학의 영부(靈符)인 '태극 또는 궁궁(太極又形弓弓)'인 것이다.

다시 돌아간다.

'태극 또는 궁궁'의 원형으로부터 '혼돈한 근원의 우주 질서'의 기준으로, 거기서 창조적 진화, 즉 '모심과 살림'의 담론으로, 그 담론에 의해 촉발되는 생명학, 우주생명학이라는 새 과학으로 나아감에 있어, 특히 '모심과 살림'의 담론이 생명학, 우주생명학의 기초인 자기 조직화와 창조적 진화를 성립시키는 데에 결정적인 역할을 감당하는 것이 도대체 무슨 연관인가를 살펴야 한다.

우선 '모심'과 '살림'의 사상이 동학에 어떻게 나타나 있는가를 살펴보라!

모심〔侍〕에 대해서는 서두에 이미 설명했다. 현대 진화론인 '자기 조직화'의 3대 명제를 함축한 모심에 대한 과학적 해명이다. 그렇다면 '시천주(侍天主, 내 안에 한울님을 모셨다)'에서 '님〔主〕'이란 무엇일까?

수운 선생은 해설에서 "님이란 것은 높여 불러 부모와 더불어 친구로서 사귀고 함께 일하는 것(主者 稱其尊而與父母同事者也)"이라고 했다. 무슨 뜻일까? 인격, 비인격, 생녕, 비생녕을 막론하고 님으로 높여 부르며 부모를 대하듯이 공경하면서 동시에 친구와 같이 수평적으로 사귀되 함께 창조적으로 일을 동역한다라는 뜻이다. 상대를 높이며 틈과 거리를 두되 또한 친구처럼 사귀어 같은 창조적 작업을 함께한다는 말이니, 첫째 모심의 윤리적 해명이요 동시에 모심의 창조적 파트너십에 대한 해명이다.

'동사(同事)'란 친구이면서 같은 일을 하는 동지(同志)요 동무(同務)이기 때문이다.

과학적, 윤리적, 일상적 인간관계 전면에서 모심이 해명된 것이다.

그렇다면 '살림'의 사상은 어디 있는가? 강령 주문 뒤의 본주문 열석 자(十三字) 중 '시천주(侍天主)' 다음이 곧 '조화정(造化定)'이다. 여기에서 '조화'란 말 안에는 이미 '창조적 진화(創造的 進化)'란 개념이 축약되어 있음을 재빨리 눈치 채야 한다.

막상 수운 선생의 해설에 따르면 '조화'는 분명 본디 유학(儒學)의 창조와 변화 개념임에도 불구하고(이미 그 뜻을 내포한다는 전제이다) 노장학(老莊學), 즉 도가(道家)의 핵심 개념인 '무위이화(無爲而化)'로 설명된다(造化者無爲而化也).

동양학의 개념 체계 전체를 고려할 때 '무위이화'야말로 유럽의 '자기 조직화 self-organization'에 가장 들어맞고, 거의 일치하기까지 한 개념이다.

'무위이화'는 본디 『노자(老子)』에 성인(聖人)인 "나는 아무 일도 하지 않는데 민중이 스스로 변화한다(我無爲而民自化)"에서 나온 말이다.

그야말로 '자기 조직화'인데 정치사상사적으로는 성인의 종교나 임금이 다스리는 국가나 지식인의 지도가 전제되지 않는 민중 주체의 무위자연의 고대 정치, 이른바 '태양 정치'를 뜻하니 부분적으로는 '아나키즘'과 연결되기도 한다.

생명의 자기 조직화적 진화, 자기 선택적 진화인 바, '모심'의 두번째 개념인 '밖으로 기화가 있다(外有氣化)'의 차이를 동반한 반복 확장인 셈이다. 생명의 본성적 진화를 말하고 있으니 바로 이 '무위이화'에 이어 '작용 또는 현상에 일치해서 삶(合其德)'을 이어 강조함으로써 유학에서 존중하는 '하늘의 작용(창조적 진화) 또는 하늘의 도덕(성스러운 질서)에 일치함(合天德)'이자 불교에서 거듭거듭 강조하듯 '마음의 대선정에 들어감(定其心)'이다(定者合其德定其心也).

이른바 '살림'이다.

'살림'의 한뜻 안에 도가, 유학, 불교의 핵심 사상이 다 녹아 있으니 놀라운 일이 아니겠는가!

그 다음의 '영세불망(永世不忘)'은 무엇인가?

우리는 옛날 사람들이 어진 정치를 편 관리나 선비 등을 기념하는 비석에 반드시 써두게 마련인 "김 아무개 영세불망비"라는 글귀를 기억할 필요가 있다.

전통 사회에서 중요시 한 것은 생전에 행한 도덕 행위의 모범에 대한 끈질긴 기억 행위였다. 그와 같은 집요함으로 바로 이와 같은 모심과 살림의 깊은 의미를 평생토록(永世者 人之平生也) 생각하고 생각해야(不忘者 存想之意也) 할 것이며 그 생각함이 마치 절의 스님이 굴 속에서 참선에 들어 화두(話頭)를 잡고 생사를 넘어선 몰두 정신에 임하듯 해야 한다는 것이다.

평생 공부다. '모심'과 '살림'은 평생 공부란 뜻이다. 한순간도 잊어서는 안 되는 공부다.

주문의 마지막인 '만사지(万事知)'는 쉽게 말해서 '만사도통'일 것이다. 진리가 확 뚫려버린다는 뜻일 거다. 이것이 소박한 민중적 해석 방법이긴 하다. 해월 최시형 선생 왈, "밥 한 그릇이 만사지다" 했을 때가 바로 그런 뜻이다.

'밥 한 그릇이 만사지'란 해월 말씀은 곧 20년 전 한살림 생협의 창립 당시의 로고, 구호, 화두이기도 하다. 그러니 생명 운동의 핵심 사상은 세 가지, '모심과 살림 그 다음엔 곧 밥 한 그릇'으로 되는 셈이다.

하긴 쌀 한 톨이 여물려면 볍씨는 물론이거니와 사람의 노력과 노동, 햇빛, 바람, 물, 흙, 계절의 변화, 우주의 온갖 질서와 벌레와 심지어 참새와 메뚜기, 거름 등이 다 같이 협력하지 않으면 안 된다. 또 쌀이 밥이 되는 과정에는 방아나 절구, '물과 불의 제사'라고 불리는 아궁이와 솥의 부엌을 통과하고 어머니들의 밥상 차리기를 모두 지나야 하는 것이니 농본 시대의 삶의 표준으로서는 그야말로 세상사 중 가장 중요한 세상사요 우주사 중 가장 으뜸 되는 우주사이기 때문이다.

물론이다. 그러나 사실은 그 이상이다.

과거의 동학, 농민 운동으로서의 동학, 민족 민중 혁명 운동으로서의 동학, 그리고 20년 전의 유기 농산물 생산 유통 소비 중심의 생명 운동 당시, 그리고 지금까지도 '웰빙' 시대의 '살림' 운동은 '밥 한 그릇이 만사지'로 만족하고 완성될 수 있다. 그래서 해월도 그 다음의 의암(義菴) 손병희(孫秉熙)도 개벽과 신인간의 이론자 이돈화(李敦化)도, 청우당(靑友黨)과 오심당(吾心黨)의 저 유명한 김기전(金起田)까지도 '만사지'에 대해서는 그 이상의 말씀이 전혀 없었던 것이다.

그러나 우리는 지금 전지구와 세계 인류의 '대혼돈'에 대한 한민족 나름의 그리고 신세대 나름의 깊고 새로운 '대답'을 찾아야 한다.

'모심과 살림과 밥 한 그릇'으로 완전한 대답, 이른바 대혼돈을 처방할 수 있는 새롭고 탁월한 통합적 과학을 촉발하는 담론과 기준과 원형을 찾을 수 있는 것인가?

원형과 기준은 이미 우리에게 와 있다. 그러나 그것을 과학에 직결시키는 담론은 준비된 것인가?

우리는 그 담론을 생명학, 우주생명학으로 명명하고 사단법인 '생명과 평화의 길'을 창설하여 2003년에 이어 2004년, 2005년, 2006년까지 계속해서 각종 워크숍과 포럼을 통해서 그것을 탐구 연찬하려 하고 있다.

왜 생명학이요, 우주생명학인가?

여러 사람이 이 점을 이해하지 못한다. 생명학까지는 이해하는 듯하다.

서양의 생태학이나 혼돈 이론, 생성철학을 동아시아적 생명 사상의 바탕 위에 새롭게 결합시키려는 의도라는 정도는 막연하게나마 짐작도 한다. 그러나 우주생명학이란 말에 이르면 고개를 갸웃거린다.

'너무하지 않는가?'

바로 이것이다.

우주생명학이 무슨 뜻이며 왜 필요한가? 지구 생명과 주변 우주와의 관계와 그 질서의 이해 및 그 사이의 만물의 평온과 평화 없이는 인류와 지구는 살아날 길이 없다. 향후 100년간의 폭염까지를 포함한 끝없는 기상 이변과 함께 예상과 예방 그리고 진단과 치료가 거의 불가능한, 앞으로 나타날 것으로 예견되는 기괴한 바이러스나 무서운 질병의 엄습을 어찌할 것인가?

그 치유와 처방은 불가능할 것인가?

심지어 지구 탈출을 위해서도 우주생명학은 운명적이다. 어떻게 가능한가?

빠른 사람은 짐작한다.

아하! 주역(周易)을 염두에 두었구나!

그렇다. 주역이다. 주역이 곧 동양의 우주생명학이요, 우주변화학이다.

그러나 주역이 아니다.

그러면 무엇인가?

아하! 정역(正易)이다.

그렇다. 정역이다. 정역은 선천(先天) 시대 우주생명학, 변화학으로서 주역의 한계, 그 태생적 결핍을 넘어서는 현대의 우주생명학, 우주변화학이며 정역을 통해 주역을 해체, 재구성하여 정역과 주역의 공존·공생의 시대, 후천개벽의 우주 시대를 열어갈 수 있다.

그렇다. 그러나 그 또한 아니다.

정역도 아니다.

주역과 정역이면서 주역과 정역이 아니다. 그러면 무엇인가?

이 점에 착안하자!

지금 우리가 살고 있는 이 시대의 지구와 주변 우주는 주역으로 해명될 수 있었던 선천 시대가 아직 유효하면서도 정역과 같은 파천황의 대개벽의 조짐이 여기저기서 머리를 들기 시작한 그야말로 전환기라는 점에 착안하자!

따라서 정역은 오고 있는 시대의 우주생명학에 분명 속하긴 하나 주역과 주역의 시대는 아직도 여전히 유효하다는 것을 유념하자!

수운 선생의 다음 옥중시 두 구절을 묵상해보자.

등불이 물 위에 밝으니 의심을 낼 틈이 없고,
기둥은 다 낡은 것 같으나 아직도 힘이 남았네.
(燈明水上無嫌隙 柱似枯形力有餘)

과연 후천개벽이다.

후천개벽은 후천이 선천을 섬멸적으로 파괴하는 대단절의 전환점이 아니다. 후천이 새 중심을 이루되 그 중심에 의해 선천이 해체·재구성되어 이중적으로 공존하는 선후천 공생이 곧 후천개벽이다. 다만 그 중심이 후천 쪽으로 더 많이 기우는 '기우뚱한 균형' '기우뚱한 공존'의 시대인 것이다.

그러므로 이러한 시대, 얼마를 더 지속할는지 알 수 없는 이 전환의 틈에는 이 틈 나름의, 이 양 시대 관계 나름의 독특한, 그러나 양 시대의 두 가지 우주생명학, 주역과 정역 사이의 관계역(關係易) 또는 간역(間易)이 필요한 것이다.

그러면 인류사 위에는 네 개의 역이 나타나는 셈이다.

동북아 문명의 여명기에 동이(東夷) 문화의 소산이었던 복희역(伏羲易), 중국 주(周)나라 문왕(文王)의 주역(周易), 1879년에서 1885년 사이에 한반도 충청도 연산(지금의 논산)에서 공표된 김일부의 정역(正易), 그리고 이제 나타나리라고 예견되는 가칭 '관계역' 또는 '간역(間易)'이 그것이다.

다시 수운의 '만사지' 해설로 돌아가자.

'만사지(万事知)'는 '만 가지 사물을 다 깨달아 안다'는 뜻이니 지구의 생명과 함께 생명, 비생명을 포함한 우주 만물의 실상을 다 안다는 뜻이다.

그러매 곧 생명학, 우주생명학을 뜻한다.

그런데 '만사(万事)'에 대한 수운 자신의 해설은 무엇이라 돼 있는가?

'수의 많음(數之多)'이라고 돼 있다.

'수'가 무엇인가?

마치 동양 사상사의 전통 문맥에서 '공(功)'이 반드시 정치(政治)를 뜻하듯이 '수'는 곧 동양의 과학, 또는 생명학, 우주생명학, 우주변화학을 말한다. '수'는 다름아닌 '역수(易數)'인 것이다.

'역수'는 동시에 '역'이나 '역경(易經)'을 뜻하는 것이니 '수의 많음'은 곧 '역수의 여러 갈래(易數之各類)'이다. 그렇다면 여러 갈래의 역수란 무엇을 말함인가?

우선은 수운 당시만 해도 유일 과학 사상인 주역 이외에 다음 역사상(易思想)의 가능성을 의미하는 것이다.

주역 이전의 복희역을? 그럴 수도 있으니 복희역은 동이의 역학인 까닭이다.

또한 주역 말고 정역을?

그렇다. 그럴 수 있다. 그렇게 이해할 수 있다.

수운 이후 20년에 김일부가 하느님(化无上帝)의 계시에 의해 선도(先道)를 중심으로 유불선을 통합하는 새 우주생명학, 바로 『주역계사전(繫辭傳)』(주역의 철학적 해석, 공자가 지었다고 함)에 예언된 그 '간역(間易)'을 제창하지 않았는가? 그것이 곧 정역(正易)이다.

그리고 정역은 후천개벽을 예언한 점, '혼돈의 질서(混元之一氣)'인 '여율(呂律)' 등을 주장한 점에서 사상사적으로 곧 동학계다.

그러나 바로 '수의 많음'을 그 앞에 전제된 '모심과 살림'의 사상적 맥락, 풍류를 중심으로 한 유불선 통합에 연결시킬 때에 앞에 인용한 수운의 옥중시에 암시된 선후천 양역(兩易) 쌍관(双關)의 '간역(間

易)'의 가능성은 어찌 보아야 할 것인가?

'모심'의 사상에서 우리는 이미 '자기 조직화'와 창조적 진화의 가능성, 그리고 '살림'의 사상에서 생명학과 함께 창조적 진화와 대해탈의 가능성, 그리고 평생 지속성을 잃지 않는 연찬과 실천론을 보았다.

여기에서 무엇인가 큰 의심이 나는 점은 없는가? 눈치 빠른 사람은 이미 짐작할 것이다. 본주문 열석 자를 다 해설했음에도 근본적인 어떤 것을 빠트린 것이 있다.

그것이 무엇인가?

동학은 계시다.

그 계시의 내용이 자기 조직화의 진화론, 더욱이 창조적 진화론이다. 자기 조직화의 경우에도 그 진화의 주체인 의식, 영, 마음, 신령에 대한 해명이 중요시되지만 한 걸음 더 나아가 그것이 창조적 진화론으로 나아갈 때 창조의 주체 문제는 그 이론의 사활 문제가 된다.

그러나 이것 역시 대강은 설명되었다. 더욱이 본주문 열석 자 앞에 전제되는 강령 주문(降靈呪文) 여덟 자인 '지극한 기운이 지금에 이르러 크게 나에게 내리기를 바라나이다(至氣今至 願爲大降)'의 해설에서 수운은 결정적 해석을 가하고 있다. 바로 '지극한 기운(至氣)'의 정체다. '기'의 해석은 '중국의 기학(氣學)'과 똑같으면서도 선(仙)적인 기저(基底)에 있어서 크게 다른 바 있는 화담(化潭) 녹문(鹿門) 이래 가장 독특하고, 유불선 및 동서양 통합의 큰길을 열어놓은 혜강 최한기의 기철학에 그대로 일치한다. 더욱이 수운의 '지기(至氣)'는 혜강의 독특한 우주와 인간 주체인 '신기(神氣)'와 크게 일치한다. 이 점에서 한국학 최고 최대의 숙제인 최한기와 최제우 사상 사이의 이중 교호결합 및 통합의 가능성은 이미 현실로 바뀐다.

그러나 수운의 '지기'는 한 차원이 다르다. 왜냐하면 '기(氣)'의 설명은 기철학과 흡사하나 '지(至)'를 '극(極)에 이르러(至者極焉之謂也)'로 해석함으로써 성리학사 내내 혼란과 논쟁의 핵심인 '이(理)와 기(氣)'를 회통시키고 동시에 테이야르즘의 우주 진화사의 대전환점, 대비등점인 '오메가 포인트'를 일찌감치 예언하고 있다. 그러나 그보다 몇 차원이 더 높은 놀라움은 '지기'의 해석을 '혼돈한 근원의 우주 질서(混元之一氣)'라고 명백히 규정한 점이다. '혼원'이 이미 세계사의 아득한 근원을 혼돈으로 보고 그 근원에로의 원시 회복, 5만 년 후천개벽이라 했으매 혼돈의 회복인 것을 이해 못 할 바 아니거니와 문제는 그 '혼돈한 근원' 뒤에 '한 기운(一氣)'을 붙인 점에 있다. '한 기운(一氣)'은 주역에서 태극의 다른 말이기 때문이다. 결국 이 말의 뜻은 '혼돈한 근원의 태극'이니 '혼돈한 근원의 우주 질서'란 말이 된다.

'혼돈한 근원의 우주 질서'란 곧 들뢰즈·가타리의 새 문화 개념인 '카오스모스'에 연결된다.

여기서 우리는 수운이 계시를 통해 내림받은 우주 후천개벽의 새 원형인 '태극 또는 궁궁'에 대한 기준, 즉 패러다임이 다름아닌 '혼원지일기'임을 깨닫고 크게 놀라게 된다.

더욱 놀라운 것은 수운 사후 40년 뒤 강증산이 '지기금지'를 '율려주문(律呂呪文)'이라 명명하고 '지기 곧 하느님'으로까지 해석할 여지를 주었는 바 '율려가 후천 세계를 통치한다' 했고 그 '율려'를 황종(黃鐘) 중심의 아악(雅樂)도 협종(夾鐘) 중심의 정악(正樂)도 심지어 본청(本淸) 중심의 산조(散調)나 민중의 속악(俗樂)에도 못 끼는 밑바닥의 밑바닥인 '걸뱅이 각설이 타령'으로 지적하는 지경에 이르러서는 본디 수운 선생이 '지기'를 '혼돈한 근원의 우주 질서'라고 불러 하느님의 정체를 후천개벽 시대라는 극에 이르러 '이치이면서 기운인 중에' '창조적 진화의 주체'로 규명한 그 대담성에 혼비백산할 수밖에 없다.

카오스모스론의 이론가인 질 들뢰즈도 펠릭스 가타리도 모두 신을 부정하는 유물론자다. 그렇기 때문에 혼돈적 질서라는 뜻의 '카오스모스' '카오스모시스'가 쉽게 발음된다. 그러나 바로 이 카오스모스의 진화론인 자기 조직화의 진화론이 그 자체 내부의 숨겨진 신성과 영혼의 가능성을 극대화하여 창조적 진화론으로까지 차원 변화함에 있어서도 카오스모스론이 유지될 수 있는 것일까?

신도 주체도 휴머니즘도 죽어 없어진 유럽에서 카오스모스론만으로 생명학, 우주생명학의 탁월한 통합적 과학이 가능할 것이며 대혼돈을 처방·치유할 수 있는 새 문화, 새 문명이 성립할 수 있을 것인가?

자기 조직화가 창조적 진화로 차원 변화하지 않는 한, 탁월한 통합적 과학은 성립 불가능하고 그 과학은 역시 신이 주체가 되면서도 혼돈 나름의 독특하고 보편적인 우주 질서의 담론이 애당초부터 원형 및 기준과 함께 파악되지 않는 한 혼돈의 '해명' 차원이나 '봉합' 차원을 넘어서지 못함이 유럽의 경우, 들뢰즈의 자체적 한계나 일리야 프리고진의 헤겔과의 타협에서 증명되고 있다.

그렇다.

자기 조직화는 혼돈적 질서라는 기준 위에서 창조적 진화론으로 나아가야 한다. 유럽의 그리스도교나 모슬렘은 이것을 해결할 수 있을 것인가?

유럽의 그리스도교 신학과 과학철학은 바로 이 지점에서 유럽 주류 철학인 존재론과 실체론에 의해 세계와 삶으로부터 이미 추방당한 공(空), 허(虛), 무(無), 비존재(非存在), 생성, 혼돈(카오스) 등과 타협한다.

볼프하르트 판넨베르크 Wolfhard Pannenberg는 그의 저서 『신학과 과학철학』에서 자기 조직화의 진화와 신의 창조설이 결합·통전(統全)될 수 있는 조건을 다음과 같이 나열한다.

① 생명을 향한 끝없는 '목마름' 또는 '비어 있음'으로서의 영, 즉 '네페쉬 하야 Nephesh hajah'의 전제
② 신의 창조에 대한 '우연성'으로서의 창발적 진화 emergence
③ 생명 자체의 '자발성'
④ 창조적 자기 조직화의 '유기성'
⑤ 물질적 부패로부터의 '해방성'
⑥ 생명과 영의 '충만성'
⑦ 진화의 창조적 단계마다의 '자유성'
⑧ 생명의 영이 '무한정' 주어짐(「요한복음」 3:34)

다시 내가 아까 지적한 바 주문 해석 과정에서 무엇인가 빠진 것이 있지 않았는가 하는 이야기로 돌아가자.

분명한 이야기지만 동학, 새로운 생명학, 또는 우주생명학의 새 전

개를 촉발시킬 수 있는 원형 archetype, 기준 paradigm을 수운에게 계시하고 혼돈의 질서로서의 자기 조직화, 창조적 진화 심지어 새로운 역학(易學)의 가능성까지 가르침을 내린 주체, 이미 그 스스로 우주 진화의 창조적 주체인 '하늘〔天〕' '하느님' '신(神)'에 대한 해설을 수운은 하지 않았다는 점이다.

'모심〔侍〕'을 설명하고 '님〔主〕'을 해설하고 '조화정'과 '만사지'까지 해명한 수운이 '모심과 님 사이에 있어야 할 하늘'을 공(空), 허(虛), 무(無), 자유(自由), '빈터〔空所〕' '틈'으로 놓아버린 것이다.

왜 그랬을까?

우연적 누락인가, 의도적 침묵인가?

하늘과 신은 '빈터' '무'로써도 이미 진화인 자기 조직화와 창조적 진화의 주체인가? 나아가 조화정과 만사지의 주체인 바로 그 '지기' '혼원지일기'인가?

그런가?

오히려 '빈터' '무'이어야만 도리어 '하늘'은 진화와 자기 조직화와 창조적 진화와 무위이화와 하늘의 도덕에 일치함과 불교적 대선정(大禪定)과 평생 공부와 새로운 우주생명학인 새 역학 공부 및 그 계시적 깨달음의 주체이며 혼돈한 근원의 지극한 한 기운이요 '태극이며 궁궁'인 새 우주 개벽, 후천 원형의 주체인가?

도대체 어찌해서 수운은 하늘을 비워놓았는가?

바로 이 '비움' '빈칸' '빈터' '무' '공' '허' '자유'는 창조적 진화의 주체이면서 동시에 조건인가?

바로 그렇다.

바로 이것이 '각설이 걸뱅이 타령'과 같은 혼돈 시대의 율려의 주체이면서 이치요 기운의 회통이며 신령한 기운이요 진화요 창조와 무위와 선정(禪定)과 깨달음과 과학적 우주생명학의 주체이자 조건인 것이다.

판넨베르크가 제시한 조건들을 기억하자.

'목마름' '배고픔'이니 '가난'이다.

'우연성'이요 '자발성'이니 곧 '혼돈'이다.

'해방성'이요 '자유성'이요 '무한정'이니 텅 빈 자유요 '무'요 '공'이요 '허'다.

'유기성' '충만성'이니 생명의 질서라는 조건의 전제다.

'빈칸' '비움' '무' '자유' 등을 중심으로 앞으로 과학적 '모심'의 전개와 '님'의 윤리적 해명, 그리고 '모심'과 '살림' 사이, 그리고 '모심과 살림'의 지극한 경지에서의 생명학, 우주생명학의 큰 깨달음, 더 나아가 '혼돈한 근원의 우주 질서'인 '지기'의 율려 주문과 풍류에 기초한 유불선 및 그리스도교와의 통합 공부가 되는 본주문 사이, 그리고 이 같은 주문을 통한 담론과 지기의 기준 및 태극 또는 궁궁의 원형, 그 '밑에' '사이에' '그 주체로서' '조건으로서' '목표로서' 살아 생동하는 '활동하는 무(無)'를 중심으로 역동과 균형, 혼돈과 질서, 불림〔招魂〕과 장단이 끝과 처음, 처음과 끝으로 만들며 자기(신-인간)에게서 출발해서 자기(신-인간)에게로 도착하는 '자기를 향한 제사(向我設位)'의 상징인 둥근 '고리〔環〕'가 모심과 님 사이에 모심과 살림 사이에, 그 앞에, 밑에, 그 끝에서 인식되고 이행

되지 않으면 안 된다.

그때에야 우리는 『천부경』의 비밀인 '셋과 넷이 고리를 이룬다(三四成環)'를 깨닫는다. 고리가 혼돈이며 생명이며 역동(살림)인 '셋'과 질서이며 평화이며 균형(모심)인 '넷' 사이의 '엇'의 정체임을 깨닫는다.

그러나 셋과 넷은 역설적으로 그 반대임에도 상호 보완적, 상호 교환적, 상호 일치적임 또한 깨닫는다.

이같이 '고리'가 이루어질 때 비로소 우리는 '다섯'이라는 '귀신〔鬼〕'과 '일곱'이라는 '신명(神明)'이 합일된 '한(신, 우주)'에 이르게 된다. '오칠일(五七一)'이다.

그때, 비로소 우리는 창조와 진화가 신의 텅 빈 자유 없이는 연계되지 않음을 혼돈과 질서가 하나의 역설적 패러다임일 수밖에 없음을, 주역과 정역 사이에 간역이라는 '아니다·그렇다' 또는 숨은 차원과 드러난 차원 사이의 새로운 관계가 '간역(間易)'으로 출현할 수 있음을 깨닫는다. '태극과 궁궁'의 '더블 메시지'를 구성하여 '대혼돈'이라는 이름의 복합적인 '더블 바인드(이중 구속이라는 정신질환)'에 대한 처방과 치유의 길을 찾을 수 있음을 깨닫는다.

그때에야 비로소 우리는 수운 선생이 「흥비가(興比歌)」에서 선천에 후천을 종속시키고 드러난 차원에 숨은 차원을 복속시키며 교술(敎述)에 흥취(興趣)를 예속시키는 비흥(比興)법이 큰 잘못임을 깨닫는 '각비(覺非)'를 통해 '흥비(興比)'의 방향으로 거꾸로 되짚어 갈 때에 비로소 '무궁한 이 울(우주) 속에 무궁한 나(인간) 아닌가!'의 경지에 도달한 까닭을 깨닫는다.

고릿속〔環〕에 무궁(無窮)이 서식함을 깨닫고 그 무궁이 '한' '하늘' '하느님'의 '공'이요 '허'요 '무'요 '자유'요 '영원'이며 '무한정'임을 깨닫는다.

무궁의 공처(空處)가 우주 고리의 중심 아닌 중심임을 깨닫는다.

『장자(莊子)』「재물론(齊物論)」의 고릿속의 무궁(環中無窮)이 이것이다.

그러나 이때 우리는 중국 노장학의 경전으로만 알고 있는 『장자』에 대해 또 하나의 중대한 사실을 놓치지 말아야 한다.

"문화의 사물화라는 함정에 빠지지 않으려면 동아시아 전통 사상의 창조적 해석 과정에서 과거 그 특정 문명권에 속했던 지역과 오늘날 그 문명의 유산을 동원하는 활동의 소재지를 동일시해서는 안 된다"라는 사실이다(「21세기 한국과 한반도의 발전 전략을 위해」라는 논문에 나오는 백낙청 교수의 탁견이다).

더욱이 노장학(老莊學)은 한민족 고대 선도 풍류의 중국적 버전인 것을 잊지 말아야 할 것이며 동학이 선도 풍류의 19세기적 부활임을 또한 날카롭게 기억해야 할 것이다.

모심과 님.

모심과 살림.

모심과 살림과 큰 깨달음의 공부 과정, 실천 과정에서 반드시 '고리' 또는 '무' 또는 '무궁' 그리고 마침내는 '고릿속의 무궁'을 항상 먼저 생각해야 하는 까닭이다.

삼보일배(三步一拜)를 생각한다

새만금은 우리 모두의 탄식이다.

생태학 쪽이나 지역 주민들의 의견을 전혀 무시한 채 의기양양한 개발 계획 추진으로 우선 엉망진창으로 만들어놓고 난 다음에 이제는 빼도 박도 못할 처지에 빠져 책임져야 할 자들이 도리어 멍청한 의논, 바보 같은 소리들만 계속하고 있으니 결국 우리 모두의 탄식일 수밖에 없다는 것이다.

중요한 것은 이 탄식을 중단하는 것이다. 탄식이 아닌 결단을 내려야 한다는 말이다. 그러면 그 결단이란 무엇을 의미하는 것인가?

그 결단을 내리자는 협의가 전국의 거의 모든 시민 환경 단체들이 모인 가운데에 열렸다. 원주 토지문화관에서다.

이때의 협의 내용, 환경 운동가, 생태주의자를 자처하는 이들의 협의 내용마저도 공무원들과 똑같이 지리멸렬 일변도였다. 이 따위 지리멸렬의 종말에는 꼭 뒤따라 나오는 과격론이 예상대로 뒤따라 나왔다.

다이너마이트로 새만금에 지금 들어서 있는 방조제를 폭파해버리자는 주장이다. 그런데 해괴한 것은 이 폭파의 사상적 배경이 평화 사상이라는 기괴하기 짝이 없는 소리를 거듭 주장하는 데에 있었다.

방조제 폭파 자체가 이미 둔사(遁辭)에 불과한데 그것이 평화 사상의 결론이라는 주장에 이르면 둔사를 지나 궤변(詭辯)에 이른다. 평화는 평화고 폭파는 폭파다.

생명으로부터 단 한 걸음도 떨어져 나가서는 안 되는 생명의 회의임을 잊어버린 것일까? 폭파라니? 생명학에도 폭파의 장이 있다던가? 여전히 지리멸렬이다. 목소리만 높았을 뿐!

여러 사람이 나의 의견을 구했다. 답답하기는 나도 마찬가지였다. 그러나 내게는 한마디 꼭 할 말이 있었다. 즉 지리멸렬과 탄식에 종지부를 찍는 것이다. 어떻게?

언론 등을 통한 문화적 접근과 변호사들을 통한 법적 접근과 대통령 면담을 통한 정치적 접근을 병행하면서 수경(收耕) 스님과 문규현 신부님의 제안인 '삼보일배'로 그 모든 노력을 수렴 집중해보자는 것이었다.

중요한 것은 관변 측의 지리멸렬과 주민·시민 단체들의 탄식을 그치는 것, 정신력을 모아서 과감하고 이성적인 결단을 내려야 하는 것이었으니까.

말을 마치고 나는 자리를 떴다.

후일담을 들으니 폭파론이 또 나왔다는 것이고 그와 함께 여러 가지 접근을 병행하며 스님과 신부님의 '삼보일배'를 시작하기로 되었다는 것이다.

그날 이후 삼보일배는 지역 주민들과 시민 사회의 하나의 전설이 되었고 시간시간마다 밤이 지나고 하루해가 뜰 때마다 한 자씩 두 자씩 껑충껑충 화제 위로 뛰어오르는 신화(神話)가 되었다. 삼보일배는 곧 지리멸렬과 탄식을 즉각 중단하고 참으로 깊은 정성과 큰 넋으로 새만금을 해결해야 한다는 전국민적인 내적 합의를 만들어내고야 말았다.

성공한 것이다.

그 누구도 깨트릴 수 없는 약속에 도달한 것이다. 어떤 약속이 아니라 약속의 마음이요, 마음의 약속이다.

왜 그렇게 되었느냐고 내가 누군가에게 물었다.

"신신하잖아요!"

신선!

"깊은 고민이 느껴집니다."

고민!

"마음이 다가옵니다."

마음!

"새만금이 그렇게 생생할 줄 몰랐어요."

생생함!

"종교적 인품이 스며 있습니다."

인품!

다 비슷비슷한 소리다.

요컨대 '정신'이다. '정신'이 생명 운동 전선에 나타났다.

바로 영성(靈性)이라는 숨겨진 차원이 생명이라는 드러난 차원을 추동, 변화, 조절, 촉매하다가 그 드러난 차원의 눈에 보이는 운동이 지리멸렬해지자 그 차원을 바꾸며 스스로 드러난 차원으로 올라와 물꼬를 튼 것이다.

요컨대 생명에 관해서 생명이 발언을 한 것이니 그 누군가의 말처럼 '생명 지속성life-sustaining'의 한 독특한 '자기 조직화 self-organization' 현상이 일어난 것이다.

또 있다.

간단히 말해 '확충(擴充)amplification'이라는 이름의 '치유 수행(治癒修行)'이었다.

지역 주민들과 시민, 민중 속에서 새만금이라는 이름의 지리멸렬한 탄식의 질환을 계속 빙빙 싸고 돌면서 그것을 당장의 현실 문제로 떠올리고 또 떠올려 모두에게 결단을 내려야 한다는 '영적 긴장'에로까지 끌어 올렸다는 것이다.

둔사에 불과한 폭파론이나 맞지도 않는 평화 사상 따위의 궤변을 일축하는 신선하고 정성스러운 오체투지의 전환점이 나타난 것이다.

동학에서는 이것을 각비점(覺非点, 지난 잘못을 깨닫고 새 차원으로 나아가는 전환점)이라고 부른다. 바닷물은 통과시키고 이미 매립된 부분은 이렇게 저렇게 활용한다 운운하는 따위는 그 다음 문제인 것이다. 국민이 눈을 크게 부릅뜨고 이 문제를 문제 자체로서 노려보도록 크게 종을 쳤다는 말이다.

이것이다.

'삼보일배'는 새만금 운동으로 끝나지 않는다. 새만금 운동, 또는 새로운 내용과 방식의 시작이다. 벌써 시작되었다.

생명과 평화를 위한 장기적인 탁발수행이 도법(道法)과 수경(收耕) 두 스님 중심으로 시작된 것이다.

문제는 '영성 – 생명'의 이중적 교호결합성이 드디어 나타났다는 점이다.

내면적 영성이 외면적 생명 형식에 대해 수정, 보완, 조직하기 시작했다는 점이다.

영성이라면?

영성이라면 영성 나름의 결절(結節)이 있을 것이다.

이 어마어마한 풍요의 거품 뒤에, 양식(良識)인 듯 위장한 사악함으로 일관되는 삶의 거짓을 깨트리고 거지와 같이 '동냥'에 나서는 것, 이것이야말로 '영성 – 생명' 운동이 아니겠는가!

바로 그것이 네팔 등에서는 흔히 보이는 불교의 '오체투지(五體投地)'이니 그 형식보다 내용을 살펴야 할 것이다.

얼마 전 제주에서 나는 탁발수행 중인 도법과 수경 두 스님을 뵈었다.

나는 물었다.

"삼보가 무엇입니까?"

수경 스님이 답했다.

"탐 · 진 · 치지요."

탐욕과 분노와 어리석음.

"일배는 무엇입니까?"

"세 가지를 끊는 부처 마음이지요."

결단이겠다.

탐욕과 분노와 어리석음을 분명히 인식하고 대상화한 뒤(삼보), 그것을 끊어버린다(일배).

과연 새만금은 탐·진·치의 요약이다. 더 많은 농지며 더 멋들어진 도시며 더 돈을 많이 벌 수 있는 공단 따위 헛소리가 탐욕 아니고 무엇인가? 어마어마한 예산을 쏟아 부어 개판을 만드는 짓이 모두 다 탐욕 아니고 무엇인가?

또 그것에 대해서 다이너마이트로 폭파해버리자고 소리소리 질러 노여움의 시퍼런 불꽃을 피워대는 대책협의회장이 분노의 아수라장 아니고 그 무엇인가?

분노가 옳은 생명의 길인가?

그러나 더 크고 한심한 문제는 새만금을 놓고 탄식만 하거나 문제 자체의 중요성을 잊어버리는 지리멸렬한 어리석음이다.

이 세 가지를 떠올리는 '세 걸음'은 문제의 대답 인식으로서의 뼈저린 앎이다. 그리고 무릎이 깨져나가고 멍이 드는 '한 번 절'은 세 가지 오류를 끊어버리고 진실이 눈뜨는 것.

이와 함께 '삼보일배'가 대중들에게 결정적 영향을 끼친 다른 차원이 또 있다. '삼보일배'의 뜻에 대한 이런저런 해석들이 심지어 대중철학의 차원에까지 이르렀음이다.

'삼보일배'나 '삼위일체(三位一體)'라는 소문은 가장 커다란 소문성 철학 행위, 신학 행위였으니 신구 그리스도교 쪽의 공명(共鳴)이다.

불교 쪽은 어떤가?

탐·진·치설도 있었지만 '귀명삼보(歸命三寶)설'도 꽤 컸다. 귀명삼보란 무엇일까?

삼보는 불보(佛寶), 법보(法寶), 승보(僧寶)로서 깨달음의 세 가지 보물인데 부처님과 부처님의 가르침과 그 부처, 그 가르침을 따라 하는 스님들을 말한다.

이 세 가지 보물에로 돌아간다는 뜻이니 '귀명'은 '남무(南無)'로써 '목숨을 들어 목숨의 진리에 돌아간다'는 뜻이다.

그러매 곧 '일배(一拜)'다.

원효의 대작 『대승기신론소(疏)』 첫 구절은 바로 '귀명삼보'다. 그리고 저 유명한 원효의 대승불교는 그 밑에 '천지인(天地人)'의 『천부경(天符經)』 삼계 사상과 『삼일신고(三一神誥)』의 '셋과 한'의 이치를 깔고 있으니 가히 동북아시아적, 한국적 우주 불교 사상이겠다.

그렇다.

'삼보일배'가 그렇게 큰 호응과 신선한 감동을 준 것은 결코 우연이 아닌 것이다. 그 사상이 바로 이 지점에까지 이르른 탓이다.

동북아 및 한국의 전통 사상과 유럽의 첨단 사상의 창조적 결합의 길에 운(韻)을 떼었다는 점이다.

한국의 천지인 삼축(三軸) 사상에 대응하여 '질 들뢰즈'는 소위 우주의 혼돈(카오스) 문화의 세 축으로서 철학의 깊은 사유와 과학의 물질적 검증과 예술의 감각적 관조의 혼융('한')을 제시하고 있기 때문이다. 이것은 동서양 사이의 동도동기(同道同器)로의 웅혼한 첫 발자국이기 때문에 더욱 그 감동이 크다. 한 스님과 한 신부와 한 원불교 교무의 공동 행동은 곧 철학적 상징 행위이기 때문이다.

또 다른 까닭은 더 없을까?

있다.

최근 백낙청 교수가 제기한 '21세기 한반도 구상'의 기본 뼈대가 바로 이상의 삼축, 삼보, 삼극설 위에 세워져 있으니 '생명 지속적 개발'이라는 불보요 천(天)에, '동아시아 문화'라는 법보요 지(地)에, '한반도의 창조적 주동성'이라는 승보요 인(人)에 해당하며 이 또한 철학, 과학, 예술의 카오스 문화적 혼융이기 때문이다. 그리고 그보다 더 중요한 것은 생명과 동북아적 지리의 천지가 한반도(인) 속에서 통일되는, 사람 안에서 천지가 통일된다(人中地一)는 천부 사상의 현대화이다.

바로 이러하매 내가 그토록 동학 간역 사상사(東學艮易思想史)를 중요시해왔던 것이다.

왜?

수운 최제우 선생은 옛 천부(天符)요 역(易)의 기초인 천지인을 동양 사상사에서는 최초로 이전과는 전혀 달리 첨단적인 진화론적 관점에서 새롭게 해석하고 있기 때문이다.

천(天)은 오행(五行)의 벼리(綱·법칙·원리·철학)
지(地)는 오행(五行)의 질료(質·질료·재료·물질)
인(人)은 오행(五行)의 생명(氣·주체·인간·생명)

오행은 아다시피 우주 물질 구성의 상징이다. 동학의 천지인에 와서 비로소 동양 사상사에서는 '법칙·질료·주체'로 해석되었으니 유럽의 포스트모던한 카오스 민중론과의 호흡이 여기에서 그대로 일치한다.

삼보일배!

삼보일배는 이러한 생각까지 일으킴으로써 그처럼 신선한 반응을 부른 것이다.

그렇다.

잊지 말아야 할 것은 이것이 우리 모두의 새로운 방향인 '생명과 평화의 길'의 한 구체적 실천이요, 환경·생태학·통합적 생물학을 다 포함한 생명 운동의 중요한 한 단계를 이루었다는 점이며 따라서 구체적인 커다란 교훈을 남겼다는 것이다.

우리가 내려야 할 결단, 근본적이고 새로운 의견은 모두 이와 같은 생명과 도량화의 길의 근본 이치 위에서 내리고 구성해야 한다는 것을 마지막으로 강조하고 싶다. 이것이 나의 '삼보일배'다.

추억과 예감
— 고 제정구 의원을 추모하며

문명의 전환점이다

그 전환의 주동체가 문화다. 생명 문화다. 생명 문화는 누가 그 담지자인가?

모든 인간이며 모든 생명이며 모든 물건이며 온갖 생각 갖은 지향이 모두 다 그 담지자일 것이다. 그러나 보다 정확히 말하자면 '대중적 민중'이며 '다중적 민중,' 즉 '카오스 민중'이다.

역사를 통해 때로 사람들은 바로 이 카오스 민중을 그저 빈민, 천민이라고도 불러왔다. 마르크스주의가 한창일 때 그것은 도리어 선택받은 자 같은 조직된 산업 노동자로 좁혀지기도 했으나, 그럼에도 빈민, 천민 특히 비정규 노동자, 비조직 노동자, 그 인류 상실 상태가 극도로 심각한 바로 이 카오스 민중을 유난스럽게도 천대, 구박, 멸시해온 것 또한 마르크스주의자들 자신이었다.

부질없는 말이 될는지 모르겠으나 나는 바로 그 빈민 출신이다. 목포라는 대도시 주변부 달동네 출신의 룸펜 프롤레타리아다.

농민이자 노동자요 어부이자 날품팔이 장사꾼. 복잡하다. 어떤 숙명이나 고집처럼 내게는 이 잡계급 연합적인 대중, 또는 다중적 민중 연합이 카오스적 집단 주체요, 창조자로 되는 역사상 가장 위대한 새 문명이 내 생애 안에 창조되기를 바라는 마음이 줄기차게 있어왔다.

내가 여러분들에 대해 갖는 마음은 진보적 지식인으로서가 아니다. 믿거나 말거나 간에 나는 내 자신에 대해 관심을 갖는 것뿐일 수도 있다. 아니라 해도 결국은 어떤 전기적 관심에서 보면 마찬가지일 것이다.

이제는 이 세상 사람이 이미 아닌 세 사람의 진정한 동지가 지금 내 뇌리를 스친다. 박윤배 형님, 조영래 변호사, 그리고 제정구 의원이다. 이들 세 사람이 다 엄밀히 말하면 사상적으로 각각 다르다. 그럼에도 살아 있는 동안 나와 사상적으로 가장 가깝고 실천적으로 확신할 수 있었던 그야말로 '동지'였다.

그 '동지' 중 한 사람을 추억하는 자리다. 그러나 세 사람 중 제정구 동지만은 추억만이 아니라 추억과 동시에 어떤 미래적 예감을 강하게 느낀다. 왜 그럴까? 이미 말했다. 그의 민중관이 빈민, 천민 등에 중심을 두었기 때문이었고 생명사상을 지녔기 때문이었던 것 같다.

우리 사회뿐 아니라 전 세계적으로 '신빈곤'과 '생명 파괴' 그리고 '사회 해체'라는 세 가지 차원이 가장 중요한 문제로 떠오르고 있으며 문명 전환의 핵심 사안으로 등장하고 있다.

여러분들의 빈민 운동의 세 가지 모토는 '청빈' '공동체' '생명'이다. 내게는 이 세 가지 모토가 앞으로 다가올 전 세계적인 새로운 대중적 민중, 다중적 민중, 카오스 민중 운동의 명제로 되리라는 예감이 있다. 그리고 이 예감은 고 제정구 의원에 대한 나의 추억에 터를 두고 있다.

나의 회고록에서 기억된 제의원에 대한 나의 추억은 여섯 가지다. 이 추억들을 또다시 추억함으로써 새로운 민중 민족적 생명 운동의 예감을 말하고 싶다.

이 여섯 가지는 주로 생명을 중심으로 이야기되었다. 청빈도 공동체도 사상이나 철학보다는 삶의 윤리요, 삶의 양식에 더 가까이 있다. 그러나 둘 다 그 뿌리, 그 사상적 계보로 보아 생명학의 문맥에 서 있다.

첫마디가 이렇다.
제의원은 말했다.
"생명의 메시지는 과학을 대신해서 미래 세계를 이끌고 가는 새 척도가 될 것이다."

이 말에서 중요한 것은 세 가지다. '미래를 이끌고 갈 메시지' '과학을 대신'해서, 그리고 '새 척도'란 말이다. 생명은 분명 현재의 지구적 삶에 있어 미래로 우리를 끌고 가는 메시지이다. 생명과 반대되거나 무관한 사상이나 견해들은 모두 다 쇠퇴할 것 같다. 그만큼 지구 전체는 생명의 신음 소리, 외침 소리로 들끓고 있다. 그러매 생명은 드디어 생명학으로까지 업그레이드되는 것이다.

그런데 이 같은 가장 중요한 메시지인 생명이 과학과 반대되는 입장에 서 있는 것이다. 과학을 대신한다는 것은 현대 과학에 대한 불신을 전제한다. 왜 그런가? 전지구적 생명 파괴를 몰고 온 현대 과학이 아직도 지난 세기의 기계적 세계관의 틀을 완전히 벗어버리지 못하고 있고, 전지구적 질병과 혼돈에 대한 탁월한 통합적 처방을 내놓지 못하고 있기 때문이다.

그렇다면 현재의 전지구적인 질병을 처방할 수 있는 탁월한 통합적 과학은 어디에서 어떻게 탄생할 것인가?

스피노자로부터 시작되는 유럽의 생명사상 등과 동아시아의 생명사상의 결합을 포함하는 새로운 문화 이론이 나타나 새로운 과학에 불을 붙여야 하는데, 이것이 곧 진 세계인이 참여하는 동아시아 고대 문예 부흥인 것이다. 이 부흥 운동의 과정, 고대에 대한 새로운 사관(史觀)과 신화 읽기 등 과학-초과학적 해석학의 창조 과정에서 비로소 새 과학의 윤곽이 등장할 것이다.

그것은 이미 19세기, 20세기 초에 있었던 동아시아의 후천개벽 사상사 속에 혁혁하게 등장한 바 있다. 이것을 집중적으로 검토하는 광활, 심오한 문예 부흥과 바로 여러분들의 지금 여기에서의 운동이 결합되어야 한다.

부흥, 고대의 부흥만으로 완결이 되는가? 아니다. 부흥의 내용이자, 해석학인 새 문화 이론은 미래의 창조적 생성에로 돌파하고 질주하기 위한 세계적인 차원과 규모의 문화 대혁명을 추진해야 한다. 생명은 바로 이 평화적인 문화 대혁명에 있어서 새 척도가 될 것이라는 말이다.

　메시지로서의 새로운 생명 문화, 생명사상의 창조로 현재 과학을 대신해서 새 과학에 불을 붙이는 문예 부흥의 촉발제요 미래 지향의 문화 대혁명의 척도, 즉 '원형(原型)'이 될 것이라는 얘기다. 한마디로 잘라 말해서 새로운 삶의 척도는 생명이다. 따라서 '생명학'의 수립과 논의, 공부 등이 모두 여러분의 운동 내용이 되어야 할 것이다. 그리고 이미 이것은 시작되었다. 수많은 생태학의 지식들이 동양의 후천개벽론과 결합되기 시작했다. 여러분은 제정구 의원을 추억하면서 이 일, 이 공부를 곧 시작해야 한다.

　또 말했다. 둘째. "미래의 세계 문명은 생명의 문명이 될 것이다."
　이미 독일의 대신비주의자인 '루돌프 슈타이너'의 예언이 있었다. 20세기의 우뚝한 거인이었던 슈타이너는 죽기 전 다음과 같은 예언을 제자들에게 남겼다.
　"인류의 삶이 근본에서 바뀌는 문명의 대전환기에는 새 삶의 원형을 제시하는 성배(聖杯)의 민족이 반드시 나타나는 법이다. 이 민족은 개인적으로나 집단적으로 웅숭깊은 영성(靈性)을 지니고 세계적인 이상(理想)을 가지고 있으나, 끊임없는 외국의 침입과 폭정의 발호 아래서 그 뜻을 못 펴고 마음 깊은 곳에 내상(內傷)을 안은 채 예술이나 신비적 지향 따위로만 견디어내는 민족이다. 그러나 문명의 대전환기에는 바로 그 내상을 하나의 원형, 패러다임으로 제시하곤 한다. 로마가 중심이었던 지중해 문명기의 전환점에는 그 민족이 이스라엘이었다. 그런데 로마 시대보다 더 근본적 변혁과 대규모 전환을 요구하는 현대에 있어 그 민족은 어디에 있을까? 바로 극동에 있다. 그러나 그 이상은 나도 모른다. 다만 너희들이 찾아서 배우고 도우라!"

일본의 인지학회(人智學會) 회장인, 슈타이너의 제자 '다카하시 이와오'란 사람이 나를 찾아와 역설한 바는 바로 그 민족이 한민족이며 그 표현이 19세기, 20세기 초의 '동학 정역'을 중심으로 한 후천개벽 사상이라는 것이다.

지금 서양을 지도하는 사상은 생태학이다. 그러나 아직도 유년기를 못 벗어나고 있는 생태학이나 녹색 운동의 운명은 바로 서양 사상사의 전통에는 생명과 생성론의 전통보다 존재와 실체론의 법통이 주류를 차지해왔고 지금도 그렇다는 점에 단단히 묶여 있다.

그리스의 스토아학파, 스피노자, 라이프니츠, 베르그송, 테이야르, 베이트슨, 니체, 푸코, 들뢰즈와 가타리, 그리고 미셸 세르 등의 생명과 생성철학 그리고 루돌프 바로 Rudolf Bahro와 머레이 북친 Murray Bookchin 등을 중심으로 하는 수많은 생태학자들이 아직도 주류가 되지 못하고 변두리만 맴도는 까닭이 바로 그 사상사적 주류 문제에 있다.

이들의 반유럽적인 새 생태사상은 도리어 중국과는 또 다른(중국의 주류 전통은 오히려 그러한 유럽적 경향에 가까이 있다) 한국의 생명과 생성론적 전통에 매우 가까이 있다. 이 양자가 결합하는 새로운 문화운동, 즉 생명학, 생명 문화, 생명 운동, 생명과 평화 운동 등을 여러분이 그 민중적 주체로서 참여해서 대중 운동의 차원으로 이끌어 가야 할 것이며 이 생명의 문화로 새 문명, 생명의 문명을 이루어야 할 것이다.

나는 바로 새 삶의 원형의 시작을 동학 등에서 본다. 오늘 우리는 또다시 동학과 서학의 종합, 동서양간의 또 한 번의 근본적이고 지속적이며 창조적인 통일의 필요에 부딪히고 있다. 여기에 대답해야 한다.

16세기 마테오 리치의 베이징 상륙 이후의 그 창조적 통합의 시작은 서학 쪽(너무 준봉주의적이다)보다는 동학 쪽에 그 이니셔티브가 있었다.

동학에 계시된 신의 원형은 '선도(仙道) 풍류라는 선약(仙藥),' 즉 생명학이었으며 그 모양은 태극(옛 주역)이고 또 다른 그 모양은 궁궁(弓弓, 『정감록』에 처음 난타난 것으로 김일부의 새 정역을 동학 등과 함께 종합 검토할 필요가 있음)이라고 한 점에서 나타난다. 동학과 서학의 종합의 길은 테이야르 드 샤르댕 신부와 현존하는 그의 계승자 토마스 베리 Thomas Berry 신부에게서 발견할 수 있을 것이다.

셋째, "동서양 사상의 만남, 유불선과 그리스도교의 융합의 초점은 생명이다."

동학은 그야말로 유·불·선과 그리스도교의 융합이다. 그리고 『성경』에서 수십 회나 언급된 생명과 동양 사상에서의 기(氣) 사이의 비교 융합이 이제 시작되어야 한다. 동학의 주문(呪文)은 유·불·선과 그리스도교 핵심 사상, 즉 생명의 드러남이다. 1860년에 이미 현재의 자유의 진화론, 자기 선택의 진화론, 자기 조직화의 진화론과 여러 가지 인지과학의 첫 발자국이 이미 한반도에서 나타난 것이다.

동서양의 종합은 이미 16세기 마테오 리치의 베이징 상륙 때에 주어진 숙제였고 20세기 초엽의 테이야르에게 있어서도 그러했다. 이벽(李檗)의 『천주실의(天主實義)』에서 시도되었고 다시금 현대에 와 제정구와 존 델리 신부, 프라이스 신부에 의해 시도된다. 이제 동서학은 특히 한국의 서학은 이것에 힘을 쏟아야 한다. 그렇다. 그것을 시도하고자 했던 것이 제정구 의원이 주도하던 '사발 모임'이었다. 여러분 자신이 바로 그 현인 회의인 사발 모임의 후계자들인 것을 잊지 말기 바란다.

넷째, "앞으로 민중 운동의 대명제는 생명밖에 없다."

제의원과 내가 이런 이야기를 하고 있을 때, 소위 운동권에서는 나를 배신자, 번절자, 전열 교란자, 생명교 교주 따위의 너질한 징호로 모략 중상했다. 거의 전반적으로 그 모양이었던 것을 생각한다면 그 복판에서 이 같은 명제를 묵상하고 깊이까지 토의하였던 제정구 의원을 내가 어떻게 생각했을 것 같은가?

진짜 사람, 진짜 현자요 진짜 예언자였다. 나 역시 그런 여러 가지 중상하는 자들(기독교 성직자들이 더 그랬다. 정말이지 그들은 『성경』에 생명이란 어휘가 수십 회나 거론되는 것을 어떻게 해석하고 있는 것일까?)에게 "10년만 두고 보자"고 말했다. 10년 뒤 과연 어찌 되었나? 입 달리고 귀와 눈 달린 자들은 모두 다 '생명' 타령이다.

나의 경우 생명 운동은 세 갈래로 뻗어 나갔다. 박재일씨 중심의 유기농 운동과 도농 직거래의 한살림 운동으로, 최열씨 중심의 환경 운동으로, 그리고 나는 문학과 문화 운동 쪽으로 나갔는데, 이것을 유기적으로 연속시키고자 10여 년 전 크게 노력을 했지만 실패했다. 자금 때문이기도 하지만 현장 간부들의 '현실'을 빙자한 속물 근성 때문이다. 그리고는 작년에 경기도에서 세계 생명 문화 포럼이 있었다.

나는 여러분의 빈민 운동이 생명 운동의 실천적 중심이 되기를 바라고 있다. 아니 말만이 아니라 현실적으로 그렇게 될 것이다. 제정구 의원과 그 벗들인 여러분을 만나는 일이 곧 추억이면서 동시에 예감이 되는 까닭은 여기에 있다.

파괴되어가는 지구의 생명과 영성, 즉 마음을 살릴 수 있는 중요한 민중 운동이 바로 빈민 운동이다. '자발적 청빈'밖에는 그 어떤 것도 현실적으로 지구 회생, 새 문명, 새 생명과 평화의 문명을 창조하지 못한다. 여러분의 자발적 가난만이 숲과 강과 지하의 가스와 석유와 바닷물을 구할 것이다. 욕망의 자제밖에는 대안은 없다. 여러분이 도리어 제정구씨와 함께 복음자리에서 일하고 있다는 사실을 마치 소문처럼, 아니 복음처럼 듣고만 있었다. 이제는 내가 하는 생명 문화 운동과 빈민 운동이 연속성을 가진 운동으로 강력한 연대를 만들어가야 할 것이다.

새로운 민중은 대중적 민중, 다중적 민중, 즉 카오스 민중이다. 유럽에서 나온 바로 이 카오스 민중의 철학이 들뢰즈와 가타리의 '카오스모스 철학'이다. 카오스 플러스 코스모스다. 동학에서는 '태극이며 궁궁'이고 정역에서는 '여율'이면서 '십오일언'이요 '십일일언'이다. 그리고 강증산에서는 '천지공사'이며 이제마의 '사상과 심장의 관계'이고 혜강 최한기의 '신기통과 추측론'이다. 그러나 그것만으로는 안 된다. 미국과 한국의 청년들을 휩쓸고 있는 들뢰즈를 우리는 한국 철학, 한국의 후천개벽적 생명철학과 결합해야만 한다.

전 아시아, 고대 르네상스와 전 세계적 규모의 문화 대혁명, '몸 안에서의 에코와 디지털의 이중적 교호결합'이라는 대과제, 이러한 새 문화에 의한 새 문명의 건설이라는 현대적 민중 혁명의 중심은 바로 여러분, 전면적, 근원적, 반생명적인 인류 사상 최고 최대의 '죽임'의 상황, 극악한 인류 상실, 생명 파괴 상태를 살고 있는 여러분이다. 여러분이 그 일의 주역이라는 점을 잘 생각해보기 바란다.

다섯째 "생명을 완전히 실현하는 자는 영원히 죽지 않는다."
한국의 정통 사상은 '선도 풍류(仙道風流)'다. 그것은 맨 먼저 '무병장수(無病長壽),' 즉 생명을 중심으로 하는 사상이다. 그 사상은 『산해경(山海經)』에 "삶을 좋아하고 죽이기를 싫어했다(好生不殺生)"라고 나타난다. 기이하게도 이와 같은 생명학이 그리스도의 생명사상과 그 근원이 똑같다.

동학의 최수운 선생은 동학과 서학의 차이를 이렇게 말했다. "도는 같으나 이치가 다르다(道則同也, 理則非也)." 진리는 하나인데 그것을 설명하는 신학이 다르다는 것이다. 당연하다. 이 당연한 차이를 뛰어넘어 같은 진리임을 증거하려고 여기에 중요한 발판을 놓은 사람이 서학 쪽에선 테이야르 드 샤르뎅과 토마스 베리이고 한국 쪽으로는 이벽(李檗)과 정다산(丁茶山), 다석(多夕) 유영모와 함석헌, 김재준 선생 등이다. 이 학문들과 후천개벽설과 기철학이나 사상의학, 그리고 들뢰즈 등을 대조하고 종합하는 것이 바로 제정구 의원과 내가 시도했던 '사발 모임'의 모토이기도 했다.

그리스도교는 생명의 종교이다.

한국 민족의 고대로부터 내려오는 선도 풍류는 '유불선을 다 포함하고 뭇 생명을 다 구원하는' 우주 율려(律呂)의 학이다. 우주 음악이며 우주 과학을 실천하는 것이다.

이 율려가 옛 생명학(즉 易學)의 비밀이며 이 율려는 우주의 핵(하느님 마음)과 우리 생명과 마음인 존재의 핵(나의 마음)의 일치를 목표로 한다. 이 일치의 결과가 무병장수, 영원히 죽지 않는 것이다. 그리고 뭇 생명을 다 사랑해서 해방시키는(接化群生) 것이고 또 이것은 유불선 세 가르침의 핵심을 애당초 다 가지고 있었다(包含三敎).

그러므로 신선은 그리스도요, 그리스도는 신선인 것이다. '복음'이라는 이름의 원형은 현대에 와서는 바로 태극궁궁으로 표현되는 '생명'인 것이다.

이 생명을 통해 모든 것을 보고 모든 것을 알고 모든 삶을 살아간다면 죽어도 결코 죽지 않는 것이다. 죽어도 완전 해체, 무화는 없다. 기(氣)는 그런 것이다.

우리가 이제 밀고 갈 생명 운동 안에서 동서학은 반드시 함께 통합되어야 한다. 당연한 얘기이다. 우리는 생명학으로 '죽임'을 넘어서는 '살림'을 살아야 한다.

여섯째, "생명이라는 척도 위에서 한민족의 전통이 하느님의 가장 귀한 영성과 하나가 된다."

나는 아까 루돌프 슈타이너 얘기를 했다. 제정구씨가 말한 한민족의 전통이 하느님의 가장 귀한 영성과 하나가 된다는 것은 구체적으로 무엇인가?

'태극궁궁'으로 '신선의 약'으로 제시된 '홍익인간, 이화세계'의 원형이 그 전통이요, '삼일신고'요 '천부경'이며 19세기에는 '동학 간역 사상사(東學艮易思想史)' 안에 돌출한 하느님의 계시 등은 모두 다 하느님의 가장 중요한 영성이 된다는 것이다. 단순한 토착화만을 말하는 것이 아니다. 동학의 폄하는 과학사상에서도 줏대 있는 동양 및 한국의 사상들을 모조리 폄하하는 외세 의존적인 자세, 아주 나쁜 하나의 전통을 만들었다.

미국, 소련, 중국, 일본 이 네 나라에 빌붙어서 국내의 사상계를 좌지우지해온 온갖 외래적인 사상과 이념들을 민중 운동 차원에서 이젠 정리할 때가 되었다. 바로 문화 혁명의 시기가 무르익었으니 바로 제 정구 공부를 통해서이다.

한민족의 동학적 전통이 바로 그리스도교 속의 하느님의 가장 귀한 영성이 된다는 말 속에 '루돌프 슈타이너'와 '다카하시 이와오'의 예언이 들어 있다. 또 있다. 가톨릭 문명사가였던 크리스토퍼 도슨 Christoper Dorson이 근대 세계사에서 가장 중요한 사건은 '16세기 마테오 리치의 베이징 상륙'이라고 지적한 그 지점에서 인류의 호흡은 순간 갑자기 멈춰 선다.

리치는 바티칸과 예수회에 동양의 전통 철학, 사상, 문예 개념 등에 격의(格義)시켜서 그리스도 선교의 토착화를 강조했으나 바티칸과 예수회의 반대로 실패했다. 만약 그때에, 그리고 또 20세기 초에 테이야르 등에 의해서 동서양 생명사상의 이중적 교호결합이 이루어졌다면 그리하여 일찌감치 한 한국인의 전통이 하느님의 귀한 영성이 되었더라면 동서양은 개념끼리 서로 포용하면서 지금의 들뢰즈 등을 훨씬 뛰어넘는 철학, 과학, 미학 분야의 대규모 혁명적 진전이 틀림없이 있었을 것이다.

나는 머지않아 동학과 서학의 만남이 곧 있을 것이란 강력한 예감을 갖고 있다. 서학 측 지도자들은 좀더 큰 용기와 대담한 결단력을 가져야 한다. 중국의 패권주의적 문화 돌풍이 불기 전에 바로 지금부터 3, 4년 안에 그 일을 시작해야 한다. 하느님의 때가 온 것이다.

희미한 기억이지만 마지막으로 제정구 의원과 문화 혁명에 관해 나눈 말이 있었던 것 같다. 그때나 지금이나 유독 문화 혁명을 강조했던 것은 나다. 그렇다고 제정구씨가 그 부분 문제에 유약했던 것도 아니다. 나는 혼자서 떠든다면 제의원 곁에는 보이지는 않으나 여러 사람들이 함께 앉아 있는 것 같았었다. 아마 그것은 여러분들의 집단적 영체(靈體)였을 것이다.

마지막 얘기다.

문화 혁명과 IMF는 무슨 연관일까? 이론적 말 않겠다.

동아시아(海洋과 大陸) 물류(物流)의 허브로서의 상승은 앞으로의 남북 민족 공동의 민족 발전 비전임에 틀림없다. 그런데 만약 물류의 허브가 실체화되면 문류(文流) 허브로서의 요구 또한 사방에서 자동적으로 일어나게 된다. 그리고 그 준비가 여기저기서 이미 시작된 것 같다.

경제와 문화 양 수레바퀴가 힘차게 구를 것이다

한반도는 대륙과 해양 사이의 랜드브리지, 즉 부두다. 양 수레바퀴는 서로 주거니 받거니 '다이너믹스'를 전개해야 할 것 아닌가!

중국의 '동북공정'이 터졌다. 고구려 역사의 강탈은 위로 고조선사, 부여사와 함께 아래로 발해사를 시간적으로 강점할 것을 예감하게 한다. 누구나 아는 바와 같이 우리는 정치적 알레르기 반응이 아닌 군자국(君子國)다운 논리와 담론으로 중국의 동북공정에 늠름하게 대응해야 한다. 그들에게 받은 많은 문화적 고마움을 표시하고 또 양국 문화의 적층된 동일성을 '시인(是認, 其然 - yes)'하면서 동시에 이미 탁록대전(涿鹿大戰) 이후 4,000년 동안 서로 구별되었던 문명의 차이가 무엇인지, 즉 문제점에 '부인(否認, 不然 - no)'으로 대응해 나가야 할 것이다.

'아니다·그렇다' 'no - yes'는 생명 생성의 문법, 모순어법이며 영성의 문법이다. 그리고 새 사관(史觀)의 기초다. 사료가 아니라 그 사료를 읽는 어떤 방식으로, 사료 전체의 명증성보다도 사료를 취급할 때 생겨나는 여러 층위에 대한 대담한 현대적 해석학으로 대응해야 할 것이다.

우리는 여기서 해방 직후 동방 르네상스를 제안하면서 김범부(金凡父) 선생이 밝힌 사증론(四證論)을 기억해야 한다. 사료가 강탈당하고 사고(史庫)가 불타버린 우리 민족의 역사 연구는 예컨대 구징(口徵), 즉 전설이나 구전 등을 그 방법론으로 활용해야 한다는 것이다.

우리에겐 철학이 있는가? 명확히 대답한다. 있다. 동학이요, 간역

(艮易)이요 혜강 최한기 등이 있다. 그리고 그리스도교 쪽으로 보더라도 다석(多夕)이나 함석헌 선생의 사상은 물론 이런 기회에 이벽의 『천주실의』와 함께 다시 살아나야 한다.

이러한 사상 등을 중심으로 하되 들뢰즈 등과의 '공명공부(共鳴工夫)'를 핵으로 가늠 잡아 여러 사상 등을 비교 공부해야 한다.

끝으로 IMF 이후 새롭게 등장하는 반세계화와 '빈민 철학'이란 것은, 한 세대 전에 역사 사회 문제에 유럽에 의한 현대 지구 문명의 호호탕탕한 낙관으로 대응했던 그 따위 속류 유물론 방식 같은 것 가지고서는 결코 안 될 것이란 생각을 덧붙인다.

우선 '신빈곤' 문제를 보자.

'신빈곤'은 노동자의 한 가지 단면, 즉 '임금'만에 집약해서 공부, 실천해 나가는 작풍과는 확실히 구별하고 그 실천이 달라져야 한다. 마음과 몸의 가난, 참으로 타고난 가난, 즉 이 시대와 사회의 온갖 문제들의 미해결 과정의 축적된 밑바닥의 문제들, 바로 그것이 대중적으로 집약된 문화 문제가 곧 '빈민'으로 나타난다.

마르크스가 '인류 상실'이라는 현재 진행형의 비극에 불을 붙여 그 혁명적 도덕성을 들어올렸듯이 모든 민중의 대중적, 다중적, 카오스적 삶의 어둠, 좌절, 결핍, 착란, 분열 등이 찌꺼기로 쌓이고 쌓여 그것 자체가 한 문명의 대체물 정도가 된다면 이제는 바로 그 쓰레기 더미 자체가 혁명 이론, 혁명 전략, 혁명 전술 그리고 새로운 배열과 계열화 문제 등으로 여러 가지 얼굴을 나타내지 않겠는가!

'신빈곤'에서 옛 가난이 '절망적'이라면 요즘 가난은 '희망적'이란 말들처럼, 옛 세대에게서 우리가 불행을 견딜 수 있는 인간 견인력의 용광로와 온상을 찾아내고 그 견인의 삶을 일반화시키며 이 운동 실천에 성실성과 과학성을 주어야 할 것이다.

대체로 이런 문제들이 제정구 의원이 참으로 그 흉내 내기조차 어려운 자발적 '청빈'을 실천한 역사를 개인적으로는 큰 공부와 연결하는 것이요, 이상 여섯 가지로 기억되는 이야기가 품고 있는 어떤 새로운 길, 새로운 실천 방안을 찾아내는 방법도 되지 않을까 생각한다.

예언적인 추억 몇 가지

제정구 의원은 이 세상을 이해하고 변혁하기 위해서 '자본론'만이 그 공부길인 것은 아니며 '생명'이란 말 한마디로 삶과 세계를 이해하고 또한 삶과 세계를 변혁할 수 있다는 말을 했다.

이 말은 우리에게, 여러분에게 무슨 뜻을 가지는가?

혁명적 공부가 묵상에 의해서도 가능한가?

물론 가능하다.

도리어 권유하는 바이다.

왜냐하면 이제부터의 우리들의 다중적(多衆的) 민중 문화 혁명은 바로 그 '문화'에 핵심이 있기 때문이다.

그것은 물론 독서나 토론도 중요하지만 직관과 상상력을 훨씬 더 많이 요구하고 있기 때문이다.

자본주의 몰락 이후엔 무엇이 올 것인가?

월러스틴은 환경 문제나 국가의 쇠퇴 등으로 30여 년 안에 자본주의는 몰락하지만 그를 대체할 경제 양식은 아직 나타나지 않았고 아마도 '복잡계의 경제학' 아닐까 정도로 뒤끝을 흐렸다.

여기서 바로 제정구와 여러분의 '빈민' 현상에 대한 묵상과 상상력이 앞에 나서야 한다.

아마도 교환 시장은 완전히 쇠퇴하지 않을 것이고 그와 연계하여 국가의 역할도 완전히 몰락하지는 않을 것이다. 교환 시장과 일종의 호혜(互惠) 시장이 이중적 교호결합의 시장으로 나타나지 않을까? 본디 고대 시장 자체가 호혜, 교환, 재분배를 세 가지 본질로 하지 않았던가? 그중 교환만이 과비대화한 것이 자본주의 아닌가? 이미 아메리카 인디언 속에서 교환과 함께 포트라치 시장이 나타난 점을 어찌 봐야 하는가?

신시(神市)란 이름의 동아시아 고대의 생명 지향적, 신령 지향적, 인격 교환적, 우정 지향적 시장에 대한 묵상과 토론의 공부를 스스로 조직할 용의는 없는가? 빈민에게는 긴긴 세월의 '난전'과 '계(契)꾼 시장'과 '벼룩시장'의 역사가 있다.

지금 제기된 중국의 소위 '동북공정'에 대한 역사 공부의 문제 제기에서 중요시해야 할 점이 여러 가지 있겠으나 그중에도 가장 중요한 점은 사관(史觀)의 문제인 것 같다.

이 사관은 철학에 바탕을 둔 것이기에 들뢰즈 등의 후기구조주의 생명철학, 생성철학과 한국의 후천개벽의 생명학 사이의 교호결합에 그 토대를 두게 될 것이다.

간단히 말해서 '안으로 신령이 있고(內有神靈) 밖으로 기화가 있으며(外有氣化) 한 세상 사람이 서로 옮겨 살 수 없음을 각각 깨달아 나름나름으로 실현한다(一世之人 各知不移)'가 그 뜻이다. 이것은 생명철학의 기본 구조로서 이미 테이야르나 베르그송, 베이트슨이나 들뢰즈에서, 그러나 그들보다 훨씬 앞선 1860년경 수운 최제우, 그 후 20년 후에 김일부에게서 웅변적으로 나타난다.

이것이 곧 '원형(原型)'인데 우리 민족 사관의 뼈대요 문·사·철(文·史·哲)을 아우르는 새로운 세계적 민중 미학과 철학 사상의 핵이기도 하다. 우리에게서 중국인들과 세계인들은 이제 그것을 배워가야 할 것이다. 무엇을? 그것, '원형' 말이다. 그것을 현대와 미래 속에서 더욱 깊이 있게 복잡화, 유기화시키는 우리들의 민족 미학, 빈민 생명 운동, 다중적 민중 철학, 즉 '카오스모스' 문화를 통해서다.

그런 점에서는 '빈민 운동'을 새로운 문화 혁명, 문예 부흥을 통해 실천하는 여러분의 별명은 곧 '요기-싸르 Yoggi-Ssar'가 될 것이다. '내면의 명상적 평화(요기)와 외면의 생명 사회적 변혁(싸르)'의 동시 촉진자이기 때문이다. '가난, 공동체, 생명'의 세 가지 모토는 바로 앞서 얘기한 안[內面]의 신령[意識], 밖[外面]의 기화[複雜化], 그리고 세계인들의 개체성 안에서 전체성, 인류적 공동체성을 나름대로 실천하는 것(個體 스스로에 의한 全體 실현)이기 때문이다. 물론 여기서 공동체는 비공동체성과 이중적으로 생성한다는 조건을 받아들여야 한다. 개체성을 잃지 않는 분권적 융합 말이다.

그런데 동학은 바로 이 세 가지 실천을 단 한 글자에 집약했으니 그 한 글자는 '모심,' 즉 '시(侍)'자이다. '모심'은 역사의 원동력이요 삶의 핵심 윤리다. 빈민들의 빈곤이 문화 혁명 이전 변혁적 문예 부흥 운동이 되는 까닭도 바로 그 자발적 가난을 통한 '모심'이 전제되어 있기 때문이다. '모심'이야말로 온전한 '자발적 가난'이다.

모심은 주체가 타자의 세계에 대해서 갖는 최고의 덕성이자 철학이며 문화이기 때문이다.

고 제정구 의원은 바로 그것, 그 '모심'의 사람이었다. 왜냐하면 그의 '생명학'은 억울한 처지에 빠진 나를 '모심'으로 격려했고 그 '모심'을 곧 '사발 모임'으로 '고리〔環中〕'와 '동그라미〔法身佛〕'로, '마당'으로 결국은 살아 생동하는 대중적, 다중적 민중의 '판'으로 벌여나갔기 때문이다.

빈민 운동과 생명 문화 운동, '생명과 평화의 길'은 '모심'이며 '살림'이다.

'모심'으로서 '살림'을 실현하는 것이 우리 사회와 동아시아의 세계사적 임무요, '살림'으로 '모심'을 현실화시키는 것이 우리 사회, 동아시아, 그리고 전 세계 지식인과 대중적, 다중적 카오스 민중의 목전의 사업이며, 이 사업이 오늘 이후 빠른 속도로 현실화될 것이라는 것이 제정구 의원의 추억으로부터 내가 느끼는 세 가지 예감인 것이다.

추억과 예감

기이한 일이지만 내가 7년 동안 감옥에서 일상적으로 젖어 있었던 정신 상황이 바로 추억과 예감이다.

만약 생명이 추억과 예감의 밑바닥에 생생하게 살아 있지 않다면 추억은 곧 기억의 수정으로, 예감은 즉시 망상의 비현실로 전락했을 것이다.

그것이 없다면 빈곤, 신빈곤이 중력과 은총 사이의 분열과 정신적 착란을 끌고 오게 되는 것이요, 반대로 이 생명이 강렬하게 활동한다면 그것은 틀림없이 추억과 예감을 중력과 은총, 현실성과 초월성 사이의 튼튼한 이중적 교호결합으로 인도할 것이다. 이 또한 하나의 예감이다.

생명과 평화의 길, 모심과 살림에 연속하여 19세기의 새 원형인 '태극 또는 궁궁(太極又形弓弓)' 또는 '혼돈의 질서(混元之一氣),' 즉 '카오스모스'가 '시천주(侍天主) 단전 수련의 기(氣) 움직임인 궁궁(弓弓)'과 '새로운 팔괘(八卦, 복희·문왕·정역 팔괘와 다른 제4괘노)'에 의한 태극(太極)이 새롭게 이중 교호결합하는 새 시대의 고리[環] 또는 '고릿속의 무(環中無窮)'인 '태극궁궁'으로 드러나 붉은 악마 세대를 휩쓸 것이다. 그것은 아직도 지속되는 선천(先天) 시대의 우주 질서[周易]와 사방에서 머리를 드는 근원적 혼돈[正易] 사이의 관계역(關係易), 간역(間易)일 것이니 이 또한 추억과 예감이다.

예감이니 또한 하나의 추억일 수 있음을 하나의 사실로서 확인한다.

■ 맺는 말

생명과 평화 운동의 문화 원형 '한'에 관하여

생명과 평화 운동의 문화 원형 '한'!

이 경우 문화 원형이라고 부르는 '한'은 매우 포괄적 개념이어서 그 안에는 '아키타입,' 즉 원형(原型), '패러다임,' 즉 기준(基準), '디스커스 discourse,' 즉 담론(談論)의 세 가지 축(三軸)과 함께 그 문화 원형의 정규 학술 문화 운동으로서의 '생명과 평화의 길'과 그 문화 원형의 비정규 수련 실천 운동으로서의 '태극궁궁 공부 모임'의 두 가지 축(二軸), 그리고 그 삼축과 이축 사이의 이중적 교호결합에 의한 하나의 차원 변화로서의 새로운 문명론, 오래고 새로운 문화 원형인 '한'을 '한' 개인개인의 개별적이고 특수한 인식 결과와 삶의 조건 안에서 제 나름나름으로 다양하게 실천하는 '한-살림(혹은 한 살림)'이 다 포함된다.

삼축(三軸)

동학 정역계 사상사에 토대를 두고 좁은 의미의 원형, 기준, 담론을 간략하게 설명한다.

1) 원형

태극 또는 궁궁(太極 又形 弓弓, 정확히는 '吾有靈符 其形 太極 又形 弓弓'이다).

동학 최수운 선생에게 내린 신의 계시 속에서 "질병과 혼돈에 빠진 우주 중생을 모두 구원할 원형이 내게 있으니 그 모양이 태극이고, 그 모양이 또한 궁궁이다"라는 바로 그 '태극 또는 궁궁'은 도대체 무엇인가?

선비적 직관과 수련에 의한 이해와는 별도로 이성적이고 학술적이며 역사적이면서 문화론적인 방향에서 우선 이해해보기로 한다.

태극은 우선 주역(周易)의 상징이다.

주역은 지나간 선천(先天) 시대의 질서정연한 우주론, 우주 변화의 체계론이다. 태극은 음양 두 기운[二氣]의 균형과 네 형상[四象]의 춘하추동 시간과 동서남북 공간, 그리고 인의예지(仁義禮智) 사덕(四德)의 변화와 조화의 원리이자 우주 사위체(四位體) 및 그 중도(中道)의 표현이다.

농본주의적인 천원지방(天圓地方)의 우주관 위에 세워지고 남성, 군자, 제후, 천자, 중국, 하늘 중심의 장자 세습제, 봉건제 및 율려(律呂)적인 세계 질서의 상징이 태극이다.

여기에 대비해서 궁궁(弓弓)은 후천(後天) 시대의 혼돈한 생명 생성의 변칙적 비결류인 『정감록』의 처방으로서 전쟁, 반란, 기상 이변 등 기이한 역동과 세계 해체 과정의 상징이자 동시에 고대·상고대의 천지인(天地人) 삼극의 불균형, 무질서한 변화의 원형이다.

19세기 서세동점(西勢東漸)과 동양 문명 대붕괴 과정에서 갈 바 모르는 민중의 불안한 삶을 지켜주는 신비한 힘, 풍수지리의 기이한 숨은 땅, 예컨대 계룡산 등 십승지(十勝地)의 형상이다.

역학(易學) 측에서 보면 1879년에서 1885년 사이에 공표된 충청도 연산의 김일부의 정역(正易) 가운데 주역 '율려'의 전복 개념(轉覆槪念)인 '여율(呂律)'의 상징일 수도 있으니 대전환과 도시 공업 문명기의 지동설(地動說) 등에 연계된 여성, 소인, 백성, 국민, 오랑캐, 땅 중심의 자유, 민주 개혁, 혁명과 여율적 대해체 시대의 우주 상징이다.

이같이 선천 주역과 후천 정역을, 선천 시대의 질서와 균형의 상징과 후천 시대의 혼돈과 역동의 표상을 이중적으로 교호결합하고, 음양의 이수분화론(二數分化論)과 천지인의 삼수분화론(三數分化論)의 결합, 남성성과 여성성, 코스모스와 카오스의 이중적 교호결합의 상형이니 선천과 후천 사이의 '기우뚱한 균형(후천에로 중심이 더 기우는 균형)'인 후천개벽의 원형이다.

'태극 또는 궁궁'의 원형은 '모심'의 상징이며, '모심의 진화론,' 즉 모심을 원동력으로 하는 현대 최첨단의 자기 조직화하는 자유의 진화론, 자기 선택의 진화론에서 한 차원 대비약이라고 할 '창조적 진화론'의 원형이기도 하다. 그러매 동학적 맥락에서는 특히 스물한

자 주문의 둘째 강령 주문 첫마디에 '시천주(侍天主, 내 안에 한울님을 모셨다)'의 '모심'의 형상일 것이다.

  2) 기준

  '지극한 기운' 또는 '혼돈한 근원의 우주 질서(至氣, 混元之一氣)'로서 '혼돈에 빠지면서 동시에 혼돈에서 빠져나오는 민중의 내면적 생성으로서의 혼돈의 문화, 카오스모스 chaosmos'를 말한다. 앞에 나온 '시천주'의 '시(모심)'의 해설에서 두번째 명제인 '밖으로 기화가 있다(外有氣化)'고 했을 때 바로 그 '기화'가 다름아닌 그 다음 '조화정(조화에 일치한다)'의 그 조화, '무위이화(無爲而化)'인데 무위이화야말로 노장 철학의 핵심으로 "나(성인)는 아무것도 하지 않는데 백성이 스스로 화한다(我無爲而民自化)"의 순말이다. 그야말로 '자기 조직화'인데 그러나 성인(聖人, 하늘의 질서를 깨우친 이법인〔理法人〕)의 질서가 아니고 자연 그대로의 혼돈한 질서로서의 조화다. 그런데 이 조화(造化)는 한편에 '창조적 진화(創造的 進化)'로서의 해석 가능성을 감추어 가지고 있다. 바로 이 혼돈의 자연 질서(노장학)에 일치한 삶(合其德, 이것은 철저한 유학의 최고 덕목인 合天德의 개념이다)으로서 마음의 대선정(大禪定, 즉 定其心이니 불교의 핵심 사상이다)에 든다는 뜻이니 유·불·도가 다 융합된 그야말로 '살림'이다.

  '지극한 기운(至氣)'은 성리학 역사 내내 논쟁과 혼란의 불씨였던 '이치〔理〕와 기운〔氣〕'을 '극한의 전환점에서' 회통(會通)시키는 기(氣)의 높은 차원으로서 '혼돈한 근원의 우주 질서'란 해명은 후천개벽의 원형(아키타입)인 '태극 또는 궁궁'에 대한 기준(基準), 즉 '패러다임'이다. '살림,' 즉 '진화'의 진면목인 '자기 조직화'는 실제에 있어 '혼돈적 질서' 위에서 창조적 진화론으로 비약한다. 존재 바깥으로 추방했던 무(無)와 비존재(非存在) 카오스와 타협하지 않고는 창조와 진화가 만날 길이 없기 때문이다.

문화, 경제, 정치 전면에 이 패러다임이 적용될 것이며 현존의 세계 '대혼돈'에 대한 가장 적합성을 가진 처방의 촉매가 아닐까 한다.

시천주에 이은 조화정이니 모심에 대한 살림이라고 말할 수 있겠다.

3) 담론

조화정과 마지막 명제인 만사지(万事知) 사이에는 조건 명제인 '영세불망(永世不忘)'이 있다. 이것은 집요한 기억 행위(유학의 공부법)이면서 동시에 생사를 건 참선(불교의 參禪)이다. 이 정도의 공부를 해야만 비로소 '만사지'에 이르게 된다.

그런데 여기에서 우리는 동학을 쉽고 허름한 유사 종교쯤으로 봐왔던 이제까지의 잘못을 크게 깨닫고 뉘우치지 않으면 더 이상 한 발자국도 앞으로 나아가지 못한다. 그리고 원형과 기준을 현실 실천과 과학에로 연결시키는 길인 담론(談論)을 전개시킬 수 없다.

해월의 저 유명한 명제 '밥 한 그릇이 만사지'를 일단 옆으로 밀쳐두어야 한다. 만사를 다시 이해해야 하기 때문이다. 만사는 수운의 해석으로는 '수의 많음(數之多)'이다. '세상사의 여러 경우' 정도로 해석해선 안 된다. 그렇게 해석하기 때문에 아마추어 동학 연구자들이 함부로 『동경대전(東經大全)』을 '아전유학(衙前儒學)'으로 폄하하게 되는 것이다.

수운 자신의 말대로 동학은 '넓으나 간략한 것(吾道博而約)'이다. 주역을 최상승 과학이라 부르는 까닭이 제3번째 규정인 '쉽고 간단할 것(簡易)'에 있지 않던가!

그러매 주의에 주의를 더해야 한다.

동아시아 사상 해석학의 문맥에서 '공(功)'이 반드시 '정치사(政治事)'이듯이 '수(數)'는 과학이다. 즉 '역수(易數)'인 것이다. 고로 '수의 많음(數之多)'은 '역수의 여러 갈래(易數之各類)'의 뜻인 것이다.

당시까지도 유생인 수운에게 있어 유일 과학 체계, 유일 우주생명학인 주역(周易)과 문왕 팔괘(文王八卦) 이외에 그 이전에도 선천역(先天易)이라 불렸던 동이(東夷) 계열의 복희역(伏羲易)을 끌어들임은 물론이고 수운 이후 20년에 공포된 김일부의 정역(正易)의 가능성을 예감한 것이다.

그러나 체포 직전에 쓴 「불연기연(不然其然)」편에서 동양 초유이며 다윈의 자연도태의 진화론을 전복시킨 최첨단의 진화론을 개진하면서 이미 '모심〔侍〕'의 해설과 조화의 해설에서 자기 조직화와 창조적 진화론까지 분명히 제기하였고, 숨은 차원과 드러난 차원 사이의 '아니다 · 그렇다(不然其然)' 또는 드러난, 보이는 현 차원에 있어서도 이러저러한 현상에 대해 '아니다 · 그렇다'의 이중성, 이진법적인 생성 논리학을 적용했으며 「흥비가(興比歌)」에서 역시 두 차원 사이의 생성적 차원 변화의 논리학과 '무궁한 주체 및 무궁한 세계 인식의 깨달음'을 일치시키고 공자 이래 최고의 미학인 『시경(詩經)』육의(六義)의 도그마를 뒤집어버린 곳에서 새로운 역(易), 선천과 후천 사이의 관계의 역, 간역(間易)의 가능성을 비친 바 있다. 원형인 '태극 또는 궁궁'이 그러하고 기준인 '혼원지일기'가 또한 그러하다.

수운 사상의 이중성(더블 바인드, 더블 메시지)은 도처에 관통한다. 우선 원형인 '태극 또는 궁궁,' 기준인 '혼원지일기'가 그렇다. 경전도 두 가지다. 한문인 『동경대전』과 한글인 『용담유사(龍潭遺詞)』다. 주문도 두 가지다. 강령 주문과 본주문이다. 조직도 이중적이다. 삼교 명망가와 동학꾼의 통일전선인 포(包)와 농민과 동학꾼의 전위 조직인 접(接)이다. 『동경대전』에는 "인의예지(仁義禮智, 태극사덕)는 옛 성인의 가르침이니 따르도록 하고 수심정기(守心正氣, 옛 선도 풍류의 단전법에 시천주 주문을 적용한 궁궁 수련)는 내가 다시 정하는 것이니 지키라(修德文)"라고 선후천 공생을 명언한다.

더욱 중요한 것은 다음의 옥중시(獄中詩) 두 구절이다.

물 위에 등불 밝으니 의심 낼 틈이 없고,
기둥은 다 낡은 것 같으나 아직도 힘이 남았네.
(燈明水上無嫌隙 柱似枯形力有餘)

하나는 '없음(無嫌隙)'이요 하나는 '있음(力有餘)'이니 '아니다·그렇다'의 이중성이요 차원 변화 논리다.

뜻은 분명하다.

"다가오고 있는 후천 시대의 진리(동학)와 또 앞으로 나올는지도 모르는 과학, 즉 역수(정역일수도 있다!)는 의심할 수 없다. 그러나 동시에 이미 지나가고 있는 것으로 보이는 선천 시대의 진리(유학)와 이미 누구나 인정하는 과학, 즉 역수(주역이다!)는 아직도 유효하다."

후천개벽은 후천에 중심을 두되 그것에 의해 선천을 해체·재구성·재창조함으로써 선후천을 공존시키는 전환이다. 다만 중심이 후천 쪽에 더 많이 가 있는(時中) '기우뚱한 균형'일 뿐이니 이것이 살아 있는 공생이다.

사실 질병으로 가득 찬 선천에서 후천으로 전환하는 개벽기가 앞으로 얼마를 더 지속할지 알 수 없다. 지금의 '대혼돈,' 인간 내면의 도덕적 황폐, 신자유주의 세계화에 따른 시장 실패와 그로 인한 민족 간의 빈부 격차의 심화, 전면적 지구 생태계 오염, 온난화 등 기상 이변, 테러와 전쟁, 그리고 앞으로 100년 동안의 폭염이 지구를 강타한다는 예측과 기괴하고 치료 불가능한 대병겁(大病劫)의 도래!

아직도 유효한 주역과 지금 오고 있는 정역 사이의 선후천 관계의 역, 일종의 '간역(間易),' 주역과 정역을 종횡으로 하는 '등불과 기둥의 새 역(燈柱新易)'이 명백하게 예언되고 있다. 예언대로라면 '새로운 팔괘'의 출현이 곧 있을 것이다.

그리고 시천주 주문의 단전법이라는 '궁궁' 수련 체계의 등장과 함께 이것은 우선 새로운 시대의 원형, 문화 원형으로서 '태극궁궁'의 재현(再現)일 것이다.

그와 함께 '생명과 평화의 길'은 정규적인 학술 문화 연찬을 통해 유럽의 비주류 생성학, 혼돈학과 생태학을 동양 변화의 과학인 역(易사상), 기철학과 화엄 및 선불교(禪佛敎)의 전통, 노장학과 그리스 도교, 모슬렘을 선도 풍류의 오랜 생명학의 전통 위에서 창조적으로 결합하고 이를 촉매로 한 고대 동아시아 문예 부흥과 평화와 자발성에 의한 반관료주의 문화 대혁명을 통해 우주생명학으로 대차원 변화함으로써 탁월하고 통합적인 바로 그 대혼돈 처방의 새 과학을 성립시켜야 한다.

이것이 독공 공부와 계시의 합발에 의한 큰 앎, 바로 '만사지'일 것이니 우선은 생명학, 우주생명학의 연찬이라고 부르자.

유념해야 할 일이 있다.

시천주 조화정, 즉 모심과 살림 이후와 만사지 사이에 '영세불망'이 끼어 있는 점이다. 평생을 잊지 말고 공부해야 한다는 것이 학술 문화·수련 실천 모두를 "그 변화를 밝히고 밝히며 생각하고 생각하여 잊지 않으면 지극한 경지에 이르러 지극한 기운으로 변화되고 지극한 차원에 가서는 지극한 성스러움에 이르리라(故明明其德 念念不忘 至化至氣 至於至聖)."

다시 앞으로 돌아간다.

강증산이 하늘이 내린 율려라고 부른 앞 주문, 강령 주문이다.

"지극한 기운이 지금에 이르러 내게 크게 내리시길 원하옵니다(至氣今至 願爲大降)."

명심해야 할 것은 증산이 율려라고까지 부르고 일부는 '여율'이라고 전복시킨 바로 그 '지극한 기운(至氣),' 즉 한울님 자신이며 새 패러다임이 다름아닌 '혼돈한 근원의 우주 질서(混元之一氣)'라는 점이다. 자기 조직화에서 창조적 진화로 비약하는 조건이 바로 신의 이 혼돈성과 탈혼돈성, 또는 혼돈 자체의 질서인 점이다.

이축(二軸)

1) '생명과 평화의 길'이니 원형, 기준을 참작하여 담론을 전개하는 정규적인 학술 문화 운동이다. 다양한 의견, 다종한 토론, 그 범위의 다중성에 의해 세계사적인 새 창조력을 제시해야 한다.

주로 인문학과 과학 양측의 이중 교호 작업이 될 것이고 2004년 한국 내, 2005년 동아시아를 중심으로 한 전체 아시아와 태평양 주변, 2006년 전 세계의 규모로 확장하고 그 다음엔 학술에 토대한 광범위한 생명 평화 문화 개벽 운동으로 확산할 것이다.

2) '태극궁궁 원형 운동'으로서 새롭게 드러난 태극과 궁궁, 혼돈적 질서의 원형과 기준을 중심으로 비정규적, 지역적인 수련 및 실천 운동 또는 전통 예술이나 디지털 예술 등으로 확대할 것이다.

주로 기초 예술과 대중 문화 양 측면의 이중적 교호 작업이 될 것이다.

이상이 '두 가지 축(二軸)'으로 양자는 각각 특성을 가지며 상호 보완적 작용을 할 것으로 기대된다.

한

생명과 평화 운동의 문화 원형은 한마디로 '한'이다.

삼축과 이축 사이의 관계 자체가 '태극궁궁'이요 '혼돈적 질서'다.

마치 음악에서 율려와 여율에 비길 수 있다. 또는 황종률(黃鍾律)과 협종률(夾鍾律)에 견줄 수 있다.

그러나 '황종 자리에 들어가면 이롭다는 협종의 곤괘(坤卦 · 黃裳元吉),' 재언하거니와 코스모스 자리에 카오스가 들어가 중심 아닌 중심, 해체의 촉매가 되면 매우 길조라고 하는 이 이중성, '아니다 · 그렇다'의 생성 관계는 사실 산조(散調)나 속악(俗樂)의『정간보(井間譜)』에서 하늘〔天〕과 땅〔地〕사이에서 주동적으로 부산히 움직이는 중심 아닌 뿌리로서의 '본청(本淸)'이 숨은 차원에서 일어나 '황종적 협종'의 드러난 차원을 대체하는 대차원 변화에서 현실화된다. 그러나 물론 현차원은 잡요(雜要)는 잡요대로, 정요(正要)는 정요대로 다 그 나름으로 창조하겠지만 말이다.

중요한 것은 어떤 이중성의 모순어법이나 역설적 진리, 두 차원의 생성 변화 역시 문제는 그 창조의 주체로서의 한 개인(各知, 各各明의 各)의 개별적 조건과 특수한 실존 속에서 그것이 그러해야 한다는 점이다.

예컨대 '생명과 평화의 길'의 연찬에 참석, 합의된 문명론의 여러 기념비들이나 '태극궁궁 원형 운동'에서 파악, 감지된 실존적 진리 등이 그 삶의 구체적 개별성(한) 안에서 감각적 욕망의 삶 안에서(리비도) 예컨대 과학(코기토)과 종교(아우라)가 함께 생성한다.

그리고 신체 안에서(한) 에코와 디지털이 이중적으로 교호결합한다.

『천부경』에서 "사람 안에서 하늘과 땅이 하나다(人中天地一)"라고 했을 때의 '사람 안(人中)'이란 구체적 삶을 구체적으로 살고 구체적으로 창조하는 구체적 행위(한) 자체인 것이다.

'한'은 '낱〔個〕'이다. '한'은 '온〔全〕'이다. 그리고 '한'은 '중간

(관계)'이다.

동시에 '한'은 '빈칸'이요 '무궁'이요 '공'이며 '무'이며 '허'요 '자유'다. 그러나 그 무엇보다도 중요한 '한'의 개념은 그가 곧 '주체(칸)'라는 점이다.

그래서 '한'은 '자기 조직화'요 '내부 공생(內部共生)'이며 '혼돈적 질서'다. 왜냐하면 '한'은 '개체성(한-낱·各)'을 잃지 않는 '분권적(한-중간·관계)' '융합(한-온·全)'이기 때문이다. '개체성을 잃지 않는 분권적 융합'이 자기 조직화, 창조적 진화의 기초요 내용이다. '한'은 또한 '무궁'이요 '공'이고 '허'요 '주체'이기 때문이다.

삼축도 이축도 '한' 사람 안에서 '한'을 구체적으로 공부하고 실천할 때 비로소 참다운 '한'의 문명론이 되는 것이다.

누구에게나 이것은 운명이다.

'옮길 수 없음(不移)'은 '개인들이 나름대로 앎(各知)'이다.

이 문화 원형의 기조 연설을 마지막으로 나는 당분간 담론 행위를 중지할 것이다. 아마 항구적일 것 같다.

내가 이제 생각해야 할 것은 두 가지, '동화'를 쓰는 것과 '세계 기행'이다.

나의 세계관을 동화를 통해 이제부터의 주체인 청소년과 아동적·신화적 상상력에 대해 표현하려 한다.

그리고 우리가 정규·비정규, 삼축·이축을 통해 탐색·연찬해왔고 하고 있는 모심, 살림, 생명학·우주생명학, 그리고 '태극궁궁' '혼원지일기'를 기준으로 전 세계의 모든 문명과 비밀의 진리들, 그 숨겨지고 드러난 생각과 삶과 창조의 자리에서 무엇이 어떻게 누구에 의해 어디로 움직이는지를 판단하고 예측하고 또 배우고 싶다. 그것이 나의 마지막 공부요 창조다. 그림과 시는 계속 쓸 것이다. 그러나 당분간 발표는 보류된다.

그러기에 올 겨울, 내년 봄 이전까지 여러 권의 책, 시집과 산문집, 미학 강의록, 그리고 난초와 달마의 전시회가 있을 것이다.

동화와 기행을 통해 나는 다시 나고 싶다. 나를 이끌어온 원형, 기준, 담론의 세계화를 통해 참다운 '한'이란 이름의 이 지구와 우주 속에서 '한' 한국인이며 본래의 나로 다시 나고 싶다.

나의 이름은 '한'이고 나의 새로운 한글 자호(自號)도 '한'이기 때문이다.

내 본디 이름은 '꽃부리 한'이다.

꽃부리 영(英) 한 일(一). 김영일(金英一)이기 때문이다.

그리고 최근에 묵화 옆 화제 밑에 사용하는 내 한글 자호 또한 '한'이다. '한 허름한 사람(一散人)'이 그것이다.

산인이란 허름하고 허튼 사람. 벼슬도 권위도 명성도 관계없는 그렇고 그런 사람(散人)이로되 한 허름한 사람 '一散人'이란 뜻이다.

나의 노년에 이 이상의 마음 편한 지위나 실존도 없다. 허튼 삶(散人)은 혼돈이요 궁궁이며 '한(一)'은 그 나름의 질서이니 새로운 팔괘, 새 태극이다.

단기 4337년(2004년)
양력 10월 5일 일산 교하에서
꽃부리 한, 한 허름한 사람 모심